कबीर वचनावली

कबीर वचनावली

अयोध्यासिंह उपाध्याय 'हरिऔध'

संयोजन व भूमिका

सुधीश पचौरी

वाणी प्रकाशन

प्रकाशन के उत्कृष्टतम 63 वर्ष

सजिल्द पहला संस्करण : 2011
सजिल्द दूसरा संस्करण : 2026

vaniprakashan.com

वाणी प्रकाशन

4695, 21-ए, दरियागंज, नयी दिल्ली-110 002

फ़ोन : + 91 11 23273167, 23275710

शाखाएँ

अशोक राजपथ, पटना-800 004, बिहार

कॉफ़ी हाउस कैम्पस, महात्मा गांधी मार्ग, प्रयागराज-211 001, उत्तर प्रदेश

महात्मा गांधी अन्तरराष्ट्रीय हिन्दी विश्वविद्यालय, वर्धा-442 001, महाराष्ट्र

sales@vaniprakashan.in

vaniprakashan@gmail.com

Kabir Vachanavali

by Ayodhyasingh Upadhyaya 'Hariaudh'

ISBN : 978-93-5000-541-5
Medieval Poetry

मूल्य : ₹ 595

मुद्रक : ब्लूएज प्रिंटेक प्रा.लि., फेस-1, फरीदाबाद

वाणी प्रकाशन का लोगो मक़बूल फ़िदा हुसैन की कूची से

प्रस्तुति

समकालीन साहित्य के सन्दर्भ में 'कबीर' की कविता सर्वाधिक लोकप्रिय और तरह-तरह के 'कान्फ्लिक्ट' का क्षेत्र बनी हुई है। कबीर की कविता का समकालीन विमर्श दो ध्रुवों में विभक्त है। एक परम्परागत है। दूसरा उत्तर-आधुनिक है। पहले में कबीर सम्बन्धी वे विमर्श आते हैं जो उन्हें रामानन्द की दीक्षा परम्परा में नियुक्त कर कबीर के विमर्श से उनकी अस्मितामूलक विकलताओं और वैचारिक संघर्षों को हटाकर या नरम कर या अपवाद कहकर उन्हें राष्ट्रवादी, समरसतावादी, एकतावादी विमर्शों का हिस्सा बनाकर उनकी 'एक्स्क्लूसिविटी' को बेपहचान बनाते आ रहे हैं और कुछ नवागन्तुक इन दिनों यानी दो हजार दस के दौर में भी कबीर का 'कबीरत्व' से ही उद्धार करने में संलग्न हैं। यह कबीर के 'ब्राह्मणीकरण' का पठन-पाठ है, जिसे पद्धति रहित, मनमानी, गैरजिम्मेदार आवारगी समझकर कोई-कोई 'आत्मरति' व्याधि से ग्रस्त उन्हें परम प्रेम का पंडित जैसा बनाने पर आमादा है। यह कबीर को और उनकी कविता को अ-राजनीतिक, अवैचारिक और कर्मजीवी सत्तात्मक विमर्श के क्षेत्र से निकालकर 'अध्यात्मवाद' नामक 'नव्य रहस्यवाद' के खूँटे से बाँध रखना चाहते हैं। वे समझते हैं कि 'प्रेम' कोई निरापद, निष्कपट और निर्द्वन्द्व क्रिया है।

इस तरह के ब्राह्मणी विमर्श, दरअसल, समकालीन दलित विमर्श को किनारे कर देने, उसे इतिहास-वंचित कर देने के और कबीर पर उसके पाठकों एवं दावे को 'साफ' (इरेज) करने के उच्च जातिवादी विमर्श का 'षड्यंत्र' है।

इसके खोखलेपन को समझने के लिए 'कबीर के आलोचक' नामक दलित चिन्तक डॉ. धर्मवीर की पुस्तक का पाठ उपयोगी है। समकालीन कबीर विमर्श, बना दिए गैर दलितीय साहित्येतिहास से कबीर को 'छीनने' और इस 'छीनने' से चिन्तित गैर दलितों का कबीर को दलितों से छीनने के समकालीन बृहत्तर सामाजिक-सांस्कृतिक सत्ता विमर्श का हिस्सा है।

कबीर को इस सबके बीच ही समझा जा सकता है और 'अपनाया' जा सकता है। कबीर एक घमासान का नाम है। बिजली के नंगे तार का नाम है जो छूने मात्र से करंट

मारता है। कबीर के 'करंट' का झटका कई ज्ञानी गुमानियों को लगा है, अब वे उसे 'फ्यूज' कर देना चाहते हैं।

हरिऔध ने कबीर की कविता को 'वचन' की संज्ञा दी है और उनकी 'वचनावली' को काफी पहले प्रकाशित किया है। यह कबीर के कविता सम्बन्धी शुरूआती संकलनों में से एक है जिसमें हरिऔध की लम्बी भूमिका है। इस भूमिका पर डॉ. धर्मवीर ने अपने 'कबीर के आलोचक' ग्रन्थ में अनेक आपत्तियाँ उठाई हैं। इसलिए भी यह अलग से पठनीय है।

कबीर समकालीन ज्ञान-सत्तामूलक हिन्दी विमर्श के एक बड़े सन्दर्भ हैं।

हरिऔध द्वारा संकलित 'कबीर वचनावली' हरिऔध रचनावली का हिस्सा है। यह अलग से उपलब्ध नहीं है। इस कारण इसका पठन सन्दर्भ अल्प दिखता है। यहाँ अलग से इस पुस्तक को प्रस्तुत करने का हेतु यही है कि एक बार फिर इस 'वचनावली' का पाठ अलग और कुछ ताजातरीन तरीके से हो।

प्रस्तुति : **सुधीश पचौरी**

अनुक्रमणिका

कबीर वचनावली

कबीर वचनावली

मुखबन्ध

परिचय

कबीर साहब एक पन्थ के प्रवर्तक थे। उनकी बहुत-सी साखियाँ और भजन इस प्रान्त के लोगों को स्मरण हैं। साखियाँ प्रायः कहावतों का काम देती हैं; भजन मन्दिरों, समाजों और सत्संगों के अवसरों पर गाये जाकर लोगों को परमार्थ का पाठ पढ़ाते हैं। इसलिए उनसे कौन परिचित नहीं है? सभी उनको जानते हैं किन्तु जानना भी कई प्रकार का होता है। वे सन्त थे, उन्होंने अच्छे-अच्छे भजन कहे, कबीर पन्थ को चलाया, और एक जानना यह है कि उनकी विचारपरम्परा क्या थी, वह कैसे उत्पन्न हुई, किन सांसारिक घटनाओं और कार्यकलापों में पड़कर वह पल्लवित हुई, किन संसर्गों और महान वचनों के प्रभावों से विकसित बनी। इन बातों का ज्ञान जितना हृदयग्राही और मनोरम होगा, उतना ही वह अनेक कुसंस्कारों और निर्मूल विचारों के निराकरण का हेतु भी होगा। अतएव पहली अभिज्ञता से इस दूसरी अभिज्ञता का महत्त्व कितना अधिक होगा, वह बतलाने की आवश्यकता नहीं। इस ग्रन्थ में संगृहीत पदों और साखियों में आप जिन विचारों को पढ़ेंगे, जिन सिद्धान्तों का निरूपण देखेंगे, उनके तत्त्वों को उस समय और भी उत्तमता से समझ सकेंगे, जब आप यह जानते होंगे कि उनका रचयिता कैसा हृदय रखता था, और किन सामयिक घटनाओं के घातप्रतिघात में पड़कर उसका जीवन स्रोत प्रवाहित हुआ था। कविता या रचना कविहृदय का प्रतिबिम्ब मात्र है। उसमें वह अपने मुख्य रूप में प्रतिबिम्बित रहता है; इसलिए कविता का यथातथ्य मर्म समझने के लिए रचयिता के हृदय संगठन का इतिहास पाठ बहुत उपयोगी होता है। हृदय संगठन का इतिहास जीवन घटना से सम्बद्ध है, अतएव यह बहुत उपयुक्त होगा, यदि मैं इन समस्त बातों का निरूपण इस ग्रन्थ के आदि में किसी प्रबन्ध द्वारा करूँ। निदान अब मैं इसी कार्य में प्रवृत्त होता हूँ।

जन्म और बाल्यकाल

रेवरण्ड जी. एच. वेस्कट, एम. ए., वर्तमान प्रिंसिपल कानपुर क्रिश्चियन कालेज ने "कबीर ऐण्ड दी कबीर पन्थ" नाम की एक पुस्तक अँगरेजी भाषा में लिखी है। यह पुस्तक बड़ी योग्यता से लिखी गयी है और अभिज्ञाताओं एवं विवेचनाओं का आगार है। उक्त सज्जन इस ग्रन्थ के पृष्ठ 3 में लिखते हैं—"यदि हम केवल उन्हीं कहानियों पर ध्यान देते हैं, जिनमें ऐतिहासिक सचाई है, तो हम पर ये सब बातें स्पष्टतया प्रकट नहीं होतीं कि कबीर का जन्मस्थान कहाँ है, वे किस समय उत्पन्न हुए, उनका नाम क्या था, बचपन में वे कौन धर्मावलम्बी थे, किस दशा में थे, उनका विवाह हुआ था या वे अविवाहित थे और कितने समय तक कहाँ-कहाँ रहे। यह सत्य है कि उनके नाम पर बहुत सी कथा वार्ताएँ कही जाती हैं। परन्तु चाहे वे कितनी ही मन बहलानेवाली क्यों न हों, उन लोगों की आवश्यकताओं को कदापि पूरा नहीं कर सकतीं, जो वास्तविक समाचार जानने के इच्छुक हैं।"

श्रीयुत बाबू मन्मथनाथ दत्त, एम. ए. कलकत्तानिवासी ने अँगरेजी में 'प्राफेट्स आफ इंडिया' नाम का एक सुन्दर ग्रन्थ लिखा है। उसका उर्दू अनुवाद बाबू नारायण प्रसाद वर्मा ने 'रहनुमायाने हिन्द' के नाम से किया है। ग्रन्थ के पृष्ठ 223 के निम्नलिखित वाक्य में भी हम ऊपर के अवतरण की ही प्रतिध्वनि सुनते हैं—"उनकी सवानेह उमरी एक मुख की इसरार है। हम उनके दौराने जिन्दगी के हालत से बिल्कुल वाकिफ नहीं हैं।"

परन्तु मेरी इन सज्जनों के साथ एकवाक्यता नहीं है। क्योंकि प्रथम तो आगे चलकर श्रीयुत वेस्कट महोदय स्वयं निम्नांकित वाक्य लिखते हैं, जिसका दूसरा टुकड़ा उनके प्रथम विचार का कियदंश में बाधक है—"आज तक जितनी कहानियाँ कही गयी हैं, उनसे ज्ञात होता है कि कबीर काशी के रहनेवाले थे। यह बात स्वाभाविक है कि उनके हिन्दू शिष्य जहाँ तक हो सके, उनका अपने पवित्र नगर से सम्बन्ध दिखलाने की इच्छा करें। परन्तु दोनों बीजक और आदि ग्रन्थ से यह बात स्पष्ट है कि उन्होंने कम से कम अपना सारा जीवन काशी ही में नहीं व्यतीत किया।"

क. ए. क. पृष्ठ 18, 19

दूसरे, जिस बात को कबीर साहब स्वयं स्वीकार करते हैं, उसमें तर्कवितर्क की आवश्यकता क्या? उनके निम्नलिखित पद उनका काशीनिवास होना स्पष्ट सिद्ध करते हैं—

तू ब्राह्मन मैं काशी का जुलाहा, बूझहु मोर गियाना।

आदि ग्रन्थ, पृ. 262

'सकल जनम शिवपुरी गँवाया। मरति बार मगहर उठि धाया'।

आदि ग्रन्थ, पृ. 177

'काशी में हम प्रगट भये हैं रामानन्द चेताये'।

कबीर शब्दावली, द्वितीय भाग, पृ. 61

मैं समझता हूँ कि यह बात निश्चित सी है कि पुनीत काशीधाम कबीर साहब का जन्मस्थान, उनकी माता का नाम नीमा और पिता का नाम नीरू था। दोनों जाति के जोलाहे थे। कहा जाता है कि वे इनके औरस नहीं पोष्य पुत्र थे। नीरू जब अपनी युवती प्रिया का द्विरागमन कराकर गृह को लौट रहा था, तो मार्ग में उसको काशी के अंकस्थित लहरतारा के तालाब पर एक नवजात सुन्दर बालक पड़ा हुआ दृष्टिगत हुआ। नीमा के कलंकभय से भीत हो मना करने पर भी नीरू ने उस नवजात शिशु को ग्रहण किया और वह उसे घर लाया। वही बालक पीछे इन दयामय दम्पति द्वारा परिपालित होकर संसार में कबीर नाम से प्रसिद्ध हुआ।

यह किसका बालक था, लहरतारा के तालाब पर कैसे आया कतिपय पंक्तियों को पढ़कर स्वभावतः यह प्रश्न हृदय में उदय होता है। इसका उत्तर कबीर पन्थ के भावुक विश्वासी विद्वान् इस प्रकार देते हैं कि संवत् 1455 की ज्येष्ठ शुक्ला पूर्णिमा को जब कि मेघमाला से गगनतल समच्छन्न था, बिजली कौंध रही थी, कमल खिले थे, कलियों पर भ्रमर गूँज रहे थे, मोर, मराल, चकोर कलरव करके किसी के स्वागत की बधाई गा रहे थे, उसी समय पुनीत काशीधाम के तरंगायमान लहर तालाब पर एक अलौकिक घटना हुई; और वह अलौकिक घटना इसके अतिरक्त और कुछ नहीं थी कि उक्त तालाब के अंक में विकसे हुए एक सुन्दर कमल पर आकाश-मण्डल से एक महापुरुष उतरा, महापुरुष वही कबीर बालक था, जिसने कुछ घड़ियाँ पीछे पुण्यवती नीमा की गोद और भाग्यवान् नीरू का सदन समलंकृत किया।

उक्त प्रश्न का एक और उत्तर दिया जाता है, किन्तु वह बहुत ही हृदयद्रावक है। वह अधःपतित हिन्दूसमाज से उत्पीड़ित, भयातुरा एक दुःखमयी विधवा की व्यथामयी कथा है। वह उस खिन्नमना, भग्नहृदया, अभागिनी, ब्राह्मणबाला की वार्ता है, जिसके उपयोगी अंक से कबीर जैसा लाल गिरकर एक ऐसे स्थान में जा पड़ा कि जहाँ से उसकी परम हृदयोल्लासिनी ज्योतिर्माला फिर उसकी आँखों तक न पहुँची। तब भी मैं उसे एक प्रकार से भाग्यवती ही कहूँगा, क्योंकि उसका लाल किसी प्रकार सुरक्षित तो रहा। परमभाग्यहीना है यह हिन्दूजाति और नितान्त ही कुत्सितकपाला है वह आर्यबाला, जिसके न जाने कितने एक से एक सुन्दर लाल कुप्रथा के कुचक्र में पड़कर अकाल ही इस धराधाम से लुप्त हो जाते हैं और अपनी उस गमनीय आलोकमाला के विकीर्ण करने का अवसर नहीं पाते, जो पतनशील हिन्दूसमाज का न जाने कितना अन्धकार शमन करने में समर्थ होती। आह! कहते हृदय दग्ध होता है कि तो भी हिन्दू जाति वैसी ही निश्चल, निस्पन्द है; वैसी ही विवेकशून्य और किकर्त्तव्यविमूढ़ है; आज पाँच शतक बीत जाने पर भी उसकी मोहनिद्रा वैसी ही प्रगाढ़ है। कब उसकी यह समाजध्वंसिनी मोहनिद्रा विदूरित होगी, ईश्वर ही जाने।

कहते हैं कि स्वामी रामानन्द जी की सेवा में एक दिन उनका अनुरक्त एक ब्राह्मण उपस्थित हुआ। उसके साथ उसकी विधवा पुत्री भी थी। जिस समय इस संकोचमयी विधवा ने विनीत होकर उक्त महात्मा के श्रीचरण कमलों में प्रणाम किया, उस समय अचानक उनके श्रीमुख से निकला—पुत्रवती भव। काल पाकर यह आशीर्वचन सफल हुआ और विधवा ने एक पुत्र जना। परन्तु लोकलज्जावश, हिन्दूसमाज की रोमांचकारी कुप्रथा के निन्दनीय आतंकवश, यह सशंकिता विधवा अपने कलेजे पर पत्थर रखकर अपनी इस प्यारी सन्तान को त्याग देने के लिए बाध्य हुई। कुछ घड़ी पीछे लहर तालाब की हरी शान्तिमय भूमि में इसे जोलाहा दम्पति ने पाया, यह प्रसंग भी आप लोगों को अविदित नहीं है।

इन दो उत्तरों में से मुझे दूसरा उत्तर युक्तिसंगत और प्रामाणिक ज्ञात होता है। पहले उत्तर को श्रद्धा; विश्वासवाले कबीरपन्थी ही या उन्हीं के से विचार के कुछ लोग मान सकते हैं, परन्तु दूसरा उत्तर सर्वमान्य और ऐतिहासिक है। उसको विजातीय और विधर्मी भी स्वीकार कर सकता है यह कोई नहीं कहता कि कबीर साहब नीमा और नीरू के औरस पुत्र थे; और जब वे इनके औरस पुत्र नहीं माने जाते, तो यह अवश्य स्वीकार करना पड़ेगा कि किसी अन्य की सन्तान थे। और जब उनका अन्य की सन्तान होना निश्चित है, तो हमको बिना किसी आपत्ति के दूसरा उत्तर ही स्वीकार करना पड़ेगा। कहा जा सकता है कि दूसरे उत्तर में भी स्वामीजी की आशीर्वाद की एक अस्वाभाविक वार्ता सम्मिलित है; किन्तु इस अंश का मुख्य घटना के साथ कोई विशेष सम्बन्ध नहीं है। यह अंश निकाल देने पर भी वास्तविक घटना की स्वाभाविकता में अन्तर नहीं आता। मुझे ज्ञात होता है कि ब्राह्मण विधवा के कलंकभंजन अथवा कबीर साहब की जन्मकथा को गौरवमयी बनाने के लिए ही स्वामी जी की आशीर्वाद सम्बन्धिनी वार्ता का इस घटना के साथ संयोग किया गया है।

कबीर साहब के बाल्यकाल की बातें किसी ग्रन्थ में कुछ लिखी नहीं मिलतीं। कबीरपन्थियों के ग्रन्थों में इतना लिखा अवश्य मिलता है कि वे बाल्यकाल ही से धर्मपरायण और उपदेशनिरत थे। जनसाधारण के सम्मुख वे मुझे उस समय दिखलाई पड़ते हैं, जब उनको सुधबुध हो गयी थी और जब वे तिलक इत्यादि लगाकर राम नाम जपने में लीन हो रहे थे। यह भी लिखा मिलता है कि इसी समय उनसे कहा गया कि तुम निगुरे हो; इसलिए जब तक तुम कोई गुरु न कर लोगे, तब तक तिलक मुद्रा देने अथवा राम राम जपने से पूरे फल की प्राप्ति न होगी। यह एक हिन्दू विचार है। इसमें एक अच्छे पथ प्रदर्शक से अभिलषित मार्ग में सहायता ग्रहण करने के सिद्धान्त की ओर संकेत है। कथन है कि कबीर साहब पर लोगों के इस कहने का प्रभाव पड़ा और उन्हें गुरु करने की आवश्यकता समझ पड़ी। ये बातें भी यही प्रकट करती हैं कि जिस काल की ये घटनाएँ हैं, उस समय कबीर सुबोध हो चुके थे और बाल्यावस्था उत्तीर्ण हो गयी थी।

मंत्रग्रहण

कबीर साहब हिन्दू थे या मुसलमान, वे स्वामी रामानन्द जी के शिष्य थे, या किसी मुसलमान फकीर के चेले सूफी, इस विषय में 'कबीर ऐण्ड दी कबीर पन्थ' के दूसरे अध्याय में उसके विद्वान रचयिता ने एक अच्छी विवेचना की है। मैं उनके कुल विचारों को यहाँ नहीं उठा सकता परन्तु; उनके स्थानों को उठाऊँगा और इस बात की मीमांसा करूँगा कि उनके विचार कहाँ तक युक्तिसंगत हैं।

उक्त ग्रन्थ के 25-26 पृष्ठ में एक स्थान पर उन्होंने लिखा है—

'खजीनतुल असफिया'[1] में कहा गया है कि "शेख कबीर जोलाहा, शेख तकी के उत्तराधिकारी और चेले थे। वह अपने समय के महापुरुष और ईश्वरवादियों के नेता थे। उन्होंने सूफियों के विसाल (ईश्वरमिलन) नामक सिद्धान्त की शिक्षा दी और फिराक (वियोग) के सम्बन्ध में चुप रहे। यह भी कहा जाता है कि पहले मनुष्य हैं जिन्होंने परमेश्वर और उसकी सत्ता के विषय में हिन्दी में लिखा। वे बहुत सी हिन्दी कविताओं के रचयिता हैं। धार्मिक सहनशीलता के कारण हिन्दू और मुसलमान दोनों ही ने उन्हें अपना नेता माना। हिन्दुओं ने उन्हें भगत कबीर और मुसलमानों ने पीर कबीर कहा।"

इसके आगे चलकर उनका दूसरा अध्याय प्रारम्भ होता है। उसमें उन्होंने इस ऊपर लिखे विचार की ही पुष्टि की है। पहले वे कहते हैं—

"संस्कृत के नामी विद्वान् विलसन साहब, जिनकी खोज के लिए प्रत्येक भारतवर्षीय धार्मिक विचारों का जिज्ञासु अँगरेज धन्यवाद रूपी ऋण से दबा है, लिखते हैं कि यह बात विचारविरुद्ध है कि कबीर एक मुसलमान थे, यद्यपि यह असम्भव नहीं है। मैलकम साहब की इस अनुमति का कि वे सूफियों में से थे, विलसन साहब अधिक आदर नहीं करते। बाद के लेखकगण एक ऐसे विद्वान पुरुष की सम्मति मान लेने में ही सन्तुष्ट रहे हैं और इनकी निष्पत्ति को उन्होंने निश्चित की हुई सत्य बात की भाँति स्वीकार कर लिया है।"

क. ऐ. क., पृष्ठ 29

इसके अनन्तर नाभा जी के प्रसिद्ध छप्पय इत्यादि का अनुवाद देकर, जिसमें यह कहा गया है कि "कबीर साहब ने वर्णाश्रम धर्म और षट् दर्शन की कहानी नहीं मानी" उन्होंने यह बतलाया है कि कबीर साहब ने किस प्रकार झाँसी निवासी शेख तकी का शिष्यत्व स्वीकृत किया। तदुपरान्त वे यह कहते हैं—

"हमने सम्भवतः पूरी तौर पर इस बात को सिद्ध कर दिया है कि यह असम्भव नहीं है कि कबीर मुसलमान और सूफी दोनों रहे हों।

1. यह पुस्तक मौलवी गुलाम सरवर की बनाई हुई है और 1868 ई. में लाहौर में छपी थी।

...मगहर में उनकी कब्र है जो मुसलमानों के संरक्षण में रहती आयी है। किन्तु यह बात आश्चर्यजनक है कि एक मुसलमान हिन्दी साहित्य का जन्मदाता हो। परन्तु इसको भी नहीं भूलना चाहिए कि हिन्दुओं ने भी फारसी कविता लिखने में प्रतिष्ठा पायी है। फिर, कबीर साधारण योग्यता और निश्चय के मनुष्य नहीं थे। इनके जीवन का उद्देश्य यह था कि अपनी शिक्षाओं को उन लोगों से स्वीकृत करावें जो हिन्दी भाषा द्वारा ज्ञान प्राप्त कर सकते थे।"

कबीर ऐण्ड कबीर पन्थ, पृ. 44

कबीर साहब का मुसलमान होना निश्चित है। उन्होंने स्वयं स्थान-स्थान पर जोलाहा कहकर अपना परिचय दिया है। जब जन्मकाल ही से वे जोलाहे के घर पले थे, तो उनका दूसरा संस्कार हो नहीं सकता था; उनके जी में यह बात समा भी नहीं सकती थी कि मैं हिन्दू सन्तान हूँ। नीचे के पदों को देखिए। इनमें किस स्वाभाविकता के साथ वे अपने को जोलाहा स्वीकार करते हैं–

छाँड़े लोक अमृत की काया जग में जोलह कहाया।

कबीर बीजक, पृ. 605

कहै कबीर राम रस माते जोलहा दास कबीरा हो।

प्रथम ककहरा, चरण 15

जाति जुलाहा क्या करै हिरदे बसे गोपाल।
कबिर रमैया कंठ मिलु चुकै सरब जंजाल॥

आदि ग्रन्थ, पृष्ठ 737, साखी 82

किन्तु वे सूफी और शेख तकी के चेले थे, यह बात निश्चितरूप से स्वीकृत नहीं की जा सकती। श्रीयुत् वेस्कट ने अपने ग्रन्थ में जितने प्रमाण दिखलाये हैं वे सब बाहरी हैं। कबीर साहब के वचनों अथवा उनके ग्रन्थों से उन्होंने कोई प्रमाण ऐसा नहीं दिया जो उनके सिद्धान्त को पुष्ट करे। बाहरी प्रमाणों की अपेक्षा ऐसे प्रमाण जितने मान्य और विश्वसनीय हैं, यह बतलाना व्यर्थ है। कबीर साहब कहते हैं–

भक्ती लायर ऊपजी, लाये रामानन्द।
परगट करी कबीर ने, सात दीप नौ खण्ड॥

चौरासी अंग की साखी, भक्ति का अंग।

काशी में हम प्रगट भये हैं रामानन्द चेताये।

कबीर शब्दावली, द्वितीय भाग, पृ. 61

काशी में कीरति सुन आयी, कबीर मोहि कथा बुझाई।
गुरु रामानन्द चरण कमल पर धोबिन[1] दीनी बार॥

कबीर कसौटी, पृ. 5

1. धोबिन अर्थात् माया।

कबीर साहब के ये वचन ही पर्याप्त हैं, जो यह सिद्ध करते हैं कि वे स्वामी रामानन्द के शिष्य थे। तथापि मैं कुछ बाहरी प्रमाण दूँगा।

धर्मदास जी कबीर साहब के प्रधान शिष्य थे। वे कबीर-पन्थ की एक शाखा के आचार्य भी हैं। वे कहते हैं–

काशी में प्रगटे दास कहाये नीरू के गृह आये।
रामानन्द के शिष्य भये, भवसागर पन्थ चलाये ॥

कबीर-कसौटी, पृ.33

फारसी की एक तवारीख दबिस्ताँ में मुहसिनफनी कश्मीरवाला, जो अकबर के समय में हुआ है, लिखता है–

"कबीर जोलाहे और एकेश्वरवादी थे। कोई आध्यात्मिक पथदर्शक मिले, इस इच्छा से वे हिन्दू साधुओं एवं मुसलमान फकीरों दोनों के पास गये; और अन्त में जैसा कहा गया है, रामानन्द के शिष्य हुए।"

–कबीर ऐण्ड कबीर पन्थ, पृष्ठ 37

इन बातों के अतिरिक्त यदि कबीर साहब की रचनाओं को पढ़िए, तो वे इतनी हिन्दूभावापन्न मिलेंगी, कि उन्हें पढ़कर आप यह स्वीकार करने के लिए विवश होंगे कि उनपर परम शास्त्रपारंगत किसी महापुरुष का प्रभाव पड़ा था। कबीर साहब अशिक्षित थे, यह बात उनके समस्त जीवनी लेखक स्वीकार करते हैं। अतएव उनके लिए ज्ञानार्जन का मार्ग सत्संग के अतिरिक्त और कुछ न था। यदि वे मुसलमान धर्माचार्यों द्वारा प्रभावित होते, तो उनकी रचनाओं में अहिंसावाद और जन्मान्तरवाद का लेश भी न होता। जो हिंसावाद मुसलमानी धर्म का प्रधान अंग है, उस हिंसावाद के विरुद्ध जब वे कहने लगते हैं, तब ऐसी कड़वी और अनुचित बातें कह जाते हैं जो एक धर्मोपदेशक के मुख से अच्छी नहीं लगतीं। क्या हिंसावाद का उन्हें इतना विरोधी बनानेवाला मुसलमानी धर्म या सूफीसम्प्रदाय हो सकता है? उनका सृष्टिवाद देखिए। यह वही हैं जो पुराणों में वर्णित है। उनकी रचनाओं में हिन्दूशास्त्रों और पौराणिक कथाओं एवं घटनाओं के परिज्ञान का जितना पता चलता है, उसका शतांश भी मुसलमानी धर्मसम्बन्धी उनका ज्ञान नहीं पाया जाता। जब वे किसी अवसर पर मुसलमान धर्म पर आक्रमण करते हैं, तब उन्हीं ऊपरी बातों को कहते हैं, जिनको एक साधारण हिन्दू भी जानता है। किन्तु हिन्दू धर्मविवेचन के समय उनके मुख से वे बातें निकलती हैं, जिन्हें शास्त्र-विद्वानों के अतिरिक्त दूसरा कदाचित् ही जानता हो। इन बातों से क्या सिद्ध होता है? यही कि उन्होंने किसी परम विद्वान् हिन्दू महात्मा के सत्संग द्वारा ज्ञानार्जन किया था और स्वामी रामानन्द के अतिरिक्त उस समय ऐसा महात्मा कोई दूसरा नहीं था।

एक बात और है। वह यह कि हम उनके प्रामाणिक ग्रन्थों में कहीं-कहीं ऐसा वाक्य

पाते हैं, जो उनको हिन्दुओं का पक्षपाती बताते हैं या मुसलमान जाति पर उनकी घृणा प्रकट करते हैं, और जिन्हें मुसलमान धर्माचार्य का शिष्य कभी नहीं कह सकता। नीचे के पदों को पढ़िए--

"सुनत कराय तुरुक जो होना, औरत को का कहिए।
अरध शरीरी नारि बखानें, ताते हिन्दू रहिए ॥"

कबीर बीजक, पृष्ठ 363, शब्द 84

कितो मनावे पायँ परि, कितो मनावे रोइ।
हिन्दू पूजें देवता तुरुक न काहुक होइ ॥

कबीर बीजक, साखी 187, पृष्ठ 593

मैंने अब तक जो कुछ कहा उससे इसी सिद्धान्त पर उपनीत होना पड़ता है कि कबीर साहब स्वामी रामानन्द के शिष्य थे। किन्तु उनके मंत्रग्रहण की वार्ता से मैं सहमत नहीं हूँ। भक्तमाल और उसी के अनुसार दूसरे ग्रन्थों में लिखा हुआ है कि गुरु करने की इच्छा उदित होने पर कबीर साहब ने स्वामी रामानन्द को गुरु करना विचारा। किन्तु यवन होने के कारण वे स्वामी रामनन्द जी तक नहीं पहुँच सकते थे। अतएव उनसे मंत्र ग्रहण करने के लिए उन्होंने दूसरी युक्ति निकाली। स्वामी रामानन्द शेष रात्रि में गंगास्नान के लिए नित्य मणिकर्णिका घाट पर जाया करते थे। एक दिन उसी समय कबीर साहब घाट की सीढ़ियों में जाकर पड़ रहे। जब स्वामी जी आये, तब सीढ़ियों से उतरते समय उनका पाँव कबीर साहब पर पड़ा। वे कुलबुलाये। स्वामी जी ने जाना कि मनुष्य के ऊपर पाँव पड़ा, इसलिए वे बोल उठे "राम राम!!" कबीर साहब ने इसी राम शब्द को मन्त्रस्वरूप ग्रहण किया; और उसी दिन से काशी में अपने को स्वामी रामानन्द का शिष्य प्रकट किया।

बतलाया गया है कि उनके माता-पिता और कुछ लोगों को वंश मर्यादा-प्रतिकूल कबीर साहब की यह क्रिया अच्छी न लगी; इसलिए उन लोगों ने जाकर स्वामी जी को उलाहना दिया। स्वामी जी ने उनको बुलवाया और पूछा--कबीर! हमने तुझे मन्त्र कब दिया? कबीर साहब ने कहा--और लोग तो कान में मन्त्र देते है; परन्तु आपने तो सिर पर पाँव रखकर मुझे राम नाम का उपदेश दिया। स्वामी जी को बात याद आ गयी, उठकर हृदय से लगा लिया, और कहा कि निस्सन्देह तू इसका पात्र है। गुरु शिष्य का यह भाव देखकर लोगों को फिर कुछ कहने का साहस नहीं हुआ।

स्वामी रामानन्द असाधारण आध्यात्मिक शक्तिसम्पन्न महापुरुष थे। जो रामावत सम्प्रदाय इस समय उत्तरीय भारत का प्रधान धर्म है, वह उन्हीं की लोकोत्तर मेधा का अलौकिक फल है। उस राम मन्त्र से सर्वसाधारण को परिचित कराने वाले यही महोदय हैं; जो हिन्दू जाति के मोक्षपथ का अभूतपूर्व संवल हैं, जिनके सुयश गान से कबीर साहब के साम्प्रदायिक ग्रन्थ मुखरित हैं, गुरु नानक का विशाल आदि ग्रन्थ गौरवान्वित है, दादू

ग्रन्थावली पवित्रीकृत है, और अन्य कितनी ही साम्प्रदायिक पुस्तक मालाएँ प्रशंसित और सम्मानित हैं। कुछ लोग ऊँचे उठे, बहुत कुछ चिन्ताशीलता का परिचय दिया, तनधारी राम से सम्बन्ध तोड़ा, किन्तु वे इस राम शब्द की ममता न छोड़ सके। इस महात्मा के आध्यात्मिक विकास की वहाँ पराकाष्ठा होती है, जहाँ वे सोचते हैं, प्रवहमान मरुत, सुशीलतम जल और सूर्यदेव की ज्योतिर्माला तुल्य भगवद्भक्ति पर प्रत्येक मानव का समान अधिकार है। भारतवर्ष के उत्तर काल में वे पहले महात्मा हैं, जो नितान्त उदार हृदय लेकर सामने आते हैं और उस सहृदयता से जाट, नाई, जोलाहे और चमार को अंक में ग्रहण करते हैं जिस प्यार से किसी सजातीय ब्राह्मण बालक को वे हृदय से लगाते हैं। आँख उठाकर देखिए, किसकी शिष्यमण्डली में एक साथ इतने महात्मा और मतप्रवर्तक हुए, जितने कि इस महानुभाव के सदुपदेश आलोक से आलोकित सत्पुरुषों में पाये जाते हैं। जब इस महात्मा की पूत कार्यावली पर दृष्टि डालते हैं, और फिर सुनते हैं कि उनके सन्निकट कोई मनुष्य जोलाहा होने के कारण नहीं पहुँच सका, तो हृदय को बड़ी व्यथा होती है। यदि रैदास चमार उनके द्वारा अंगीकृत हुआ तो कबीर जोलाहा कैसे तिरस्कृत हो सकता था? वास्तविक बात यह है कि इन कथाओं के गढ़नेवाले संकुचित विचार के कतिपय वे ही अदूरदर्शी जन हैं, जिनके अविवेक से प्रतिदिन हिन्दू-समाज का ह्रास हो रहा है। मुझे इन कथाओं को स्वीकार करना युक्ति संगत नहीं ज्ञात होता। मैं महसिन फनी के इस विचार से सहमत हूँ कि "आध्यात्मिक पथप्रदर्शक मिले, इस इच्छा से कबीर साहब हिन्दू साधुओं एवं मुसलमान फकीरों दोनों के पास गये और अन्त में स्वामी रामानन्द के शिष्य हुए।"

जो लोग मणिकर्णिका घाट की घटना ही को सत्य मानते हैं उनसे मैं कोई विवाद नहीं करना चाहता; किन्तु इतनी विनीत प्रार्थना अवश्य करता हूँ कि इस घटना को लक्ष्य कर जो मनीषी स्फीतवक्ष से "पुनन्तु मां ब्राह्मणपादरेणवः वाक्य" पर गर्व करते हैं, उनकी मनीषिता केवल गर्व करने में ही पर्यवसित होती है, अथवा वे इस वाक्य के मर्मग्रहण की भी कुछ चेष्टा करते हैं। प्रतिवर्ष सहस्रों हिन्दू हमारे समाज अंक को शून्य करके अन्य धर्म की शरण ले रहे हैं। प्रतिदिन हिन्दू धर्म माननेवालों की संख्या क्षीण होती जा रही है। क्या उसके विषय में उनका कुछ कर्तव्य नहीं है? क्या धर्म से च्युत होते हुए प्राणियों की संरक्षा में पुण्य नहीं है? क्या कुलगौरव, मानमर्यादा, वर्णाश्रम धर्म का संरक्षण ही सत्कर्म है? क्या नित्य स्वधर्म-परित्याग-परायण अधःपतित जातियों का समुद्धार सत्कर्म नहीं है? यदि है तो कितने महोदय ऐसे हैं जिन्होंने आत्मत्यागपूर्वक निर्भीक चित्त से इस मार्ग में पदविन्यास किया है? पदरेणु की बात जाने दीजिए, मैं पूछता हूँ कि कितने लोगों का हृदय इतना पुनीत है, शरीर इतना पुण्यमय है, स्वयं आत्मा इतनी पवित्रीभूता है कि जिनके स्पर्श से अपावन भी पावन हो जाता है? जब हम स्वयं अपावन को छूकर आज अपवित्र होते हैं, तो हमको "पुनन्तु मां ब्राह्मणपादरेणवः" वाक्य मुख पर लाते हुए लज्जित

होना चाहिए। यदि नहीं, तो एक आत्मोत्सर्गी महापुरुष की भाँति कार्यक्षेत्र में अवतीर्ण होना चाहिए। और यह दिखला देना चाहिए कि स्वामी रामानन्द का आध्यात्मिक बल अब भी भारतवासियों में शेष है, अब भी अपावन को पावन बनाने की बलवती शक्ति उनमें विद्यमान है, भारत वसुन्धरा अभी ऐसे अलौकिक रत्नों से शून्य नहीं हुई है।

संसारयात्रा

कबीर साहब अपने जीवन का निर्वाह अपना पैतृक व्यवसाय करके ही करते थे, यह बात उनके सभी जीवनी लेखकों ने स्वीकार की है। उनके शब्दों में भी ऐसे वाक्य बहुत मिलते हैं कि 'हम घर सूत तनहि' नित ताना' इत्यादि जिनसे उनका यही व्यवसाय करके अपना जीवन बिताना सिद्ध होता है। इस विषय में उनका एक बड़ा सुन्दर शब्द है; उसे नीचे लिखता हूँ–

मुसि मुसि रोवै कबीर की माय,
ए बालक कैसे जीवहिं रघुराय,
तनना बुनना सब तज्यो है कबीर,
हरि का नाम लिखि लियो शरीर।
जब लग तागा बाहउँ बेही,
तब लग बिसरैं राम सनेही।
ओछी मति मेरो जात जुलाहा,
हरि का नाम लह्यों मैं लाहा।
कहत कबीर सुनहु मेरी माई,
हमारा इनका दाता एक रघुराई।

आदि ग्रन्थ, पृष्ठ 285

किन्तु इनके विवाह और सन्तानोत्पत्ति के विषय में मतान्तर है। कबीरपन्थ के विद्वान कहते हैं कि लोई नाम की स्त्री उनके साथ आजन्म रही, परन्तु उससे उन्होंने विवाह नहीं किया इसी प्रकार कमाल उनके पुत्र और कमाली उनकी पुत्री के विषय में भी वे लोग विचित्र बातें कहते हैं। उनका कथन है कि ये दोनों अन्य की सन्तान थीं, जो मृतक हो जाने के कारण त्याग दिये गये थे; परन्तु कबीर साहब ने उनको पुनः जिलाया और पाला; इसीलिए ये दोनों उनकी सन्तान करके प्रख्यात हुए। यह कदाचित् वे लोग इसलिए कहते हैं कि कबीर साहब ने स्त्रीसंग को धुरा कहा है। यथा–

नारि नसावै तीन गुन, जो नर पासे होय।
भक्ति मुक्ति निज ध्यात में, पैठि सकै नहिं कोय॥

नारी की झाँई परत, अन्धा होत भुजंग।
कबिरा तिनकी कौन गति नित नारी को संग॥
चौरासी अंग की साखी, कनक-कामिनी का अंग।

किन्तु कबीर साहब ने अपना विवाह होना स्वयं स्वीकार किया है। यथा–

नारी तो हम भी करी, जाना नाहिं विचार।
जब जाना तब परिहरी, नारी बड़ा विकार॥
चौरासी अंग की साखी, कनक-कामिनी का अंग।

भ्रमण करते हुए एक दिन कबीर साहब भगवती भागीरथी कूलस्थित एक बनखंडी वैरागी के स्थान पर पहुँचे। वहाँ एकविंशति वर्षीया युवती ने आपका स्वागत किया। वह निर्जन स्थान था। परन्तु कुछ काल ही में वहाँ कुछ साधु और आये। युवती ने साधुओं को अतिथि समझा, उनका शिष्टाचार करना चाहा, अतएव वह एक पात्र में दूध लायी। साधुओं ने उस दूध को सात पनघाड़ों में बाँटा। पाँच उन लोगों ने स्वयं लिया, एक कबीर साहब को और एक युवती को दिया। कबीर साहब ने अपना भाग लेकर पृथ्वी पर रख दिया, इसलिए युवती ने कुछ संकोच के साथ पूछा आपने अपना दूध धरती पर क्यों रख दिया? आप भी और साधुओं की भाँति उसे कृपा करके अंगीकार कीजिए। कबीर साहब ने कहा–देखो, गंगा पार से एक साधु और आ रहा है। मैंने उसी के लिए इस दूध को रख छोड़ा है। युवती कबीर साहब की यह सज्जनता देखकर मुग्ध हो गयी उसी समय उनके साथ उनके घर चली आयी। पश्चात् इसी के साथ कबीर साहब का विवाह हुआ। इसका नाम लोई था। यह बनखंडी वैरागी की प्रतिपालित कन्या थी। इसे वैरागी ने अचानक एक दिन जाह्नवीकूल पर पड़ा पाया था। कमाली और कमाल इसी की सन्तान थे।

शील और सदाचार

एक दिन कबीर साहब ने सस्त्रीक एक थान बुनकर प्रस्तुत किया और बेचने की कामना से वे उसे लेकर घर से बाहर निकले। अभी कुछ दूर आगे बढ़े थे कि एक साधु ने सामने आकर कहा–बाबा कुछ दे! कबीर साहब ने आधा थान फाड़ दिया। उसने कहा–बाबा, इतने में मेरा काम न चलेगा। कबीर साहब ने दूसरा आधा भी उसको अर्पण किया और आप प्रसन्न बदन घर लौट आये।

एक दिन कबीर साहब के यहाँ बीस-पचीस भूखे फकीर आये। उस दिन उनके पास कुछ न था, इसलिए वे घबराये। लोई ने कहा–यदि आज्ञा हो तो मैं एक साहूकार के बेटे से कुछ रुपये लाऊँ। उन्होंने कहा कैसे! स्त्री ने कहा–वह मुझ पर मोहित है। मैं पहुँची नहीं कि उसने रुपया दिया नहीं। कबीर साहब ने कहा–किसी तरह काम चलाना चाहिए, लोई साहूकार के बेटे के पास पहुँची, रुपया लायी और रात में मिलने का वादा कर आयी। दिन खाने खिलाने में बीता, रात हुई सब ओर अँधेरा छा गया, झड़ बाँधकर

मेह बरसने लगा, रह-रहकर हवा के झोंके जी कँपाने लगे। किन्तु कबीर साहब को चैन न था, वे सब जान चुके थे। उन्होंने सोचा—जिसकी बात गयी उसका सब गया, इसलिए वे पानी और हवा से न डरे। कम्मल ओढ़ाकर उन्होंने स्त्री को कन्धे पर लिया और साहूकार के घर पहुँचे। साहूकार का लड़का तड़प रहा था। उसको आया देख वह खिल उठा। किन्तु जब उसने देखा कि न तो उसके पाँव कीचड़ से भरे हैं और न कपड़ा भीगा, तो चकित हो गया और बोला—तुम कैसे आयी? लोई ने कहा—मेरे पति मुझे कन्धे पर चढ़ा कर लाये हैं। यह सुनकर साहूकार के लड़के के जी में बिजली कौंध गयी, उजाले के सामने अँधियारा न ठहर सका। वह लोई के पाँव पर गिर पड़ा और बोला—आप मेरी माँ हैं। कबीर साहब ने मेरी आँख खोलने के लिए ही इस कठिनाई का सामना किया है। इतना कहकर वह घर से बाहर निकल आया और कबीर साहब के पाँवों से लिपट गया तथा उसी दिन से उनका सच्चा सेवक बन गया।

श्रीमान् वेस्कट लिखते हैं कि "कबीर साहब के वर्णित जीवन चरित में एक प्रकार का काव्य का सा सौन्दर्य पाया जाता है"[1]। यह बात सत्य है, कि मेरी प्रवृत्ति इन दो प्रसंगों के अतिरिक्त किसी दूसरे प्रसंग को लिखने की नहीं होती। आप लोग इन दो कथानकों से ही उनके शील और सदाचार के विषय में बहुत कुछ अवगत हो सकते हैं।

धर्मप्रचार

भागीरथी के तट की बातें लिखकर 'रहनुमायाने हिन्द' के रचयिता लिखते हैं, "रामानन्द कबीर के बशरे से कुछ आसारे स आदत देखकर उन्हें अपने मठ में ले आये और वह उसी रोज बाजाब्ता रामानन्द के मजहब में दाखिल हो गये। मगर हम यह नहीं बता सकते कि वह कब तक अपने गरोह की इताअत व पैरवी में साबित-कदम रहे। गालिबन् मुरशिद की बफात के बाद उन्होंने अपने मजहब का वाज व तलकीन शुरू की"। मेरा भी यही विचार है। उनका उपदेश देने का ढंग निराला था। सम्भव है कि वे कभी-कभी यों भी लोगों को उपदेश देते रहे हों, किन्तु अधिकतर वे अपने विचारों को सीधी सादी बोलचाल की भाषा में भजन बनाकर और उन्हें गाकर प्रकट करते थे। उनके भजनों को देखिए, उनकी रचना अधिकांश प्रचलित गीतों के ढंग की है। वे स्वयं कहते हैं—

बोली हमारी पुर्व की, हमें लखा नहिं कोइ।
हमको तो सोई लखै, घर पूरब का होइ॥
मसि कागद तो छुयो नहिं, कलम गही नहिं हाथ।
चारिहु जुग महात्म्य तेहि, कहि कै जनायो नाथ॥

कबीर बीजक, साखी 177,181

1. देखो, कबीर ऐंड द कबीर पंथ, पृष्ठ 29।

उनके धार्मिक सिद्धान्त क्या थे और वे लोगों को किस बात की शिक्षा देते थे, इस बात का वर्णन मैं अन्त में करूँगा। यहाँ केवल यह प्रकट करता चाहता हूँ कि संसार में जो लोग मुख्य योग्यता के होते हैं, उनमें कुछ आकर्षिणी शक्ति अवश्य होती है कबीर साहब में भी यह शक्ति थी। उनके भावमय भजनों को सुनकर और उनके शील और सदाचरण से प्रभावित होकर उनके समय में ही अनेक लोग उनके अनुगत हो गये। इनमें अधिकतर हिन्दुओं की ही संख्या है, मुसलमानों के हृदय पर उनका अधिकार नहीं हुआ। किसी किसी राजा पर भी उनका प्रभाव पड़ा, चाहे यह प्रभाव केवल एक साधु या महात्मामूलक हो, या धर्ममूलक।

विरोधी दल

यह सत्य है कि हिन्दू और मुसलमान दोनों धर्म के नेताओं से अन्त में उनका विरोध हो गया। क्यों हो गया, इसके कारण स्पष्ट हैं। हिन्दू धर्म के नेताओं को एक अहिन्दू का हिन्दू धर्मोपदेशक रूप से कार्यक्षेत्र में आना कभी प्रिय नहीं हो सकता था; इसलिए उन लोगों का कबीर साहब का कट्टर विरोधी हो जाना स्वाभाविक था। हिन्दू आचार्य का शिष्यत्व ग्रहण करने और मुसलमान होकर हिन्दू सिद्धान्तों के अनुगत और प्रचारक हो जाने के कारण मुसलमान धर्म के नेताओं से भी उनका वैमनस्य हो गया। परिणाम इसका यह हुआ कि उन्होंने दोनों धर्मों के नेताओं पर कठोरता के साथ आक्रमण किया और उद्दंड स्वभाव होने के कारण उन पर बड़ी कटूक्तियाँ कीं, उनके धर्मग्रन्थों को भला बुरा कहा। फिर विरोध की आग क्यों न भड़कती। निदान इस विरोध के कारण उनको अनेक यातनाएँ भोगनी पड़ीं। किन्तु उनमें वह दृढ़ता मौजूद थी, जो प्रत्येक समय के धर्मप्रचारकों में पायी जाती है इसलिए अनेक कष्ट सहकर भी वे अपने सिद्धान्त पर आरूढ़ रहे और उनकी इसी निश्चलता ने उनको सर्वसाधारण में समादृत बनाया। उस समय सिकन्दर लोदी उत्तरी भारत में शासन करता था! शेख तकी (जो एक प्रभावशाली और मान्य व्यक्ति थे) और दूसरे मुसलमानों के शिकायत करने पर बादशाह की क्रोधाग्नि भी भड़की और उन्होंने कबीर साहब को कुछ कष्ट भी दिया; किन्तु अन्त में उन्हें फकीर होने के कारण छुटकारा मिल गया।

कबीर साहब को धर्मप्रचार में जिन आपदाओं का सामना करना पड़ा, उनको उनके अनुयायियों ने बहुत रंजित करके लिखा है। यद्यपि उनका अधिकांश अस्वाभाविक है, परन्तु आप लोगों को अभिज्ञता के लिए मैं उनका दिग्दर्शन मात्र कराऊँगा।

कहा जाता है कि शाह सिकन्दर ने पहले उनको गंगा में और बाद को अग्नि में डलवा दिया, किन्तु वे दोनों स्थानों से जीवित निकल आये। इसके उपरान्त उनके ऊपर मस्त हाथी छोड़ा गया; परन्तु वे उसके सामने शार्दूल होकर प्रगट हुए। मस्त हाथी भागा और

उनका बाल भी बाँका न हुआ। कबीर साहब के एक शब्द में भी इसमें की एक घटना का वर्णन है।

गंगा गुसाँइनि गहिर गम्भीर, जँजिर बाँध कर खरे कबीर।
मन न डिगै तन काहे को डेराइ, चरन कमल चित रह्यो समाइ।
गंग की लहर मेरी टुटी जँजीर, मृगछाला पर बैठे कबीर।
यह कबीर कोउ संग न साथ, जल थल राखत हैं रघुनाथ।

आदिग्रन्थ, पृष्ठ 626

अन्तिम काम

कबीर साहब की परलोकयात्रा के विषय में यह अति प्रसिद्ध बात है कि उस समय वे काशी छोड़कर मगहर चले गये थे। बस्ती के जिले में मगहर एक छोटा-सा ग्राम है, जिसमें अब तक उनकी समाधि है। यहाँ वर्ष में एक बार साधारण मेला भी होता है। कबीर पन्थ के अनुयायी कुछ मुसलमान मिलते हैं तो यहीं मिलते हैं। कबीर साहब काशी छोड़कर अन्त समय क्यों मगहर चले आये, इसका उत्तर वे स्वयं अपने निम्नलिखित शब्दों में देते हैं–

लोगा तुम ही मति के भोरा।
ज्यों पानी पानी में मिलिगो, त्यों ढुरि मिल्यो कबीरा।
ज्यों मैथिल को सच्चा बास, त्योंहि मरण होय मगहर पास।
मगहर भरै नरन नहिं पावै, अन्त मरै तो राम लजावै।
मगहर मरै सो गदहा होई, भल परतीत राम सों खोई।
क्या काशी क्या ऊसर मगहर, राम हृदय बस मोरा।
जो काशी तन तजै कबीरा, रामै कौन निहोरा ॥

कबीर बीजक, शब्द 103

ज्यों जल छोड़ि बाहर भयो मीना,
पुरुष जन्म हौ तप का हीना।
अब कहु राम कवन गति मोरी,
तजिले बनारस मति भई थोरी।
सकल जनम शिवपुरी गँवाया,
मरति बार मगहर उठि धाया।
बहुत बरख तप कीया काशी,
मरन भया मगहर को बासी।

काशी मगहर सम बीचारी,
ओछी भगति कैसे उतरै पारी।
कह गुरु गज शिव सम को जानै,
मुआ कबीर रमत श्री रामै।

आदि ग्रन्थ, पृष्ठ 177

जहाँ इन शब्दों से कबीर साहब की विचित्र धार्मिक दृढ़ता सूचित होती है, वहाँ दूसरे शब्द के कतिपय आदिम पदों से उनका दुःखमय आन्तरिक क्षोभ भी प्रकट होता है, और उनके संस्कार का भी पता चलता है। मनुष्य जब किसी गूढ़ कारणवश अपनी अत्यन्त प्रिय आन्तरिक वासनाओं की पूर्ति में असमर्थ होता है, तो जैसे पहले वह हृदयोद्वेग से विह्वल होकर पीछे दृढ़ता ग्रहण करता और कोई अवलम्ब ढूँढ़कर चित्त को बोध देता है, दूसरे शब्द में कबीर साहब के हृदय का भाव ठीक वैसा ही व्यंजित हुआ है। इससे क्या सूचित होता है? यही कि कबीर साहब को किसी घोर धार्मिक विरोधवश काशी छोड़नी पड़ी थी। भक्तिसुधा बिन्दु-स्वाद नामक ग्रन्थ (पृष्ठ 840) के इस वाक्य को देखकर कि "श्री कबीर जी संवत् 1549 में मगहर गये। वहीं से संवत् 1552 की अगहन सुदी एकादशी को परमधाम पहुँचे" यह विचार और पुष्ट हो जाता है, क्योंकि यह वाक्य यह नहीं बतलाता कि मरने के केवल कुछ दिन पहले कबीर साहब मगहर में आये।

कबीर साहब मुसलमान के घर पले थे, मुसलमानों फकीरों से व्यवहार रखते थे, इसलिये उनमें मुसलमानों की ममता होना स्वाभाविक है। वे एक हिन्दू आचार्य के शिष्य थे, राम नाम के प्रचारक और उपदेशक थे, अतएव हिन्दू यदि उन्हें अपना समझें तो आश्चर्य क्या? निदान यही कारण है कि उनका परलोक हो जाने पर रुधिरपात की सम्भावना हो गयी। काशिराज वीरसिंह उनके शव को दग्ध और बिजलीखाँ पठान समाधिस्थ करना चाहता था, अतएव तलवार चल ही गयी थी कि एक समझ काम कर गयी। शव की चद्दर उठाई गयी तो उसके नीचे फूलों का ढेर छोड़ और कुछ न मिला। हिन्दुओं ने इसमें से आधा लेकर जलाया और उसकी राख पर समाधि बनायी। यही काशी का कबीरपंथियों का प्रसिद्ध स्थान कबीरचौरा है। मुसलमानों ने दूसरा आधा लेकर वहीं मगहर में उसी पर कब्र बनाई जो अब तक मौजूद है। कबीरपंथियों के ये दोनों पवित्र स्थान हैं।

कबीर कसौटी (पृष्ठ 54) में लिखित मरने के समय के इस वाक्य से कि "कमल के फूल और दो चद्दर मँगवाकर लेट गये" फूल का रहस्य समझ में आता है। कबीर साहब न जब शव के लिये तलवार चल जाने की सम्भावना देखी, तो उन्होंने ही अपने बुद्धिमान शिष्यों द्वारा दूरदर्शिता से ऐसी सुव्यवस्था कि शरीरान्त होने पर शव किसी को न मिला। उसके स्थान पर लोगों ने फूलों का ढेर पाया, जिससे सब झगड़ा अपने आप मिट गया। कहा जाता है कि गुरु नानक के शव के विषय में ठीक ऐसी ही घटना हुई थी।

ग्रन्थावली

कबीर साहब ने स्वयं स्वीकार किया है कि "मसि कागद तो छुयो नहिं कलम गही नहिं हाथ। चारिहुँ जुग माहात्म्य तेहि कहिकै जनायो नाथ"। इसलिए यह स्पष्ट है कि कबीर साहब ने न तो कोई पुस्तक लिखी, न उन्होंने कोई धर्मग्रन्थ प्रस्तुत किया। कबीर सम्प्रदाय के जितने प्रामाणिक ग्रन्थ हैं, उनके विषय में कहा जाता है कि उन्हें कबीर साहब के पीछे उनके शिष्यों ने रचा। यह हो सकता है कि जिन शब्दों या भजनों में कबीर नाम आता है, वे कबीर साहब के रचे हुए हों, जो शिष्यों द्वारा पीछे ग्रन्थस्वरूप में संगृहीत हुए हों, परन्तु यह बात सत्य ज्ञात होती है कि अधिकांश ग्रन्थ कबीर साहब के पीछे उनके शिष्यों द्वारा ही रचे गये हैं। प्रोफेसर बी. बी. राय, जो एक क्रिश्चियन विद्वान् हैं अपने 'सम्प्रदाय' नामक उर्दूग्रन्थ के पृष्ठ 63 में लिखते हैं–

"जहाँ तक मालूम होता है, कबीर ने अपनी तालीमी बातों को कलमबन्द नहीं किया। उसके बाद उनके चेलों ने बहुत सी किताबें तसनीफ कीं यह किताबें अक्सर गुत्फगू की सूरत और हिन्दी नजम में लिखी गयी। काशी के कबीर चौरे में इस सम्प्रदाय की मशहूर और पाक किताबों का मजमुआ पाया जाता है, जिसे कबीरपन्थी लोग 'खास ग्रन्थ' कहते हैं"। प्रसिद्ध बंगाली विद्वान् बाबू अक्षयकुमार दत्त भी अपने 'भारतवर्षीय उपासक सम्प्रदाय' नामक बंगला ग्रन्थ (प्रथम भाग, पृष्ठ 49) यही बात कहते हैं–

"ए सम्प्रदायेर प्रामाणिक ग्रन्थ समुदाय कबीर शिष्यदिगेर आर ताहार उत्तर कालवर्त्ती गुरुदिगेर रवित बलिया प्रसिद्ध आछे।"

श्रीमान् वेसकूट कहते हैं–"ज्ञात यह होता है कि कबीर की शिक्षाएँ मौखिक थीं, और वे उनके पीछे लिखी गयीं। सब से पुराने ग्रन्थ, जिनमें उनकी शिक्षाएँ लिखी गयीं, बीजक और आदि ग्रन्थ हैं। यह भी सम्भव है कि इनमें से कोई पुस्तक कबीर के मरने से पचास वर्ष पीछे तक न लिखी गयी हो। यह विचारना कठिन है कि वे ठीक उन्हीं के शब्दों में लिखी गयी हैं, जो कि गुरु के मुख से निकले हैं। और यह बात तो और भी कठिनता से मानी जा सकती है कि उनमें और शब्द नहीं मिला दिये गये हैं।"

कबीर ऐंड दी कबीर पन्थ, पृ. 46

'खास ग्रन्थ' में निम्नलिखित इक्कीस छोटी बड़ी पुस्तकें हैं।

1. सुखनिधान : इस ग्रन्थ के रचयिता 'श्रुतगोपालदास' हैं। कबीर पन्थ की द्वादश शाखाओं में से कबीरचौरा स्थान की शाखा के ये प्रवर्तक हैं। सुखनिधान समस्त ग्रन्थों का कुंचिकास्वरूप, बोधसुलभ और सुप्रसन्न शब्दों में लिखित है। पठद्दशा की चरमावस्था प्राप्त हुए बिना किसी को ग्रन्थ के पढ़ने की व्यवस्था नहीं दी जाती। इस ग्रन्थ में 8 अध्याय हैं; और धर्मदास और कबीर साहब के प्रश्नोत्तर रूप में ब्रह्म, जीव, माया इत्यादि धार्मिक विषयों का इसमें निरूपण है।

2. गोरखनाथ की गोष्ठी : इस ग्रन्थ में महात्मा गोरखनाथ के साथ कबीर साहब का धर्मिक वार्त्तालाप है।

3. कबीर पाँची, 4. वलख की रमैनी, 5. आनन्द राम सागर : ये साधारण ग्रन्थ हैं। इनके विषय में कहीं कुछ लिखा नहीं मिला।

6. रामानन्द की गोष्ठी : इस ग्रन्थ में स्वामी रामानन्द के साथ कबीर साहब का धार्मिक वार्तालाप है।

7. शब्दावली : इसमें एक सहस्र धार्मिक शब्द हैं, किन्तु वे क्रमबद्ध नहीं हैं, इसमें छोटी छोटी धार्मिक शिक्षाएँ हैं।

8. मंगल : इसमें एक सौ छोटी कविताएँ हैं।

9. वसन्त : इसमें वसन्त राग के एक सौ धर्मसंगीत हैं।

10. होला : इसमें होली के दो सौ गीत हैं।

11. रेखता : इसमें एक शत रेखते हैं, किन्तु उनमें छन्दोभंग बहुत हैं।

12. झूलन : इसमें अनेक धार्मिक विषयों पर पाँच सौ गीत हैं।

13. कहरा : इसमें कहरा चाल के पाँच सौ भजन हैं।

14. हिन्दोल : इसमें नाना प्रकार के द्वादश भजन हैं, जिनमें नैतिक और धार्मिक शिक्षाएँ हैं।

15. बारहमासा : इसमें बारह महीनों पर धार्मिक संगीत हैं।

16. चाँचर : इसमें चाँचर चाल के गीतों में नाना प्रकार के भजन और शब्द हैं।

17. चौंतीसी : इसमें भाषा के तैंतीस व्यंजनों और चौंतीसवें ॐकार में से एक एक को प्रत्येक पद्य के आदि में रखकर धार्मिक कविता की गयी है। कुल 34 पद्य हैं।

18. अलिफनामा : इसमें फारसी अक्षरों की धार्मिक व्याख्या है।

19. रमैनी : इसमें हिन्दी कबीर पन्थ के सिद्धान्तों का शब्दों में विस्तृत वर्णन है। स्वधर्म प्रतिपादन और परधर्म खण्डन पन्थ के सिद्धान्तानुसार किया गया है। कूटशब्द भी इसमें पाये जाते हैं।

20. साखी : इसमें सहस्र दोहे हैं, जो पन्थ में साखी नाम से पुकारे जाते हैं। इन दोहों में अनेक प्रकार की नीति और धर्म की शिक्षाएँ हैं। चौरासी अंग की साखी इसी के अन्तर्गत है। इस ग्रन्थ की कतिपय साखियाँ बड़ी ही सुन्दर हैं।

21. बीजक : इस ग्रन्थ में 654 अध्याय हैं। इसको कबीरपन्थी लोग बहुत मानते हैं। बीजक दो हैं पर उन दोनों में बहुत अन्तर नहीं है। कबीरपन्थी कहते हैं कि उनमें जो बड़ा बीजक है, उसे स्वयं कबीर साहब ने काशीराज से कहा था; दूसरे बीजक को भग्गूदास नामक कबीर के शिष्य ने संग्रह किया है। यह दूसरा बीजक ही अधिक प्रचलित है। इसमें स्वमत प्रतिपादन की अपेक्षा धर्मों पर आक्रमण और आक्षेप ही अधिक हैं। यह

भग्गूदास भी कबीरपन्थ की द्वादश शाखाओं में से एक शाखा का प्रवर्त्तक है। इसके परंपरागत शिष्य धनौति नामक ग्राम में रहते हैं।

श्रीमान् वेस्कट कहते हैं–"बीजक कबीर साहब की शिक्षा का प्रामाणिक ग्रन्थ मान लिया गया है। यह सम्भवतः 1570 ई. में या सिक्खों के पाँचवें गुरु अर्जुन द्वारा नानक की शिक्षा आदिग्रन्थ में लिखे जाने के बीस वर्ष पहले लिखा गया था। बहुत से वचन जो आदि ग्रन्थ में कबीर के कथित माने जाते हैं, बीजक में भी पाये जाते हैं।"

क.ऐ.क., पृष्ठ 7

एक दूसरे बीजक की कई छपी आवृत्तियाँ हैं। उनमें से दो, जो अधिक प्रसिद्ध हैं, सटीक हैं। एक के टीकाकार रीवाँ के महाराज विश्वनाथ सिंह और दूसरे के नागझारी जिला बुराहनपुर निवासी कबीरपन्थी साधु पूरनदास हैं, जो सन् 1870 ई. में जीवित थे। बैप्टिस्ट मिशन, मुंगेर के रेवरेंड प्रेमचन्द ने भी इसकी आवृत्ति कलकत्ते में सन् 1880 ई. में छपायी थी। इन ग्रन्थों के अतिरिक्त आगम और बानी इत्यादि भिन्न-भिन्न नामों की कुछ और स्फुट कविताएँ भी पायी जाती हैं।

श्रीमान् वेस्कट ने अपने ग्रन्थ में कबीर पन्थ के 84 ग्रन्थों के नाम लिखे हैं। इन ग्रन्थों में कबीर कसौटी और कबीर मनसूर आदि आधुनिक ग्रन्थों के भी नाम हैं, जिनका रचनाकाल अर्द्धशताब्दी से कम है। इसके अतिरिक्त उन्होंने तीन सटीक बीजकों को भी पृथक् गिना है। चौरासी अंग की साखी जो एक ग्रन्थ है, उसके सतसंग का अंग, समदरसी का अंग, आदि बारह अंगों की साखियों को अलग-अलग लिखकर उनको बारह पुस्तकें माना है, इसी से उनकी नामावली लम्बी हो गयी है। उसमें मूसाबोध, महम्मदबोध, हनुमानबोध आदि कतिपय ऐसे ग्रन्थों के नाम हैं, जो सर्वथा कल्पित हैं; क्योंकि उक्त महोदयों और कबीर साहब के समय में कितना अन्तर है, यह विद्वानों को अविदित नहीं है उन्होंने अमरमूल आदि दो एक प्राचीन ग्रन्थों का नाम भी अपनी सूची में लिखा है और सुखनिधान आदि कई ऐसे ग्रन्थों के नाम भी लिखे हैं, जो उक्त 21 ग्रन्थों के अन्तर्गत हैं।

प्रोफेसर एच. एच. विलसन ने अपने 'रिलिजन आफ दी हिन्दूज' नामक ग्रन्थ के प्रथम खंड, पृष्ठ 76-77 में कबीर साहब के निम्नलिखित ग्रन्थों के ही नाम लिखे हैं। यह कहना कि ये ग्रन्थ उक्त 21 ग्रन्थों के ही अन्तःपाती हैं, बाहुल्य मात्र हैं।

1. आनन्द रामसागर, 2. बलख की रमैनी, 3. चांचर, 4. हिन्डोला, 5. झूलना, 6. कबीरपाँजी, 7. कहरा, 8. शब्दावली।

प्रशंसित महाराज रीवाँ ने अपनी टीका में कबीर साहब विरचित निम्नलिखित ग्रन्थों के नाम लिखे हैं; और इनमें से प्रायः शब्द और साखियों को उद्धृत करके प्रमाण दिया है। किन्तु ज्ञात होता है कि इन ग्रन्थों की गणना 'खास ग्रन्थ' में नहीं है; क्योंकि ये उनके अतिरिक्त हैं।

1. निर्भय ज्ञान, 2. भेद सार; 3. आदि टकसार, 4. ज्ञान सागर, 5. भवतरण।

मुझे कबीर साहब के मौलिक ग्रन्थों में से केवल दो ग्रन्थ मिले, एक बीजक और दूसरा चौरासी अंग की साखी। इसके अतिरिक्त बेलवेडियर प्रेस की छपी कबीर शब्दावली, चार भाग, ज्ञानगुदड़ी व रेखते, और साखी संग्रह नाम की पुस्तकें भी हस्तगत हुईं। बेलवेडियर प्रेस के स्वामी 'राधा-स्वामी मत' के हैं। इस मतवाले कबीर साहब को अपना आदि आचार्य मानते हैं; इसलिऐ इस प्रेस की छपी पुस्तकों के बहुत कुछ प्रामाणिक होने की आशा है। उन्होंने भूमिका में इस बात को भी प्रकट भी किया है। गुरु नानक सम्प्रदाय के 'आदि ग्रन्थ' में भी कबीर साहब के बहुत से शब्द और साखियाँ संगृहीत हैं। मैंने उक्त दो मौलिक और इन्हीं सब संगृहीत ग्रन्थों के आधार पर अपना संग्रह प्रस्तुत किया है।

इन ग्रन्थों की अधिकांश कविता साधारण है। सरस पद्य कहीं-कहीं मिलते हैं। हाँ, जहाँ कबीर साहब पूरबीबोलचाल और चलते गीतों में अपने विचार प्रकट करते हैं, वहाँ की कविता निस्सन्देह अधिक सरस है। किन्तु छदोभंग इन सब में इतना अधिक है कि जी ऊब जाता है। जहाँ कविता में अश्लीलता भी है। कोई-कोई कविताएँ तो इतनी अश्लील हैं कि मैं उन्हें यहाँ उठा तक नहीं सकता। यदि आप लोग ऐसी कविताएँ देखना चाहें, तो नमूने के लिए साखीसंग्रह के पृ. 148 का छठा, पृ. 175 का 26, 27, 28 और पृ. 182 का अन्तिम दोहा देखिए। उनकी कविता में असंयतभाषिता भी दृष्टिगत होती है। वे कहते हैं—

बोली एक अमोल है जो कोई बोलै जानि।
हिये तराजू तौलि कै तब मुख बाहर आनि ॥

कबीर बीजक, पृ. 623

साधु भया तो क्या भया जो नहिं बोल विचार।
हतै पराई आतमा लिये जीभ तलवार ॥

कबीर बीजक, पृ. 631

साधु लच्छन सुगुनवंत गंभीर है वचन लौलीन भाखा सुनावै।
फूहरी पातरी अधम का काम है राँड़ का रोवना भाँड़ गावै ॥

ज्ञानगुदड़ी, पृ. 32

किन्तु खेद है कि जब वे विरोध करने पर उतारू होते हैं तब इन बातों को भूल जाते हैं। यह दोष उनकी कविता में प्रायः मिलता है। नमूने के लिए साखी संग्रह पृ. 187 का दोहा 19, 20 और ज्ञानगुदड़ी तथा रेखते नामक ग्रन्थ का रेखता 60 देखिए। मैंने इस प्रकार की कविताओं से अपने संग्रह को बचाया है; और जहाँ शब्दों के हेर फेर या ह्रस्व दीर्घ करने से काम चल गया, यहाँ छंदोभंग भी नहीं रहने दिया है।

कबीर साहब के ग्रन्थों का आदर कविता दृष्टि से नहीं, विचार दृष्टि से है। उन्होंने अपने विचार दृढ़ता और कट्टरपन के साथ प्रकट किये हैं। उनमें स्वाधीनता की मात्रा भी अधिक झलकती है।

इन ग्रंथों में बहुत से कूट शब्द भी हैं। कबीर साहब का उलटा प्रसिद्ध है। चूहा बिल्ली को खा गया, लहर में समुद्र डूब गया, प्रायः ऐसी उलटी बातें आपको इन्हीं शब्दों में मिलेंगी इन शब्दों का लोगों ने मनमाना अर्थ किया है। ऐसे शब्दों का दूसरा अर्थ हो ही क्या सकता है। प्रायः लोगों को आश्चर्य में डालने के लिए ही ऐसे शब्दों की रचना होती है। मैं समझता हूँ कि कबीर साहब का भी यही उद्देश्य था। उन्होंने ऐसे शब्द बनाकर लोगों को अपनी ओर आकर्षित किया है, क्योंकि धर्म नीचे लिखे जाते हैं–

देखो लोगों हरि की सगाई; माय धरै पुत धिय संग जाई।
सासु ननद मिल अदल चलायी, मादरिया गृह बेटी जाई॥
हम बहनोई राम मोर सारा, हमहिं बाप हरि पुत्र हमारा।
कहै कबीर हरी के बूता, राम रमे ते कुकुरी के पूता॥

कबीर बीजक, पृ. 393

देखि देखि जिय अचरज होई, यह पद बूझै बिरला कोई।
धरती उलटि अकासहिं जाई, चींटी के मुख हस्त समाई॥
बिन पवनै जहँ पर्वत उड़े, जीव जन्तु सब बिरछा बुड़े।
सूखे सरवर उठैं हिलोल, बिन जल चकबा करै कलाल॥
बैठा पंडित पढ़े पुरान, बिन देखे का करैं बखान।
कह कबीर जो पद को जान, सोई सन्त सदा परमान॥

कबीर बीजक, पृ. 394

विद्वान् मिश्रबन्धुओं ने 'मिश्र बन्धुविनोद' के प्रथम भाग में कबीर साहब के ग्रन्थों और उनकी रचना के विषय में जो कुछ लिखा है, वह नीचे अविकल उद्धृत किया जाता है–

"इस समय तक भाषा और भी परिपक्व हो गयी थी। महात्मा कबीरदास ने उसको बहुत बड़ा उपकार किया। इन्होंने कोई पचास ग्रन्थ बनाये, जिनमें से 46 का पता लग चुका है। **–पृष्ठ 113**

"कविता की दृष्टि से इनकी उल्टवांसी बहुत प्रशंसनीय है। इनकी रचना सेनापति श्रोणी की है। इन्होंने खरी बातें बहुत उत्तम और साफ-साफ कही हैं और इनकी कविता में हर जगह सचाई की झलक देख पड़ती है। इनके ऐसे बेधड़क कहनेवाले कवि बहुत कम देखने में आते हैं। कबीर जी का अनुभव खूब बढ़ा चढ़ा था और इनकी दृष्टि अत्यन्त

पैनी थी। कहीं-कहीं उनकी भाषा में कुछ गँवारूपन आ जाता। पर उसमें उद्दण्डता की मात्रा अधिक होती है।

"इनके कथन देखने में तो साधारण समझ पड़ते हैं, परन्तु उनमें गूढ़ आशय छिपे रहते हैं। इन्होंने रूपकों, दृष्टान्तों उत्प्रेक्षाओं आदि से धर्म सम्बन्धी ऊँचे विचारों एवं सिद्धान्तों को सफलतापूर्वक व्यक्त किया है।" —पृष्ठ 252, 253

कबीर पन्थ

इस पन्थवाले युक्तप्रान्त और मध्य भारत में अपनी संख्या के विचार से अधिक हैं, पंजाब, बिहार और दक्षिण प्रान्त में भी कहीं ये लोग पाये जाते हैं। यद्यपि इनकी संख्या अन्य भारतवर्षीय संप्रदायों की अपेक्षा बहुत थोड़ी है; तथापि इनमें निम्नलिखित द्वादश शाखाएँ हैं—

1. **श्रुत गोपालदास :** इनके परम्परागत शिष्य काशी के कबीरचौरा मगहर की समाधि और जगन्नाथ एवं द्वारका के मठों पर अधिकार रखते हैं। यह शाखा अपर शाखाओं की अपेक्षा प्रतिष्ठित मानी जाती है। दूसरी शाखावाले इसको प्रधान मानते हैं।

2. **भग्गूदास :** इनके परंपरागत शिष्य धनौती नामक गाँव में रहते हैं।

3. **नारायणदास; 4. चूणामणिदास :** ये दोनों धर्मदास नामक एक बनिए के बेटे थे, जो कबीर साहब के एक धनी शिष्य थे। धर्मदास जबलपुर के पास बंधो नामक एक गाँव में रहते थे। बहुत दिनों तक उनके वंश के लोग वहाँ के मठ के महन्त होते रहे। परन्तु नारायणदास के वंश में अब कोई न रहा। इधर चूड़ामणि वंश के एक महन्त ने एक कुचरित्रा स्त्री रख ली; इसलिए यह वंश भी अब गद्दी से उतार दिया गया।[1]

5. **जग्गूदास :** कटक में इनकी गद्दी है और इनके शिष्य उसी ओर हैं।

---

1. कबीर पंथ की द्वादश शाखाओं के विषय में यहाँ जो कुछ लिखा गया है, वह बंगाल के प्रसिद्ध विद्वान अक्षयकुमार दत्त के ग्रंथ भारतवर्षीय उपासक संप्रदाय, (देखो इस ग्रन्थ का प्रथम भाग, पृष्ठ 64, 65, 66) और प्रोफेसर बी. बी. राय के ग्रंथ 'सम्प्रदाय' (देखो पृष्ठ 74, 75, 76) के आधार पर लिखा गया है। इन शाखाओं के विषय में मुझको एक लेख कबीर धर्मनगर, जिला रायपुर (मध्यप्रदेश) निवासी कबीरपंथी साधु युगलानन्द विहारी का मिला है। उसको भी मैं नीचे अविकल उद्धृत करता हूँ—

"मध्यप्रदेश, बिहार, युक्तप्रांत, गुजरात और काठियावाड़ में कबीरपंथियों की संख्या विशेष है। हाँ, पंजाब, महाराष्ट्र, मैसूर, मद्रास इत्यादि प्रांतों में ये लोग थोड़े पाए जाते हैं।

"इनमें अनेक शाखाएँ वर्तमान हैं, जिनमें धर्मदास के पुत्रों में से—

(1) वचन चूड़ामणि के वंशज की शाखा ही प्रधान है। इस समय इनका मुख्य स्थान कबीर धर्मनगर, जिला रायपुर, सी. पी. में है। धर्मदास और कबीर के प्रश्नोत्तर मिले हुए ग्रंथों में कालीवंशी

6. जीवनदास : इन्होंने सत्तनामी सम्प्रदाय स्थापित किया। कोटवा जिला गोंडा में इनका स्थान है। इस स्थान के अधिकार में सात-आठ और गद्दियाँ हैं।

7. कमाल : ये बम्बई नगर में रहते थे। इनके चेले योगी होते हैं। जनश्रुति है कि कमाल कबीर के पुत्र थे। कबीर साहब का निम्नलिखित दोहा स्वयं इसका प्रमाण है।

बूढ़ा वंश कबीर का उपजा पूत कमाल।
हरि का सुमिरन छोड़ के घर ले आया माल॥

आदि ग्रन्थ, पृष्ठ 738

8. टकसाली : यह बड़ौदा के निवासी थे और वहीं इनका मठ है।

9. ज्ञानी, 10. साहेबदास : ये कटक में रहते थे। इनके चेले और कबीरपंथियों की अपेक्षा कुछ निराली शिक्षा और विलक्षणता रखते हैं; इसलिये मूलपन्थी कहलाते हैं।

11. नित्यानन्द, 12. कमलानन्द : ये दोनों दक्षिण में जा बसे और उधर ही इन्होंने अपनी शिक्षा का प्रचार किया।

इनके अतिरिक्त हंसकबीर, दानकबीर और मंगलकबीर नामक कबीरपंथियों की और कतिपय शाखाएँ हैं।

1901 की जनसंख्या (मुर्दुमशुमारी) की रिपोर्ट में कबीरपंथियों की संख्या 843171 लिखी गयी है। मैं समझता हूँ, कुछ न्यूनाधिक यही संख्या ठीक है। इनमें अधिकांश नीच जाति के हिन्दू हैं; उच्च वंश के हिन्दू नाम मात्र हैं। गुरु भी इस पन्थ के अधिकांश नीच

के नाम जिस प्रकार लिखे हैं, उन्हीं नामों से अब तक इस शाखा का क्रम बराबर चला आता है। इस समय इस शाखा के तेरहवें आचार्य श्री पं॰ दयानाम साहब गद्दी पर वर्तमान हैं।

"इस शाखा में पूर्वनिर्मित नियम के अनुसार आचार्य के ज्येष्ठ पुत्र के अतिरिक्त कोई दूसरा आचार्य पद नहीं पा सकता; इसलिए इसमें सबको एक ही आचार्य के अधीन रहता पड़ता है। कबीर पंथियों में इस समय इसी शाखा की प्रधानता है। इसके बराबर उन्नत (इस समय) कोई दूसरी शाखा नहीं है।"

(2) **नारायणदास :** धर्मदास के बड़े पुत्र थे, गुरु की अवज्ञा करने से पिता के द्वारा त्याज्य हुए थे, तथापि उनका भी पंथ चलता है। पहले ये लोग बान्धवगढ़ में रहते थे; किन्तु वचन चूड़ामणि के वंशजों के समान विशेष नियम नहीं होने से इनमें कई आचार्य हो गये। इस शाखा के लोग परस्पर विरोध के कारण बान्धवगढ़ छोड़कर भिन्न-भिन्न स्थानों में रहकर गुरुआई करते हैं।

(3) **जागू पंथी :** इनकी गद्दी बिहार प्रांत के मुजफ्फरपुर जिले के सब डिवीजन हाजीपुर के निकट बिद्दूपुर नामक ग्राम में है। इस पंथ में यही स्थान प्रधान माना जाता है। यह ओ. टी. रेलवे का स्टेशन है।

(4) **सत्यनामी पंथ :** इस नाम के तीन पंथ चलते हैं। 1. कोटवा (अवध में), 2. फर्रुखाबाद में; ये लोग साधु के नाम से प्रसिद्ध हैं। 3. मध्यप्रदेश के छत्तीसगढ़ में भंडारा नामक स्थान में; इसमें प्रायः चमार ही होते हैं।

वर्ण के ही हैं। त्यागी और गृहस्थ इनमें भी हैं; पर गृहस्थों की ही संख्या अधिक है। ये सब हिन्दू धर्म के ही शासन में हैं, और उसी की रीति और पद्धति को बर्तते हैं; यहाँ तक कि अनेक ऐसे हैं जो हिन्दू देवी-देवताओं तक को पूजते हैं। त्यागी निःसन्देह अपने को हिन्दू धर्म के सिद्धान्तों से अलग रखते हैं; और वे हिन्दू धर्म के क्रियाकलाप में नहीं फँसना चाहते; किन्तु यतः उनका यह संस्कार बना है कि वे हिन्दू हैं, इसीलिए वे अनेक अवसरों पर हिन्दू क्रियाकलाप में फँसे भी दृष्टिगत होते हैं। परन्तु यह सत्य है कि कबीरपन्थी साधु हिन्दू सामज से एक प्रकार पृथक् से रहते हैं, उनकी यथेष्ट प्रतिपत्ति नहीं। इनका अपर हिन्दू धर्म सम्प्रदायों से कुछ वैमनस्य और द्वेष सा रहता है।

धर्मसंकट

कबीर साहब का धर्मसिद्धान्त क्या था मैं समझता हूँ, यह अभ्रान्त रीति से नहीं बतलाया जा सकता। मैं इसकी मीमांसा के लिए तत्पर होकर धर्मसंकट में पड़ गया हूँ। उनके सिद्धान्तों के जानने के साधन उनकी शब्दावली और साखियाँ हैं; परन्तु वे हम लोगों तक वास्तविक रूप में नहीं पहुँचतीं। यह बतलाना भी कठिन है कि कौन शब्द उनका रचा है, कौन नहीं। श्रीमान् वेस्कट का निम्नलिखित वाक्य, जिसे मैं ऊपर लिख आया हूँ, आप लोग न भूले होंगे।

"यह विचारना कठिन है कि वे ठीक उन्हीं शब्दों में लिखी गयी हैं, जो गुरु के मुख से निकले हैं। और यह बात तो और भी कठिनता से मानी जा सकती है कि उनमें और शब्द नहीं मिला दिये गये हैं।"

एक दूसरे स्थान पर वह कहते हैं–

"कम से कम यह बात मानने के लिए हमको कोई स्वत्व नहीं है कि कबीर की शिक्षा है कि जिसको कबीरपन्थ के महन्त आजकल देते हैं।"

–कबीर ऐण्ड दी कबीरपन्थ, पृष्ठ 46

इन वाक्यों से क्या सिद्ध होता है? यही कि उनकी रचनाओं में कुछ काटछाँट हुई है और अब तक हो रही है। जो बीजक ग्रन्थ आजकल अधिकता से प्रचलित है, और जो कबीरपन्थ का सबसे प्रामाणिक ग्रन्थ माना जाता है, वह भागूदास का प्रस्तुत किया हुआ है। इस भागूदास के विषय में रीवाँनरेश महाराज विश्वनाथ सिंह लिखते हैं–

"भागूदास बीजक लै भागे हैं, सो बघेलवंश विस्तार में कबीर जी ही कहि दियो है–

भागूदास कि खबरि जनाई। लै चरणामृत साधु पियाई ॥
कोउ आव कह कलि जरि गयऊ। बीजक ग्रन्थ चोराय लै गयऊ ॥
सतगुरु कह वह निगुरा पन्थी। कहा भयो लै बीजक ग्रन्थी ॥
चोरी करि वह चोर कहाई। काह भयो बड़ भक्त कहाई ॥

–कबीर बीजक, पृष्ठ 26

जिस भागूदास की यह व्यवस्था है, उसके हाथ में पड़कर बीजक की क्या दशा हुई होगी, इसे ईश्वर ही जाने। आगे चलकर महाराज ने लिखा है कि इसका वास्तव में नाम तो भगवानदास था, पर इस प्रकार पुस्तक लेकर भागने से ही कबीर साहब ने इसका नाम भागूदास रखा। इन बातों से बीजक की प्रामाणिकता में कितना सन्देह होता है, इस बात का उल्लेख व्यर्थ है।

प्रायः कबीरपंथियों से सुना जाता है कि कबीर साहब के ग्रन्थों में जो वेदशास्त्र अथवा अवतारों के विरुद्ध बातें पायी जाती हैं, या असंगत भाव से खंडन और आपेक्ष देख जाता है, वास्तव में वह उनके किसी शिष्य की ही करतूत है। जो हो, परन्तु भागूदास की कथा इस विचार को दृढ़ करती है। कबीर साहब की परलोकयात्रा के पश्चात ग्रन्थों के संगृहीत होने से इस प्रकार का अवसर हाथ आना असम्भव नहीं। यहाँ तक संदेह होता है कि जब कबीर साहब के समय में ग्रन्थ संगृहीत हुए ही नहीं थे, तो भागूदास किस ग्रन्थ को ले भागे। परन्तु सोचने की बात है कि यदि कुछ शब्द पहले संगृहीत न होते, तो ग्रन्थ प्रस्तुत कैसे होते। ज्ञात यह होता है कि कागज के नाना टुकड़ों पर अथवा अशृंखल अवस्था में जो लेख इत्यादि थे, उन्हीं को लेकर भागूदास भागे।

एक कबीरपंथी सन्त की गुरुभक्ति आपने सुनी। अब एक पूरनदास नामक साधु की लीला देखिए। आपने कबीर बीजक पर टीका लिखी है। इस टीका में आपने कबीर साहब के इस वाक्य को कि "मनु मुरीद संसार है गुरु मुरीद कोई साध" सिद्ध कर दिया है। श्रीमान् वेस्कट कहते हैं—"यह बात कि कबीर जोलाहा और एकेश्वरवादी थे, अबुलफजल ने भी मानी है, कि जिसके प्रतिकूल किसी ने कुछ नहीं कहा"।[1]

परन्तु कदाचित् उन्हें यह ज्ञात नहीं हुआ कि पूरनदास ने उनके प्रतिकूल कहा है। आपने बीजक की टीका लिखकर और उसके शब्दों का मनमाना अर्थ करके यह प्रतिपादित कर दिया है कि कबीर साहब एकेश्वरवादी नहीं, किन्तु कुछ और थे। कुछ प्रमाण लीजिए—

"साखी— **अमृत केरी मोटरी सिर से धरी उतार।**
जाहि कहौं मैं एक है सो मोहि कह दुइ चार॥ 122 ॥

टीका गुरुमुख—इस संसार ने विचार की मोटरी सिर से उतार धरी, कोई विचार करता नहीं, जाको मैं कहता हूँ कि एक जीव सत्य है, और सब मिथ्या भ्रम है, सो मेरे को दुइ चार कहता है—एक ईश्वर, एक जीव, दो ब्रह्मा, विष्णु, महेश और देवी देवता ये बताते हैं।"

—सटीक बीजक, पूरनदास, पृष्ठ, 584

---

1. देखो कबीर ऐण्ड दी कबीर पंथ, पृष्ठ 68।

"साखी— **पाँच तत्त्व का पूतरा युक्ति रची मैं कीव।**
मैं तोहि पूछों पंडिता शब्द बड़ा की जीव ॥ 82 ॥

टीका मायामुख—पाँच तत्त्व का पूतरा युक्ति से रचि के मैंने पैदा किया, जीव पुतले मैंने पैदा किये, इस प्रकार वेद में माया ने कहा, सोई सब पंडित लोग भी कहते हैं।

गुरुमुख—ताते गुरु पूछते हैं कि पंडित तुमने वेद का शब्द माना और कहने लगे कि ब्रह्म बड़ा कि ईश्वर बड़ा जाने सब संसार पैदा किया, परन्तु अपने हृदय में विचार के देखो कि शब्द बड़ा कि जीव। अरे जो जीव न होता तो वेद आदिक नाना शब्द कौन पैदा करता और ब्रह्म, ईश्वरादि आध्यारोप कौन करता। ताते जीव ही सब ते बड़ा जाने, सब ही को थापा। शब्द ब्रह्म आदि उपाधि सब मिथ्या जीव की करतूत, जीव की करतूत, जीव सब का करने वाला आदि।" **सटीक बीजक, पूरनदास, पृष्ठ 424**

जिस राम शब्द के विषय में श्रीमान् वेस्कट कबीर साहब की यह अनुमति प्रकट करते हैं—

"कबीर साहब का विचार है कि दो अक्षर का शब्द राम इस संसार में उस एक अमिवचनीय सत्य का सबसे निकटवर्ती है।" **कबीर ऐण्ड दी कबीरपन्थ, पृष्ठ 75**

उसके विषय में पूरनदास की कल्पना सुनिए—

काला सर्प सरीर खाइनि सब जग झारि।
बिरले ते जन बाँचिहैं रामहि भजे विचारि ॥ 101 ॥

इस साखी के रामहिं भजै बिचारि का अर्थ उन्होंने यह किया है—

"इस जगत में जाको विचाररूपी अमृत प्राप्त भया, ते सर्प के जहर से बचे। एक राम ऐसा जो वेद ने अन्वय किया था, सो उससे बचे, भाग के न्यारे हुए।"—सटीक बीजक पूरनहास पृष्ठ 468। 'भजै' के वास्तविक अर्थ के स्मरण करने या गुणानुवाद गाने के स्थान पर उन्होंने भाजना अर्थात् भागना किया है। काशी छोड़कर मगहर जाने का जो प्रसिद्ध और ऐतिहासिक शब्द कबीर साहब का है, जरा उसके कतिपय शब्दों का अर्थ देखिए। "त्योंहि मरन होय मगहर पास" इसका अर्थ सुनिए। "मग कहिए रास्ता, हर कहिए ज्ञान, सो मगहर ज्ञान मार्गता में मरन होय, लौलीन होय" (पृष्ठ 245)। "अन्तै मरै तो राम लजावै" का अर्थ वे यों करते हैं—"जहाँ से जीव का स्फुरण हुआ सो अधिष्ठान छोड़कै अन्तै जो नाना प्रकार की स्वर्ग भोगादि वासना अथवा जगत आदि मोहवासना में जो मरा, सो बन्धन में परा। राम कहिए जीव और लज्जा कहिए बन्धन (पृष्ठ 235)।" निदान इसी प्रकार उन्होंने समस्त ग्रन्थ का अर्थ उलट दिया है। इस प्रसिद्ध गुरुमुख शब्द को उन्होंने माया मुख बना दिया है; अर्थात् गुरु की कही हुई बात को माया का कहा हुआ बतलाया है। यों ही शब्द के चार चरणों में से कहीं यदि एक चरण को मायामुख बनाया है, तो

दूसरे को गुरुमुख, कहीं तीसरे को मायामुख और चौथे को गुरुमुख। कहीं पूरा शब्द गुरुमुख, कहीं आधा, कहीं तिहाई! कहीं पूरा शब्द मायामुख, कहीं चौथाई, कहीं केवल एक चरण। मायामुख और गुरुमुख ही नहीं, जीवमुख आदि की कल्पना भी शब्दों में की गयी है। उन्हें वाच्यार्थ से, कवि के भाव से, अन्वय से, शब्दों के उचितार्थ से कुछ प्रयोजन नहीं। वे किसी न किसी प्रकार प्रत्येक शब्द और साखी को अपने विचार के अनुकूल कर लेते हैं, कबीर साहब के लक्ष्य की कुछ परवाह नहीं करते। जहाँ इस प्रकार खींचातानी है, वहाँ कबीर साहब के सिद्धान्त का ज्ञान दुरूह क्यों न होगा?

बेलवेडियर प्रेस में मुद्रित 'ज्ञानगुदड़ी व रेख्ता' नाम की पुस्तक की भूमिका के प्रथम पृष्ठ में लिखा गया है–

"पर कितने ही पद पुराने प्रामाणिक हस्तलिखित ग्रन्थों से ऐसे भी हैं जिनमें राम नाम की महिमा गाई गयी है। इस नाम का मतलब औतारस्वरूप श्री रामचन्द्र जी से नहीं है, बल्कि ब्रह्मण्ड की चोटी (शून्य) धुन्यात्मक शब्द 'राँ' से है"।

श्रीमान् वेस्कट भी यही लिखते हैं–

"ऐसे वाक्यों के राम शब्द से कबीर का अभिप्राय परब्रह्म से है, न कि विष्णु के अवतार से। क्योंकि वे बीजक में लिखते हैं कि सत्य गुरु ने कभी दशरथ के घर में जन्म नहीं लिया।"[1]

ऐसा विचार होने पर भी हम देखते हैं कि कबीर साहब के शब्दों में से पौराणिक नामों के निकालने की चेष्टा प्रथम से ही होती आयी है, और अब भी हो रही है। कुछ प्रमाण भी लीजिए–

गुरु नानक साहब का आदि ग्रन्थ साढ़े तीन सौ वर्ष का प्राचीन है। यह ग्रन्थ रामावतों का नहीं है कि उसमें साग्रह राम शब्द रखने की चेष्टा की गयी हो, वरन् वाह गुरु जाप करने वालों का है। वह प्रामाणिक कितना है, यह बतलाने की आवश्यकता नहीं। उसमें कबीर साहब के निम्नलिखित दोहों में राम शब्द पाया जाता है–

कबीर कसौटी राम का झूठा टिकै न कोय।
राम कसौटी सो सहै जो मर जीवा होय॥ पृ. 735
सपनेहूँ वरड़ाइ कै जेहि मुख निकसै राम।
वाके परा की पानकी मेरे तन को चाम॥ पृ. 736
कबीर कूकर राम को मोतिया मेरा नाउँ।
गले हमारे जेवरी जहँ खींचै तहँ जाउँ॥

1. देखो कबीर ऐण्ड दी कबीर पन्थ, पृष्ठ 4

वेलवेडियर प्रेस में छपी 'साखी संग्रह' नामक पुस्तक में इन दोहों में राम के स्थान पर 'नाम' पाया जाता है (देखो पृष्ठ 21 का 12, व 96 का 33, व 158 का 10 दोहा)। ऐसे ही उक्त प्रेस की छपी पुस्तकों में प्रायः हरि के स्थान पर गुरु राजा राम के स्थान पर 'परमपुरुष' इत्यादि नाम पाए जाते हैं। सम्भव है जिस प्रति से उन्होंने अपना संग्रह छापा है, उसी में ऐसा पाठ हो। परन्तु ऐसी चेष्टा होती आयी है, यही मेरा कथन है। उक्त दोनों में राम शब्द से जो भाव और वाच्यार्थ की सार्थकता एवं सुन्दरता है, वह नाम शब्द से नहीं। तथापि राम शब्द रखना उचित नहीं समझा गया, इसका कारण अवतार सम्बन्धी नामों से घृणा छोड़ और क्या हो सकता है।

केवल अवतारों के नामों का ही परिवर्तन नहीं मिलता, मुझे वाक्यों, शब्दों और भजनों अथवा साखियों के पदों एवं चरणों में भी न्यूनाधिक्य और अन्तर मिला है। एक शब्द को मैं तीन स्थानों से उठाता हूँ। आप उसमें हुए परिवर्तनों को देखिए।

गाउ गाउ री दुलिहनी मंगलचारा।
मेरे गृह आय राजाराम भतारा॥
नाभि कमल में वेदी रच ले ब्रह्मज्ञान उच्चारा।
राम राइ सो दूलह पायो अस बड़ भाग हमारा॥
सुर नर मुनि कौतुक आये कोटि तैतीसो जाना।
कह कबीर मोहि ब्याहि चले हैं पुरुष एक भगवाना॥

आदि ग्रन्थ, पृष्ठ 261

दुलहिन गावो मंगलचार। हमरे घर आयो राम भतार॥
तन रति करि मैं मन रति करिहौं पाँचो तत्त्व बराती।
रामदेव मोहिं ब्याहन ऐ हैं मैं जोबन मदमाती॥
सरिर सरोवर वेदी करिहौं ब्रह्मा बेद उचारा।
रामदेव सँग भाँवरि लैहौं धनि धनि भाग हमारा॥
सुर तैंतीसो कौतुक आये मुनिवर सहस अठासी।
कह कबीर हम ब्याहि चले हैं पुरुष एक अबिनासी॥

कबीर बीजक, पृष्ठ 431

दुलहिन गावो मंगलचार। हम घर आये परमपुरुष भरतार।
तन रति करि मैं मन रति करिहौं पाँचो तत्त्व बराती।
गुरुदेव मेरे पाहुन आये मैं जोबन में माती॥
सरीर सरोवर बेदी करिहौं ब्रह्मा बेद उचार।
गुरुदेव साँग भाँवरि लैहों धन धन भाग हमार॥

सुर तैंतीसो कौतुक आये मुनिवर सहस अठासी।
कह कबीर हम ब्याहि चले हैं पुरुष एक अबिनासी ॥

कबीर शब्दावली, प्रथम भाग, पृष्ठ 9, 10

इस प्रकार विरुद्धाचरण; शब्द, वाक्य और अर्थों में लौटफेर; अवतार सम्बन्धी नामों के बहिष्कार इत्यादि का प्रभूत प्रमाण होते हुए भी श्रीमान वेस्कट कहते हैं–

"फिर भी इस बात का विश्वास करने के लिए दलीलें हैं कि कबीर की शिक्षाएँ धीरे-धीरे अधिकतर हिन्दू आकार में ढल गयी हैं"।

कबीर ऐण्ड दी कबीर पन्थ, पृष्ठ 46

उनका यह कथन कहाँ तक युक्तिसंगत है, इसका विद्वान लोग स्वयं विचारें।

धर्मसिद्धान्त

जो हो, चाहे कबीर की शिक्षाएँ अधिकतर हिन्दू आकार में धीरे-धीरे ढल गयी हों, चाहे अहिन्दू भावापन्न हो गयी हों, परन्तु प्राप्त रचनाओं को छोड़कर उनके धर्मसिद्धान्तों के निर्णय का दूसरा मार्ग नहीं है। यह सत्य है, जैसा कि श्रीमान वेस्कट लिखते हैं कि–

"उनकी शिक्षाओं का स्पष्टीकरण चुनी बातों में से भी चुनी बातों के आधार पर अवश्य ही सदोष होगा; और यह भी सम्भव है कि वह भ्रान्त बनावे, यदि वह उनके समस्त सिद्धान्तों की व्याख्या समझी जाय।" **कबीर ऐण्ड दी कबीर पन्थ, पृष्ठ 47**

किन्तु यह भी वैसा ही सत्य है कि प्राप्त रचनाओं में से मौलिक और कृत्रिम रचनाओं का पृथक करना अत्यन्त दुर्लभ, वरन् असम्भव है। उनमें परस्पर विरुद्ध विचार इस अधिकता से है कि उनके द्वारा किसी वास्तविक सिद्धान्त का अभ्रान्त रूप से निर्णय हो ही नहीं सकता। हाँ इस पन्थ का अवलम्बन किया जा सकता है कि इन रचनाओं में जो विचार व्यापक भाव से बारम्बार प्रकट और प्रतिपादित किये गये हैं, उन्हें मुख्य और उसी विषय के दूसरे विचारों को गौण मान लिया जाय। पक्व और अपक्व अवस्था के विचारों में अन्तर हुआ करता है। अनुभव, ज्ञान उन्मेष और वयस मनुष्य के विचारों को बदलते हैं। कबीर साहब इस व्यापक नियम से बाहर नहीं हो सकते; इसीलिए उनके विचारों में भी अन्तर पड़ जाना असम्भव नहीं। निदान इसी सूत्र की सहायता से मैं कबीर साहब के धर्मसिद्धान्तों के निरूपण का प्रयत्न करता हूँ।

मेरा विचार है कि कबीर साहब एकेश्वरवाद, साम्यवाद, भक्तिवाद, जन्मान्तरवाद, अहिंसावाद और संसार की असारता के प्रतिपादक एवं मायावाद, अवतारवाद, देववाद, हिंसावाद, मूर्तिपूजा, कर्मकाण्ड, व्रत उपवास, तीर्थयात्रा और वर्णाश्रम धर्म के विरोधी हैं। वे हिन्दुओं और मुसलमानों के धर्मग्रन्थों और धर्मनेताओं के कट्टर प्रतिवादी हैं और प्रायः

इनके धर्मयाजकों पर बुरी तौर से आक्रमण करते हैं। कहीं-कहीं इस आक्रमण की मात्रा इतनी कलुषित और अश्लील है, जो समुचित नहीं कही जा सकती।

हमने कबीर साहब को ऊपर 'एकेश्वरवाद' का प्रतिपादक कहा है, किन्तु उनका एकेश्वरवाद कुछ भिन्न है। उनका प्रभु विलक्षण है। उनके मुहावरे के अनुसार एकेश्वरवाद शब्द ठीक नहीं है; क्योंकि उनका प्रभु ईश्वर, ब्रह्म, पारब्रह्म, निर्गुण, सगुण; सबके परे है। इस प्रभु को वे एक स्थानविशेष 'सत्यलोक' का निवासी मानते हैं और उसके लक्षण वे ही बतलाते हैं, जो वैष्णव ग्रन्थों में सगुण ब्रह्म के बतलाये गये हैं। वे कहते हैं कि सत्य गुरु के प्रसाद से केवल भक्ति द्वारा प्राप्त होता है। इसके अतिरिक्त उसकी प्राप्ति का और कोई साधन वे नहीं बतलाते। (देखो, शब्द 16-24)

वे उसका परिचय प्रायः राम शब्द द्वारा देते हैं; किन्तु अपनी रचनाओं में हरि, नारायण, सारंगपानी, समरथ, कर्ता, करतार, ब्रह्म, पारब्रह्म, निरच्छर, सत्यनाम, मुरारि इत्यादि शब्दों का प्रयोग भी उसके लिए करते हैं। अपना रक्खा हुआ उसका 'साहब' नाम उन्हें बहुत प्यारा है। इस ग्रन्थ के अधिकांश पद्य इसके प्रमाण हैं।

साम्यवाद, अहिंसावाद, जन्मान्तरवाद, भक्तिवाद और संसार की अनित्यता का निरूपण उन्होंने सर्वत्र किया है। इस ग्रन्थ के साम्यवाद, उद्बोधन, उपदेश और चेतावनी, मिथ्याचार और संसार की असारता शीर्षक पद्यों में आप इन सिद्धान्तों का उत्तम रीति से प्रतिपादन देखेंगे।

अवतारवाद के विषय में उनकी अनुमति आप इस ग्रन्थ में शब्द 4-5 में देखेंगे। और भी स्थानों पर उनको अवतारवाद का विरोध करते देखा जाता है; तथापि ऐसे शब्द भी मिलते हैं जिनमें अवतारवाद का प्रतिपादन है। निम्नलिखित शब्दों को देखिए—

प्रहलाद पठाये पढ़नशाल। संग सखा बहु लिये बाल। मोको कहा पढावसि आल जाल। मोरी पटिया लिख देहु श्री गोपाल। नहिं छोड़ों रे बाबा राम नाम। मोहि और पढ़न सो नहीं काम। काढ़ि खरग कोप्यो रिसाय। तुझ राखनहारा मोहिं बताय। प्रभु खंभ तें निकसे कर बिसराय। हरनाकस छेद्यो नख विदार। ओइ परम पुरुष देवादि देव। भगत हेत नरसिंह भेव। कह कबीर को लखै न पार। प्रहलाद उधारे अनिक बार।

आदि ग्रन्थ, पृष्ठ 653

राजत कौन तुम्हारे आवै। ऐसो भाव बिदुर को देख्यो वह गरीब मोहिं भावै। हस्ती देख भरम ते भूला श्रीभगवान न जाना। तुमरो दूध बिदुर को पानी अमृत कर मैं माना। खीर समान साग मैं पाया गुन गावत रैनि बिहानी। कबीर को ठाकुर अनँद बिनोदी जाति न काहु की मानी। **आदि ग्रन्थ, पृष्ठ 596**

दर माँदे टाढ़े दरबार। तुझ बिनु सुरति करै को मेरी दरसन दीजै खोलकिवार। तुम धन धनी उदार तियागी स्रवनन सुनियत सुजस तुम्हार। माँगो काहि रंक सब देखों तुम

ही ते मेरो निस्तार। जय देव नामा विप्रसुदामा तिन कौ किरपा भइ है अपार। कह कबीर तुम समरथ दाताचार पदारथ देत न बार। **आदि ग्रन्थ, पृष्ठ 462**

इसके अतिरिक्त उनके पद्यों में सैकड़ों स्थानों पर रघुनाथ, रघुराय, राजाराम, गोबिंद, मुरारि इत्यादि अवतार सम्बन्धी नामों का प्रयोग उनको अवतारवाद का प्रतिपादक बतलाता है। किन्तु जिस दृढ़ता और व्यापक भाव से वे अवतारवाद का विरोध करते हैं; उसे देखकर मैं उनके विरोधमूलक विचार को ही मुख्य और दूसरे विचार को गौण मानता हूँ। एक और प्रकार से समाधान किया जाता है। वह यह कि वे जब परमात्मा का निरूपण करने लगते हैं, तब उस आवेश में अवतारों को साधारण मनुष्य सा वर्णन कर जाते हैं; किन्तु जब स्वयं प्रेम में भयंकर अवतारों के सामने आते हैं तब उनमें ईश्वर भाव ही प्रकट करते हैं। यह बात स्वीकार भी कर ली जाय, तो भी इस विचार में गौणता ही पायी जाती है।

मायावाद, देववाद, हिंसावाद, मूर्तिपूजा, कर्मकांड, व्रत उपवास, तीर्थयात्रा, वर्णाश्रम धर्म के अनुकूल कुछ कहते उनको कदाचित् ही देखा जाता है। वे इन विचारों के विरोधी हैं। इस ग्रन्थ की माया प्रपंच और मिथ्याचार शीर्षक शब्दावली पढ़िए; उस समय आपको ज्ञात होगा कि किस प्रकार वे इन सिद्धान्तों की प्रतिकूलता करते हैं।

विचारपरम्परा

श्रीमान् वेस्कट कहते हैं कि सम्भवतः कबीर पन्थ हमको एक ऐसा धर्म मिलता है, जिस पर हिन्दू मुसलमान और ईसाई इन तीनों धर्मों का थोड़ा प्रभाव पड़ा है।[1]

परन्तु जब मैं देखता हूँ कि कबीर साहब को ईसाई मजहब का ज्ञान तक नहीं था, तब यह बात कैसे स्वीकार की जा सकती है कि उनके पन्थ पर ईसाई मत का भी कुछ प्रभाव पड़ा है। भारत के परम प्रसिद्ध बौद्ध धर्म से भी कुछ अभिज्ञ नहीं थे; क्योंकि वे इस धर्म का भी किसी स्थान पर कुछ वर्णन नहीं करते हैं। वे जब चर्चा करते हैं, तब दो राहों की चर्चा करते हैं और कहते हैं कि कर्ता ने यही दो राहें चलायीं। यदि वे कोई तीसरी राह जानते, तो उसका नाम भी अवश्य लिखते। इसके अतिरिक्त वे और अवसरों पर भी इन्हीं दो राहों को सामने रखकर अपने चित्त का उद्गार निकालते हैं, अन्य की ओर उनकी दृष्टि भी नहीं जाती। निम्नलिखित वचन इसके प्रमाण हैं–

"करता किरतिम वाजी लायी। हिन्दू तुरुक दुइ राह चलायी"।

कबीर बीजक, पृष्ठ 391

1. देखो कबीर ऐण्ड दी कबीर पन्थ, प्रिफेस, पंक्ति 19-22।

"सन्तों राह दोउ हम डीठा। हिन्दू तुरुक हटा नहिं मानै स्वाद सवन को मीठा"।

कबीर बीजक, पृष्ठ 210

"अरे इन दोहुन राह न पायी। हिन्दुअन की हिन्दुआयी देखी तुरकन की तुरकाई।
कहैं कबीर सुनो भाई साधो कौन राह ह्वै जाई ॥"

कबीर शब्दावली, प्रथम भाग, पृष्ठ 48

अब रहे हिन्दू और मुसलमान धर्म। पहले मैं यह देखूँगा कि कबीर पन्थ, वैष्णवधर्म की एक शाखा मात्र है और उसी की विचारपरम्परा और विशाल हिन्दू धर्म के सिद्धान्त उनमें ओतप्रोत हैं, या क्या? तदुपरान्त मुसलमान धर्म के प्रभाव की भी मीमांसा करूँगा।

1908 ईसवी में धर्मेतिहास की सार्वजनिक सभा में श्रीमान् ग्रियर्सन साहब ने 'भागवत धर्म' पर एक प्रबन्ध पढ़ा था। उसका सारमर्म 'प्रवासी' नामक बँगला पत्र के दशम भाग, प्रथम खंड, पृष्ठ संख्या 538, 539 में प्रकाशित हुआ है। उस सारमर्म में 'भागवत धर्म' के निम्नलिखित सिद्धान्त बतलाये गये हैं–

1. भगवान एक हैं, उन्हीं से विश्व चराचर उत्पन्न हुआ है। अपना विशेष आदेश पालन करने के लिये उन्होंने कतिप्रिय देवताओं को बनाया। किन्तु जब इच्छा होती है तो, प्रयोजन होने पर पृथ्वी का पाप मोचन करने के लिए वे स्वयं धरा में अवतीर्ण होते हैं। भगवान् को पितृ रूप में स्वीकार करने के लिए भारतवर्ष भागवतों का ऋणी है।

2. इस धर्मवाले एक मात्र उस भगवान् की ही भक्ति करते हैं। इस धर्म का यही एक विशेषत्व है। इस प्रकार सगुण ईश्वर की उपासना भागवतों से ही भारतवर्ष ने सीखी है।

3. प्रत्येक आत्मा ही परमात्मा से प्रसूत है। जो प्रसूत हुई है, वह अनन्त काल तक स्वतन्त्र रहेगी और उसका बार-बार जन्म होगा। किसी कर्म या ज्ञान के द्वारा नहीं, केवल भक्ति के द्वारा जन्मपरिग्रह रुकता है। उस समय मुक्त आत्मा अनन्त काल तक भगवान् के चरणाश्रय में रहती है। इस प्रकार भारत को भागवतों ने ही आत्मा के अमरत्व की दीक्षा दी है।

4. भगवान् के निकट सभी आत्माएँ समान हैं। मुक्तिलाभ के लिए केवल उच्च जाति वा शिक्षित श्रेणी ही विशेष रूप से अधिकारी है, यह ठीक नहीं। समाज के लिए जातिभेद मंगलकारक हो सकता है; परन्तु भगवान की दृष्टि सभी पर समान है। भगवान को पिता स्वीकार कर लेने से स्वभावतः समस्त मानवों के प्रति भ्रातृभाव अंगीकृत हुआ। भारत ने इसे भी भागवतों से ही पाया।

अब इन सिद्धान्तों के साथ कबीर साहब के एकेश्वरवाद, साम्यवाद, भक्तिवाद, जन्मांतरवाद और अहिंसावाद को मिलाइए, देखिए कहीं कुछ अन्तर है। पहले जो मैं कबीर साहब के एकेश्वरवाद की व्याख्या कर आया हूँ, वह दूसरों को कुछ उलझन पैदा कर

सकती है। परन्तु वैष्णव उस एकेश्वरवाद से भली भाँति परिचित हैं। समस्त रामोपासक वैष्णव रामचंद्र को साकेत लोक का निवासी बतलाते हैं। साकेतलोक और उसके निवासी का वैष्णव वैसा ही वर्णन करते हैं; जैसा कबीर साहब ने सत्यलोक और उसके निवासी का किया है। प्रमाण लीजिए और अद्भुत साम्य अवलोकन कीजिए—

अयोध्या च परब्रह्म सरयू सगुणः पुमान्।
तन्निवासी जगन्नाथः सत्यं सत्यं वदाम्यहम् ॥ 1 ॥
अयोध्यानागरी नित्या सच्चिदानन्दरूपिणी।
यद्दशांशेन गोलोकः वैकुंठस्थः प्रतिष्ठितः ॥ 2 ॥

वसिष्ठसंहिता (कबीर बीजक, पृ. 4)

कबीर पन्थ और सन्त मतवाले अपने 'साहब' को चैतन्य देश का धनी कहते हैं। वशिष्ठसंहिता में भी साकेतलोक का लक्षण यही लिखा है—

यत्र वृक्ष - लता - गुल्म - पत्र - पुष्प - फलादिकं।
यत्किंचित् पक्षिभृंगादि तत्सर्वं भाति चिन्मयम् ॥

कबीर बीजक, पृष्ठ, 28

साकार, निराकार, परब्रह्म के परे रामचन्द्र जी को वैष्णव भी मानते हैं। आनन्दसंहिता के निम्नलिखित श्लोकों को देखिए—

स्थूलं चाष्टभुजं प्रोक्तं सूक्ष्मं चैव चतुर्भुजम्।
परातु द्विभुजं रूपं तस्मादेतत् त्रयं त्यजेत् ॥
आनन्दो द्विभुजः प्रोक्तो मूर्त्तश्चामूर्त एव च।
अमूर्तस्याश्रयो मूर्त्त परमात्मा नराकृतिः ॥

कबीर बीजक, पृष्ठ 33

महारामायण में श्रीरामचन्द्र को सत्यलोकेश ही लिखा है—

वाङ्नो गोचरातीतः सत्यलोकेश ईश्वरः।
तस्य नामादिकं सर्वं रामानाम्ना प्रकाश्यते ॥

कबीर बीजक, पृष्ठ 248

एक स्थान पर कबीर साहब ने भी कह दिया है कि उनका स्वामी 'साकेत' निवासी है। नीचे के पदों को देखिए—

जाय जाहूत में खुद खाविंद जहँ वहीं मक्कान 'साकेत' साजी।
कहै कबीर ह्वाँ भिश्त दोजख थके वेद कीताब काहत काजी ॥

कबीर बीजक, पृ. 267

इसीलिए जिस प्रभु की कल्पना कबीर साहब ने की है, वह वैष्णव विचार परंपरा ही से प्रसूत है, वह वैष्णव धर्म के एकेश्वरवाद का रूपान्तर मात्र है।

जब वैष्णव धर्म का यही विशेषत्व है कि वह एक मात्र भगवान् की ही भक्ति करता है (देखो सिद्धान्त 2) और जब श्रीमद्भागवत को उच्च कण्ठ से यह कहते सुनते हैं–

वासुदेवंपरित्यज्य योऽन्यदेवमुपासते।
तृषितो जान्हवीतीरे कूपं खनति दुर्मतिः ॥

जब वह यही कहता है कि किसी कर्म वा ज्ञान के द्वारा नहीं, केवल भक्ति के द्वारा जन्मपरिग्रह रुकता है (देखो सिद्धान्त 3) और जब भक्ति की महिमा यों गाई जाती है–

हरिभक्ति विना कर्म न स्याद्धीशुद्धिकारणम्।
न वा सिद्धयेद् विवेकादि न ज्ञानं नापि मुक्तता ॥

तो मायावाद, बहुदेववाद, कर्मकाण्ड, व्रत उपवास, तीर्थयात्रा आदि आप ही उपेक्षित हो गये। चतुर्थ सिद्धान्त के अनुसार ईश्वर की कृपादृष्टि के सबके समान अधिकारी हो जाने, और एक परमात्मा की सन्तान होने के कारण सब को भ्राता मान लेने पर, और भागवत के मुख से यह सुनकर कि "विप्राद्विष्ट्र गुणयुतारविंदनाभ पादारविंदविमुखाच्छ्वपचं वरिष्ठम्" वर्णाश्रम धर्म भी अप्रधान हो जाता है। अहिंसावाद के विषय में गीता का यह गम्भीर नाद श्रुतिगत होता है–'अहिंसा परमो धर्मः' अतएव कबीर साहब के सब सिद्धान्त लगभग वे ही पाये गये, जो वैष्णव धर्म के हैं। निदान इस बात को प्रोफेसर वी. वी. राय भी स्वीकार करते हैं–

"अगर्चे इबादत के बारे में हिन्दुओं के और और सम्प्रदायों के साथ कबीरपंथियों का कुछ भी तअल्लुक नहीं है, ताहम हिन्दू मजहब से उनके मजहब के निकलने का काफी सबूत मिलता है। उनकी और पौराणिक वैष्णवों की तालीमात नतीजन् अनकरीब एकसाँ हैं"। (सम्प्रदाय, पृ. 69, 70)। कबीर साहब की शिक्षा में दो बातें तो ऐसी हैं जिनका वैष्णव धर्म से कोई सम्बन्ध नहीं, वरन् उनकी यह शिक्षा उस धर्म के प्रतिकूल है। ये दोनों बातें अवतारवाद और मूर्तिपूजा की प्रतिकूलता हैं।

अवतारवाद के अनुकूल ही उनकी शिक्षा में कुछ वचन मिलते भी हैं, और इसमें कोई सन्देह नहीं कि गौण रूप से वे इसे स्वीकार करते हैं; परन्तु मूर्तिपूजा के वे कट्टर विरोधी हैं। मेरा विचार यह है कि उनका यह संस्कार मुसलमान-धर्म-मूलक है। वैदिक काल से उपनिषद् और दार्शनिक काल पर्यंत आर्यधर्म में भी कहीं अवतारवाद और मूर्तिपूजा का पता नहीं चलता, पौराणिक काल में ही इन दोनों बातों की नींव पड़ी है। अतएव यदि ऊँचे उठा जाय, तो कहा जा सकता है कि कबीर साहब ने प्राचीन आर्य धर्म का अवलम्बन करके ही अवतारवाद और मूर्ति पूजा का विरोध किया है; किन्तु यह काम स्वामी दयानन्द

सरस्वती का था, कबीर साहब का नहीं। अपठित होने के कारण उनको वेदों और उपनिषदों की शिक्षाओं का ज्ञान न था; इसीलिए इतनी दूर पहुँचना उनका काम न था। उनके काल में पौराणिक शिक्षा का ही अखंड राज्य था, जो अवतारवाद और मूर्तिपूजा का जड़ है। इसीलिए यह अवश्य स्वीकार करना पड़ता है कि ये दोनों बातें उनके हृदय में मुसलमान धर्म के प्रभाव से उदित हुईं।

कबीर साहब जन्मकाल से ही मुसलमान के घर में पले थे, अपक्ववय तक उनके हृदय में अनेक मुसलमानी संस्कार परोक्ष एवं प्रत्यक्ष भाव से अंकित होते रहे। वय प्राप्त होने पर वे धर्मजिज्ञासु बनकर देश देश फिरे; वलख तक गये। उन्होंने अनेक मुसलमान धर्माचार्यों के उपदेश सुने। ऊँजी के पीर और शेख तकी में उनकी श्रद्धा होने का भी पता चलता है। इसीलिए स्वामी रामानन्द का सत्संग लाभ करने पर भी उनके कुछ पूर्व संस्कारों का न बदलना आश्चर्यजनक नहीं। जो संस्कार हृदय में बद्धमूल हो जाते हैं, वे जीवन पर्यंत साथ नहीं छोड़ते। अवतारवाद और मूर्त्तिपूजा का विरोध आदि कबीर साहब के कुछ ऐसे ही संस्कार हैं। स्वामी रामानन्द की यह महत्ता अल्प नहीं है कि उन्होंने कबीर साहब के अधिकांश विचारों पर वैष्णव धर्म का रंग चढ़ा दिया।

स्वतन्त्र पथ

श्रीमान् वेस्कट कहते हैं—"साधारणतः यह बात मान ली गयी है कि समस्त बड़े-बड़े हिन्दू संस्कारों में कबीर और तुलसीदास का प्रभाव उत्तरी और मध्य हिन्दुस्तान की अशिक्षित जातियों में स्थायी रूप से अधिक है। सर विलियम हंटर ने बहुत उचित रीति से कबीरदास को पन्द्रहवीं शताब्दी का भारतीय लूथर कहा है।"

कबीर ऐण्ड दी कबीर पन्थ, पृष्ठ 1

यह बात सत्य है। वैष्णव धर्म ही संस्कार मूलक है; अतएव उस धर्म में दीक्षित होकर कबीर साहब में संस्कार प्रवृत्ति का उदय होना आश्चर्यकर नहीं; किन्तु उनकी यह प्रवृत्ति और बातों की अपेक्षा हिन्दुओं और मुसलमानों को एक कर देने की ओर विशेष थी; क्योंकि उस समय की हिन्दुओं और मुसलमानों की वर्द्धमान अशान्ति उन्हें प्रिय नहीं हुई। श्रीमान् वेस्कट लिखते हैं—

"कबीर की शिक्षा में हमको हिन्दुओं और मुसलमानों के बीच की सीमा तोड़ने का यत्न दृष्टिगत होता है।"

कबीर ऐण्ड दी कबीर पन्थ, प्रीफेस, पंक्ति 16 और 19

"कबीर ने शेख से प्रार्थना की कि वे उनको यह वर दें कि वे हिन्दुओं और मुसलमानों के बीच उन धार्मिक विरोधों को दूर कर सकें, जो उनको परस्पर अलग करते हैं।"

कबीर ऐण्ड दी कबीर पन्थ, पृष्ठ 42

निदान इस प्रवृत्ति के उदित होने पर कबीर साहब ने एक ऐसे धर्म की नींव डालनी चाही, जिसे दोनों धर्मों के लोग असंकुचित भाव से स्वीकार कर सकें, ऐसा करने के लिए उनको दो बातों की आवश्यकता दिखलायी पड़ी। एक तो इस बात की कि सब लोग उनको एक बहुत बड़ा अवतार या पैगम्बर समझें, जिससे उनकी बातों का उनपर प्रभाव पड़े। दूसरे इस बात की कि वे उन धर्मपुस्तकों, धर्मनेताओं और धर्मयाजकों की ओर से उन लोगों के हृदय में अश्रद्धा, अविश्वास और घृणा उत्पन्न करें, जिनके शासन में उस काल में वे लोग थे; क्योंकि बिना ऐसा हुए उनके उद्देश्य के सफल होने की सम्भावना नहीं थी।

निदान प्रथम बात दृष्टि रखकर अवतारवाद के विरोधी होने पर भी कबीर साहब ने अपने को अवतार और सत्यलोक निवासी प्रभु का दूत बतलाया; और कहा कि जिस पद पर मैं पहुँचा, आज तक कोई वहाँ नहीं पहुँचा। उन्होंने यह दावा भी किया कि केवल हमारी बात मानने से मनुष्य छूट सकता और मुक्ति पा सकता है, अन्यथा नहीं। निम्नलिखित पद्य इसके प्रमाण हैं—

काशी में हम प्रकट भये हैं रामानन्द चेताये।
समरथ का परवाना लाये हंस उबारन आये ॥

कबीर शब्दावली, प्रथम भाग, पृ. 71

सोरह संख्य के आगे समरथ जिन जग मोहि पठाया।

कबीर बीजक, पृ. 20

तेहि पीछे हम आइया सत्य शब्द के हेत।

कबीर बीजक, पृ. 7

कहते मोहिं भयल जुग चारी। समझत नाहिं मोहिं सुत नारी ॥

कबीर बीजक, पृ. 125

कह कबीर हम जुग जुग कही। जब ही चेतो तब ही सही ॥

कबीर बीजक, पृ. 592

जो कोइ होइ सत्य का किनका सो हमको पतिआयी।
और न मिलै कोटि करि थाकै बहुरि काल घर जाई ॥

कबीर बीजक, पृ. 20

घर घर हम सब सों कही शब्द न सुनै हमार।
ते भव सागर डूबहीं लख चौरासी धार ॥

कबीर बीजक, पृ. 19

कहत कबीर पुकार के सब का उहै हवाल।
कहा हमर मानै नहीं किमि छूटै भ्रमजाल॥

कबीर बीजक, पृ. 130

जंबूद्वीप के सब तुम हंसा गहिलो शब्द हमार।
दास कबीरा अबकी दीहल निरगुन कै टकसार॥

कबीर शब्दावली, द्वितीय भाग, पृ. 80

जहिया किरतिम ना हता धरती हता न नीर।
उतपति परलय ना हती तब की कही कबीर॥

कबीर बीजक, पृ. 598

ई जग तो जहँड़े गया भया जोग ना भोग।
तिल तिल झारि कबीर लिय तिलठी झारै लोग ॥

कबीर बीजक, पृ. 632

सुर नर मुनिजन औलिया यह सब उरली तीर।
अलह राम की गम नहीं तहँ घर किया कबीर॥

साखीसंग्रह, पृ. 125

दूसरी बात पर दृष्टि रखकर उन्होंने हिन्दू और मुसलमान धर्म के ग्रन्थों की निन्दा की, उन्हें धोखा देनेवाला बतलाया और कहा कि माया अथवा निरंजन ने उसकी रचना केवल संसार के लोगों को भ्रम में डालने के लिए कराई। इन बातों के प्रमाण नीचे के वाक्य हैं। इनमें आप उनके धर्मनेताओं की भी निन्दा देखेंगे।

जोग जज्ञ जप संयमा तीरथ ब्रत दाना।
नवधा वेद किताब है झूठे का बाना॥

कबीर बीजक, पृ. 411

हिन्दू मुसलमान दो दीन सरहद बने बेद कत्तेव परपंच साजी।

ज्ञानगुदड़ी, पृ. 16

वेद किताब दोय फंद सँवारा। ते फंदे पर आप बिचारा।

कबीर बीजक, पृ. 269

चार वेद पट शास्त्रऊ और दस अष्ट पुरान।
आशा दै जग बाँधिया तीनों लोक भुलान॥

कबीर बीजक, पृ. 14

औ भूले षट् दरसन भाई। पाखँड भेख रहा लपटाई।
ताकर हाल होय अधकूचा। छ दरसन में जीन विगूचा ॥

कबीर बीजक, पृ. 97

ब्रह्मा विष्णु महेसर कहिये इन सिर लागी काई।
इनहिं भरोसे मत कोइ रहियो इनहुँ मुक्ति न पायी ॥

कबीर शब्दावली, द्वितीय भाग, पृ. 19

सुर नर मुनी निरंजन देवा सब मिली कीन्हा एक बँधाना।
आप बँधे औरन को बाँधे भवसागर को कीन्ह पयाना ॥

कबीर शब्दावली, तृतीय भाग, पृ. 38

माया ते मन ऊपजै मन ते दस अवतार।
ब्रह्मा विष्णु धोखे गये भरम परा संसार ॥

कबीर बीजक, पृ. 650

चार वेद ब्रह्मा निज ठाना। मुक्ति का मर्म उनहुँ नहिं जाना।
हबीबी और नवी कै कामा। जितने अमल सो सबै हरामा ॥

कबीर बीजक, पृ. 104, 124

परधर्म और उसके पवित्र ग्रन्थों का खंडन करके निजधर्म स्थापना और सर्वसाधारण में अपने को अवतार या पैगम्बर प्रकट करने की प्रथा प्राचीन है; कबीर साहब का यह नया आविष्कार नहीं है। किन्तु देखा जाता है कि इस विषय में उन्होंने स्वतंत्र पथ अवश्य ग्रहण किया। उनकी इस स्वतन्त्रता से मुग्ध होकर 'रहनुमायाने हिन्द' के रचयिता कहते हैं–

"उनको खुदा का फरजन्द कहना बजा है। वह एक कौम या मजहब न रखते थे। उनका घर दुनिया, उनके भाई बंद बनीनवा इन्सान, और उनका बाप खालिके अर्ज वो समाँ था।" पृष्ठ 229

परन्तु हम देखते हैं कि वे ही 'रहनुमायाने हिन्द' के विद्वान् रचयिता हिन्दू मजहब के विषय में यह कथन करते हैं–

"अगर कोई शख्स हिन्दू मजहब को जानना, पढ़ना या हासिल करना चाहे, तो वह बड़े-बड़े रहनुमा, रिशी और सन्तों की तलकीन गौर से पढ़े। यह बुजुर्ग लोग खुदा के अवतार थे, उनके अकबाल वेद मुकद्दस हैं, जो आसमानी वही और रब्बानीं इलहाम हैं, जो खुदा ताला ने अपनी इनायत से इन्सान को इनायत फरमाये हैं।" पृष्ठ 28

"यह एक जात या फिरके का मजहब नहीं है, जैसा कि अवामुन्नास का अकीदा है,

बल्कि कुल बनीनवा इन्सान के लिये वजा किया गया है। जिस वक्त दुखानी जहाज, रेल, तार, तिजारत और फतूहात से कुल दुनिया मिल-जुलकर एक हो जायगी, एक और रहनुमा पैदा होकर जाहिर करेगा कि हिन्दू मजहब तमाम दुनिया के इन्सानों के लिये है।"

पृष्ठ 28

अब आप देखिये, वे जैसे कबीर साहब को किसी कौम या मजहब का नहीं कहते, उसी प्रकार हिन्दू धर्म को किसी जाति या फिरके का नहीं बतलाते। जैसे वे बनीनवा इन्सान को कबीर साहब का भाई बन्द बतलाते हैं, वैसे ही हिन्दू मजहब को बनीनवा इन्सान का कहते हैं। जैसे वे कबीर साहब का घर दुनिया सिद्ध करते हैं, वैसे ही हिन्दू मजहब को दुनिया के लिए निश्चित करते हैं, हिन्दू धर्म और कबीर साहब दोनों का जनक वे ईश्वर को मानते हैं। फिर कबीर साहब हिन्दू मजहब के ही तो सिद्ध हुए, अर्थात् कबीर साहब का वही सिद्धान्त पाया गया, जो हिन्दू धर्म का है। वैदिक धर्म को ही वे हिन्दू मजहब कहते हैं। परन्तु कबीर साहब के जो विचार वेदों के विषय में हैं, उनको मैं ऊपर प्रकट कर आया। मैं यह मानूँगा कि कबीर साहब जब चिन्ताशीलता से काम लेते हैं और ऊँचे उठते हैं, तब सत्य बात कह जाते हैं। एक स्थान पर उन्होंने स्पष्ट कहा है—'वेद कतेब कहो मति झूठे झूठा जो न विचारै'[1] किन्तु उनका यह एकदेशी विचार है; व्यापक विचार उनका वेद और कुरान की प्रतिकूलतामूलक है। यद्यपि उन्होंने एक महान् उद्देश्य की सिद्धि के लिए यह स्वतन्त्र पथ (अर्थात् ऐसा पथ जो हिन्दू मुसलमानों से अलग अलग है) ग्रहण किया, किन्तु मेरा विचार है कि वह उनके महान् उद्देश्य के अनुकूल था, जिसका प्रत्यक्ष प्रमाण यह है कि हिन्दू-मुसलमानों की विभेद सीमा आज भी वैसी ही अचल अटल है। हिन्दू-मुसलमानों के लिए मगहर में अलग-अलग बनी हुई उनकी दो समाधियाँ भी इस बात का उदाहरण हैं।

विचार मर्यादा पूर्ण, सहानुभूति मूलक और परिमत होने से ही समादृत होता है। वह विचार कभी कार्यकारी और सुफल प्रसू नहीं होता, जिसमें यथोचित शीलता नहीं होती। मनुष्य और कटुक्तियों को किसी प्रकार सहन कर लेता है; परन्तु जब उसके ग्रन्थों और धर्मनेताओं पर आक्रमण होता है, तब उसकी सहनशीलता की प्रायः समाप्ति हो जाती है। उस समय वह बहुत सी सुसंगत और उचित बातों को भी स्वीकार नहीं करता। मिठाई से औषधि की कटुता ही नहीं दब जाती, कितनी अप्रिय बातें भी स्वीकृत हो जाती हैं। ऐसे अवसरों पर प्रायः लोग यह कह उठते हैं कि लोहे का मोरचा उँगलियों से नलकर नहीं दूर किया जा सकता; उसके लिए लोहे की रगड़ ही उपयोगिनी होती है। इसी प्रकार समाज की अनेक बुराइयाँ और धर्म के नाम पर किये गये कदाचार केवल प्यारी-प्यारी बातों

---

1. देखो आदि ग्रन्थ, पृष्ठ 727।

और मधुर उपदेशों से ही दूर नहीं होते। उनके लिए कटुक्तियों की कषा ही उपकारिणी होती है। यदि यह बात स्वीकार भी कर ली जाय, तो इसका यह अर्थ कदापि नहीं हो सकता कि बुराइयों और कदाचार के साथ भलाइयों और सदाचार की पीठ भी कषा प्रहार से क्षत विक्षत कर दी जाय। संस्कार का अर्थ संहार नहीं है। जो क्षेत्र संस्कार खेत की घासों के साथ अन्न के पौधों को भी उखाड़ देना चाहेगा, वह संस्कारक नाम का अधिकारी नहीं वेद शास्त्र या कुरान में कुछ ऐसी बातें हो सकती हैं जो किसी समय के अनुकूल न हों; हिन्दू धर्म के नेताओं या मुसलमान धर्म के प्रचारकों के कई विचार ऐसे हो सकते हैं, जो सब काल में गृहीत न हो सकें; किन्तु इससे यह नहीं कहा जा सकता कि वेदशास्त्र या कुरान में सत्य और उपकारक बातें नहीं और हिन्दू एवं मुसलमान धर्म के नेताओं ने जो कुछ कहा, वह सब झूठ और अनर्गल कहा; लोगों को धोखे में डाला और उन्हें उन्मार्गगामी बनाया। वेद शास्त्र या कुरान को धर्मपुस्तक न समझा जाय, हिन्दू, मुसलमान धर्माचार्यों को अपना पथ प्रदर्शक न बनाया जाय, इसमें कोई आपत्ति नहीं, किन्तु उनके विषय में ऐसी बातें कहना, जो अधिकांश में असंगत हों कदापि उचित नहीं।

धर्मालोचनाएँ धर्मसंगत ही होनी चाहिए, उनमें हृदयगत विकारों का विकास न होना चाहिए। वेदशास्त्र के शासन में आज भी बीस करोड़ मनुष्य हैं; कुरान संसार के एक पंचमांश मानव की धर्मपुस्तक है। बिना उनके कुछ सद्गुण या विशेषत्व हुए उनका इतने हृदयों पर अधिकार होना असम्भव था। कबीर साहब ने बड़े गर्व और आवेश से स्थान-स्थान पर यह कहा है कि हमारे वचन से ही मानव का उद्धार हो सकता है; हमारे शब्द ही लोगों को मुक्त करेंगे। किन्तु जो कुछ वेदशास्त्र या कुरान में है, उससे उन्होंने अधिक क्या कहा? कौन सी नई बात बतलाई वे केवल आध्यात्मिक शिक्षक हैं; किन्तु क्या इस पथ में भी वे उतने ही ऊँचे उठे हैं, जितने कि उपनिषद् और दर्शनकार उठ सके? जिस काल संसार में केवल अज्ञान अन्धकार था, ज्ञानरवि की एक किरण भी नहीं फूटी थी, उस काल कहाँ से यह मेघ गम्भीर ध्वनि हुई–

सत्यं वद, धर्मं चर, स्वाध्यायान् मा प्रमदितव्यम्, मातृदेवो भव, पितृदेवो भव, आचार्यदेवो भव, मा हिंस्यात् सर्वभूतानि, ऋते ज्ञानान्न मुक्तिः,

पुरुष एवेदं सर्व यद्भूतं यच्च भाव्यम्
उतामृतन्वस्ये शानो यदन्ने नातिरोहति
सर्वाशा मम मित्रम् भवंतु।

यदि हमारा हृदय कलुषित नहीं है यदि हम में सत्यप्रियता है, यदि हम न्याय और विवेक को पददलित नहीं करना चाहते, तो हम मुक्तकण्ठ से कहेंगे पवित्र वेदों से। आज इसी ध्वनि की प्रतिध्वनि संसार में हो रही है, आज इसी ध्वनि का मधुर स्वर सांसारिक समस्त धर्म ग्रन्थों में गूँज रहा है। स्वयं कबीर साहब के वचनों और शब्दों में उसी की

लहर पर लहर आ रही है। किन्तु वे ऐसा नहीं समझते, वरन् रमैनी में कहते हैं कि माया द्वारा त्रिदेव और वेदादि की उत्पत्ति केवल संसार को भ्रान्त बनाने के लिए हुई है, सत्य शब्द के लिए हमी आये हैं (देखो कबीर बीजक, पृ.13 और 17 के दोहे 15 और 20)। किन्तु यह उस मनुष्य के, जिसके हृदय में मस्तिष्क में, धमनियों में, रक्त की बूँदों में, चैतन्य की कलाएँ प्रतिपल दृष्टिगत हो रही हैं, इस कथन के समान है कि चैतन्य से हमारा कोई सम्पर्क नहीं, क्योंकि हम स्वयं सत्य हैं। कुरान के विषय में भी उनकी उत्तम धारणा नहीं; और यही कारण है कि जो जी में आया, उन्होंने इन ग्रन्थों के विषय में लिखा। किन्तु शास्त्र कहता है–

धर्मः यो बाधते धर्मं न स धर्मः कुधर्मं तत्।
धर्माविरोधी यो धर्मः स धर्मः सत्यविक्रमः ॥

जो धर्म किसी धर्म को बाधा पहुँचाता है, वह धर्म नहीं है, कुधर्म है। जो धर्म अपर धर्म का अविरोधी है, सत्य पराक्रमशील धर्म वही है। आज दिन संसार में शान्ति फैलाने के कामुक इसी पथ के पथी हैं; थियोसोफिकल सोसाइटी का यही महामन्त्र है। अतएव अनेक अंशों से उसको सफलता भी हो रही है। हिन्दू धर्म स्वयं, इस महामन्त्र का ऋषि, और चिरकाल से उसका उपासक है। यही कारण है कि इसके विभिन्न विचारों के नाना सम्प्रदाय हिन्दुत्व के एक सूत्र में आज भी बँधे हैं।

किसी-किसी का विचार है कि कबीर साहब अपठित थे, उन्होंने वेद शास्त्र उपनिषदों को पढ़ा नहीं, कुरान के विषय में भी वे ऐसे ही अनभिज्ञ रहे, इसीलिए उन्होंने इन ग्रन्थों के माननेवालों के आचार व्यवहार को जैसा देखा, वैसे ही उनके विषय में अनुमति प्रकट की। किन्तु मैं इस विचार से सहमत नहीं। कबीर साहब चिन्ताशील पुरुष थे। वे यह भी समझ सकते थे कि सब मतों के सर्वसाधारण और महान् एवं मान्य पुरुषों के आचार व्यवहार में अन्तर हुआ करता है। उनके नेत्र के सामने ही उसी समय में हिन्दुओं में स्वामी रामानन्द और मुसलमानों में शेख तकी जैसे महा पुरुष मौजूद थे। फिर यह कैसे स्वीकार किया जा सकता है कि उन्होंने उक्त धर्मग्रन्थों के माननेवालों के आधार पर ही उन ग्रन्थों के प्रतिकूल लिया। मेरा विचार यह है कि उन्होंने एक नवीन धर्मस्थापना की लालसा से ही ऐसा किया।

स्वाधीन चिन्ता

यह भी कहा जा सकता है कि कबीर साहब स्वाधीन चिन्ता के पुरुष थे। उन्होंने समय का प्रवाह देखकर धर्म और देश के उपकार के लिए जो बातें उचित और उपयोगिनी समझीं, उनको अपने विचारों पर आरूढ़ होकर निर्भीक चित्त से कहा। उन्होंने अपने विचारों के लिए कोई आधार नहीं ढूँढ़ा किसी ग्रन्थ का प्रमाण नहीं चाहा। उन्होंने सोचा

कि जो बात सत्य है, वास्तविक है, उसकी सत्यता और वास्तविकता ही उसका प्रधान आधार है। उसके लिए किसी ग्रन्थ विशेष का सहारा क्या? उनके जी में यह बात भी आयी कि जिन वेदशास्त्रों और कुरान का आश्रय लेकर हिन्दू-मुसलमान धर्मयाजक नाना कदाचार कर रहे हैं, उन्हीं को उन कदाचारों का विरोध करने के लिए अवलम्ब बनाना कदापि युक्ति संगत नहीं; वरन् उनके विरुद्ध आन्दोलन मचाना ही उपकारक होगा। निदान उन्होंने ऐसा ही किया। झूठे संस्कारों के वश लोग नाना क्रिया काण्ड में फँसे हुए थे, आडम्बरमूलक नाना आचार व्यवहार को धर्म समझ रहे थे, उनके द्वारा वे साँसत तो भोगते ही थे, वंचित भी हो रहे थे। उनसे यह बात नहीं देखी गयी। उन्होंने उनके विरुद्ध अपना प्रबल स्वर ऊँचा किया; बड़े साहस के साथ केवल अपने आत्मबल के सहारे उनका सामना किया। उनका सत्य व्यवहार, उनका दृढ़ विचार ही इस मार्ग में उनका सच्चा सहायक था। उनको किसी प्राचीन धर्मग्रन्थ की सहायता अभिप्रेत थी ही नहीं। फिर वे क्यों किसी धर्मग्रन्थ का मुख देखते? मीठी बातें तो वह करता है जिसका कुछ स्वार्थ होता है, जो डरता है, जो प्रशंसा अथवा मान का भूखा रहता है। जो इन बातों से कुछ सम्बन्ध नहीं रखता, वह ठीक बातें कहेगा, वे चाहे किसी को भली लगें या बुरी, उसको इसकी चिन्ता ही क्या? धर्मध्वजियों को जो कुछ कहा जाय, सब ठीक है। वइ इस योग्य नहीं कि उनसे शिष्टता के साथ बर्ताव किया जाय। अनेक धार्मिक और सामाजिक कुसंस्कार सीधी-सादी और प्यार की बातों से दूर नहीं होते। उनके लिए जिह्वा को तलवार बनाना पड़ता है, क्योंकि बिना ऐसा किये कुस्संकारों का संहार नहीं होता। ये ऐसी प्रत्यक्ष बातें हैं, जो सर्वसम्मत हैं। इसके लिए किसी धर्मग्रन्थ का आश्रय अपेक्षित नहीं।

ये बड़ी ही प्यारी और श्रुतिमनोहर बातें हैं। प्रायः धर्मसंस्कारकों के कार्यों का अनुमोदन करने के लिए ऐसी ही बातें कही जाती हैं। मैं भी इनको उचित सीमा तक मानता हूँ, परन्तु सर्वांश में नहीं। जो आत्म निर्भरशील संस्कार या महात्मा हैं, उनका पद बहुत ऊँचा है। परन्तु उनको यह पद उत्पन्न होते ही नहीं प्राप्त हो जाता। माता, पिता महात्माजनों और विद्वानों के संसर्ग, नाना शास्त्रों के अवलोकन और सांसारिक घटनाओं के घात-प्रतिघात के निरीक्षण से शनैः-शनैः प्राप्त होता है। धर्म की लहरें संसार में व्याप्त हैं, परन्तु वे किसी आधार से हृदय में प्रवेश करती हैं। प्रकृति अपरिमित ज्ञान का भण्डार है, पत्ते-पत्ते में शिक्षापूर्ण पाठ है, परन्तु उनसे लाभ उठाने के लिए अनुभव आवश्यक है। अग्नि में दाहिका शक्ति है, पत्थर में हम उसे अविकसित अवस्था में पाते हैं। वह विकसित होती है, किन्तु किसी आधार से। धर्म की लहरें संसार में व्याप्त हैं, परन्तु उनके अंशों के उद्भावनकर्ता भी हैं। पृथ्वी आज भी घूमती है, पहले भी घूमती थी और आगे भी घूमती रहेगी। उसमें आकर्षिणी शक्ति पहले भी थी, अब भी है, आगे भी रहेगी। परन्तु इन बातों का आविष्कार करके संसार को लाभ पहुँचानेवाले भाष्कराचार्य इत्यादि आर्य

विद्वान् अथवा गलीलियो और न्यूटन हैं? क्या इन आविष्कारों का संसार को कृतज्ञ न होना चाहिए? जिन आधारों से अग्नि का विकास होता है, क्या वे उसके उपकारक अथवा उपयोगी नहीं? इसी प्रकार वह विचारपरम्परा कि जिससे किसी आत्मनिर्भरशील महात्मा की आत्मा विकसित होती है, क्या अनादरणीय और अमानवीय है? क्या वे ग्रन्थ, जिन्होंने संसार को सबसे प्रथम उस विचारपरंपरा से अभिज्ञ किया, इस कारण निन्दा के योग्य हैं कि उनके नाम से कई स्वार्थी आत्माएँ कदाचार और मिथ्याचार में प्रवृत्त रहें? यदि वे निन्दा के योग्य हैं, तो सत्य का अपलाप हुआ या नहीं? वास्तवकिता उपेक्षिता हुई या नहीं? और क्या ऐसा करना किसी महान् आत्मा का कर्तव्य है? कोई आत्मनिर्भरशील महात्मा यदि अपने सिद्धान्तों के प्रचार के लिए ऐसे ग्रन्थों की सहायता ग्रहण करे, तो उसका आर्यपन्थ और विस्तृत होगा, उसको सुकरता छोड़ दुरूहता का सामना न करना पड़ेगा। परन्तु यदि उसकी अप्रवृत्ति हो, तो वह ऐसा नहीं भी कर सकता है। परन्तु उसका यह कर्तव्य कदापि न होगा कि एक असंगत बात के आधार पर या यों ही वह उनकी निन्दा करने लगे, और उन्हें कुत्सित ठहरावे। आडम्बरों के बहाने धर्मत्याग नहीं; आडम्बर में पड़े धर्म का उद्धार ही सदाशयता है। यदि कोई शस्त्र के सहारे आत्मघात कर ले, तो क्या उससे शस्त्र की उपयोगिता अगृहीत हो जानी चाहिए? यदि नहीं, तो वेदशास्त्र की निन्दा का क्या अर्थ? स्वाधीन चिन्ता का तो यह दुरुपयोग मात्र है।

झूठे संस्कारों, आडम्बरमूलक आचारव्यवहारों और प्रवंचना के तो शास्त्र स्वयं विरोधी हैं, किन्तु वे समझते हैं कि घाव के लिए मरहम की भी आवश्यकता है। अतएव वे संयत हैं। वे जानते हैं कि वही कठोरता प्रभाव रखती है, जो सहानुभूतिमूलक हो। जहाँ हृदय का ईर्ष्या-द्वेष ही कार्य करता है, वहाँ अमृत भी विष बन जाता है। अतएव वे गम्भीर हैं। कदाचार और अपकर्म एक साधारण मनुष्य को भी निंदित बना देते हैं। फिर धर्मयाजकों और धर्मनेताओं को वे निन्दनीय क्यों न बनावेंगे? उनके लिए कदाचारी और कुकर्मी होना और भी लज्जा की बात है, क्योंकि जो प्रकाश फैलानेवाला है, यदि वही अँधेरे में ठोकर खा-खाकर गिरे, तो वह दूसरों के लिए उजाला क्या करेगा? शास्त्र भी इसको समझते हैं, इसीलिए मुक्तकण्ठ से कहते हैं–

कर्मेन्द्रियाणि संयम्य यः आस्ते मनसा स्मरन्।
इन्द्रियार्थान् विमूढात्म मिथ्याचारः स उच्यते॥
न शरीरमलत्यागान्नरो भवति निर्मलः।
मानसे तु मले त्यक्ते भवत्यंतस्सुनिर्मलः॥
सर्वेषामेव शौचानामान्तः शौचं परं स्मृतम्।
योऽन्तःशुचिर्हि स शुचिः नमृद्वारिकशुचिः शुचिः॥

नक्तं दिनं निमज्याप्सु कैवर्तुः किमु पावनः।
शतशोपि तथा स्नातः न शुद्धः भावदूषितः।
पठकाः पाठकाश्चैव ये चान्ये शास्त्रचिन्तकाः।
सर्वे व्यासनिनो मूर्खा यः क्रियावान् स पंडितः॥
वेदास्त्यागश्च यज्ञाश्च नियमांश्च तपांसि च।
न विप्रभावदुष्टस्य सिद्धिं गच्छति कर्हिचित्॥
न गच्छति बिना पानं व्याधिरोषधशब्दतः।
बिना परोक्षानुभवं ब्रह्मशब्दैर्न मुच्यते॥

मनुष्य का जीवनसमय थोड़ा है, संसार के रहस्य नितान्त गूढ़ हैं, ज्ञातव्य बातों की सीमा नहीं, मनुष्य केवल अपने अनुभव पर निर्भर रहकर अनेक भूलें कर सकता है; अतएव उसको अपने पूर्वज महानुभावों के अनुभवों से काम लेना पड़ता है, उनके सद्विचारों से लाभ उठाने की आवश्यकता होती है। वेद शास्त्र इत्यादि ऐसे ही अनुभवों और सद्विचारों के संग्रह तो हैं। यदि उनसे कोई लाभ उठाना चाहे तो लाभ उठा सकता है, न उठावे उसकी इच्छा, इसकी कोई शिकायत नहीं। परन्तु उसको यह कहने का अधिकार नहीं कि ये समस्त शास्त्र ही मिथ्याचारों के आधार हैं।

मिष्टभाषण, शिष्टता, मितभाषिता, गंभीरता, शालीनता, ये सद्गुण हैं; इनकी आवश्यकता जितनी अपने लिए है, उतनी औरों के लिए नहीं। मैं यह मानने के लिए प्रस्तुत नहीं कि धर्मप्रचारक का धर्म प्रचार में कोई स्वार्थ नहीं होता। यह दूसरी बात है कि वह धर्मप्रचार और लोकोपचार ही को अपना स्वार्थ मानता है, पर आत्मसम्बन्धी न होने के कारण उसका यह भाव परमार्थ अवश्य कहलाता है। परन्तु स्मरण रहे कि स्वार्थ के लिए मिष्टभाषिता इत्यादि को जितनी आवश्यकता है, उससे कहीं अधिक इनकी आवश्यकता परमार्थ के लिए है। जहाँ चक्रवर्ती नृपाल की शस्त्रधारा कुंठित हो जाती है, वहाँ महापुरुष का एक मधुर वचन ही काम कर जाता है। मैं चिरसंचित कुसंस्कार दूर करने के लिए ओजस्वी और तीव्र भाषण की आवश्यकता समझता हूँ। परन्तु दुर्वचन और असंयतभाषिता की नहीं; क्योंकि ये आदर्श पुरुष के अस्त्र नहीं। बिना क्रोध हुए दुर्वचन मुख से निकलते नहीं, असंयत भाषण होता नहीं, किन्तु क्रोध करना महापुरुषों का धर्म नहीं। इसके अतिरिक्त मिथ्याचारी एवं कदाचारी का कलुषित आत्मा होना सिद्ध है, कलुषित आत्मा दया का पात्र है, क्रोध का पात्र नहीं है।

महात्मा सुकरात एक दिन अपनी शिष्यमण्डली के साथ राजमार्ग से होकर कहीं जा रहे थे कि उनके सामने से एक मदान्ध धनिक पुत्र निकला, और अकड़ता हुआ बिना कुछ शिष्टाचार प्रदर्शन किये चला गया। यह बात उनकी शिष्यमण्डली को बुरी लगी और उन्हें क्रोध आया। इस पर सुकरात ने कहा—इसमें क्रोध करने की क्या बात है? यह

बतलाओ, यदि सड़क पर तुमको कोई लँगड़ा मिलता और पाँव सीधे न रखता, तो क्या तुम लोग उस पर क्रोध करते? लोगों ने कहा—नहीं, वह तो लँगड़ा होता। रोग से उसका पाँव ठीक नहीं, फिर वह पाँव सीधे कैसे रखता, वह तो दया का पात्र है। सुकरात ने कहा इसी प्रकार धनिक पुत्र भी दया का पात्र है, क्योंकि उसकी आत्मा मलिन है और उसे मद जैसे कुरोग ने घेरा रखा है।

उपदेश के समय चैतन्यदेव को दो मुसलमानों ने एक घड़े के टुकड़े से मारा। उनका सिर फट गया और रुधिर धारा से शरीर का समस्त वस्त्र भीग गया। परन्तु उन्हें क्रोध नहीं आया। वे प्यार के साथ आगे बढ़े, और उन दोनों को गले से लगाकर बोले—"तुम लोग तो सबसे अधिक दया और उपदेश के अधिकारी हो; क्योंकि औरों से तुम लोगों को उनकी अधिक आवश्यकता है।" वे दोनों उनका यह भाव देखकर इतने मुग्ध और लज्जित हुए कि तत्काल शिष्य हो गये और काल पाकर उनके प्रधान शिष्यों में गिने गये।

धर्मग्रन्थों को बुरा कहना, आडम्बरों की ओट में धर्मसाधन की सुन्दर पद्धतियों की भी निन्दा करना स्वाधीन चिन्ता नहीं है। मानवों की मंगल कामना से, उपकार की इच्छा से, उनमें परस्पर सहानुभूति और ऐक्य सम्पादन एवं मातृभाव उत्पादन के लिए, उन्हें सत्पथ पर आरूढ़ और सद्भावों अथच सद्विचारों से अभिज्ञ करने के अर्थ धर्म अथवा मजहबों की सृष्टि है। तुम लोग परस्पर सहानुभूति और ऐक्य रखो, एक दूसरे को भाई समझो, सत्पथ पर चलो, सद्विचारों से काम लो, इतना कहने से ही काम नहीं चलता। इन उद्देश्यों की पूर्ति के लिए कुछ पद्धतियाँ नियम और पर्व त्योहार भी, देशकाल और पात्र का विचार करके बनाने पड़ते हैं; क्योंकि ये ही सहानुभूति और ऐक्य इत्यादि के साधन होते हैं। ये मनुष्य बुद्धि से ही प्रसूत हैं, अतएव इनमें न्यूनता और अपूर्णता हो सकती है; परन्तु इन साधारण दोषों के कारण ये सर्वथा त्याज्य नहीं कहे जा सकते। यदि धर्म की आवश्यकता है, तो इनकी भी आवश्यकता है। स्वाधीन चिन्ता का यह काम है कि आवश्यकतानुसार वह उनको काटती छाँटती रहे, ठीक करती रहे, संकीर्ण स्थानों को विस्तृत बनाती रहे। उसका यह काम नहीं है कि उनको मटियामेट कर दे और उनके स्थान पर कोई उससे निम्न कोटि की पद्धति इत्यादि भी स्थापन न करके समाज को उच्छृंखल कर दे। कोई कहते हैं कि किसी धर्म या मजहब की आवश्यकता ही क्या? किन्तु यह बात कहने के समय पूरी चिन्ताशीलता का परिचय नहीं दिया जाता। सदाचार, ईश्वर, विश्वास और शील की आवश्यकता मनुष्य मात्र को है। जो ईश्वरविश्वासी नहीं है, उदार और सत्‌शील का समादर वे भी करते हैं, वरन् दृढ़ता से करते हैं। मजहब इन्हीं बातों की शिक्षा तो देते हैं! फिर मजहब की आवश्यकता क्यों नहीं? धर्म के सार्वभौम सिद्धान्त सब मजहबों में पाए जाते हैं; क्योंकि उन सबका उद्‌गम स्थान एक है। तारतम्य होना स्वाभाविक है; परन्तु सब मजहबों में वे इतनी मात्रा में मौजूद हैं, कि मनुष्य उनके द्वारा

सदाचार इत्यादि सीख सके। देशाचार, कुलाचार, अनेक सामाजिक रीति रस्म, सदाचार इत्यादि बाहरी आवरण मात्र हैं। उनकी आवश्यकता एकदेशीय है। अनेक दशाओं में वे उपेक्षित हो जाते हैं; किन्तु धर्म के सार्वभौम सिद्धान्त मनुष्य मात्र के लिए आवश्यक हैं, और ऐसी अवस्था में कोई विद्वान् या महात्मा यह नहीं कह सकता कि मेरा कोई धर्म नहीं। वास्तविक बात तो यह है कि संसार की कोई वस्तु बिना धर्म के नहीं है। हम लोग वैदिक मार्ग को ही इसीलिए धर्म के नाम से अभिहित करते हैं। मजहब और रिलिजन संज्ञाएँ इतनी व्यापक नहीं हैं। वैदिक धर्म में अधिकारी भेद है इसीलिए यह पात्र के अनुसार धर्म की व्यवस्था करता है। साथ ही यह भी कहता है–

सक्ताः कर्मण्यविद्वांसो यथा कुर्वन्ति भारत।
कुर्य्याद्विद्वांस्तथाऽसक्ताक्तिकीर्षुर्लोकसंग्रहम् ॥
केवलं शास्त्रमाश्रित्य न कर्त्तव्यो विनिर्णयः ॥
युक्तिहीनविचारेण धर्म्महानिः प्रजायते ॥
युक्ति-युक्तमुपादेयं वचनं बालकादपि।
अन्थ तृणमिव त्याज्यमप्युक्तं पद्मजन्मना ॥
अनंतशास्त्रम् बहुवेदितव्यम् स्वल्पश्च कालो बहवश्च विघ्नाः।
यत् सारभूतम् तदुपाश्रितव्यम् हंसो यथा क्षीरमिवाम्बुमिश्रम् ॥

स्वाधीन चिन्ता यही तो है! एक धर्म होने के कारण ही वेदशास्त्र के सिद्धान्त अधिक उदार हैं। इसी से वह कहता है कि प्राणीमात्र मोक्ष का अधिकारी है। किसी समाज, देश या मजहब का मनुष्य क्यों न हो, जिसमें सदाचार है, धर्मपरायणता है, ईश्वरविश्वास है, वह अवश्य मुक्त होगा। वह समझता है कि परमात्मा घट घट में व्याप्त है, अन्तर्यामी है; यदि उसे कोई राम, हरि, हत्यादि शब्दों में उद्बोधन न करके गॉड या अल्लाह इत्यादि शब्दों से उद्बोधन करता है, तो क्या परमात्मा उसकी भक्ति को अगृहीत करेगा? उनको चाहे जिस नाम से पुकारें, यदि सच्चे प्रेम से भक्ति गद्गद-चित्त से पुकारेंगे; तो वह अवश्य अपनावेगा। यदि कोई सत्य बोलता है; परोपकार करता है, सदाचारी है, परदुःखकातर है, लोकसेवापरायण है, धर्मात्मा है तो परमात्मा उसे अवश्य अंक में ग्रहण करेगा। उससे यह न पूछेगा कि तू हिन्दू है या मुसलमान, या क्रिश्चियन या बौद्ध या अन्य। यदि वह ऐसा करे, तो वह जगत्पिता नहीं, जगन्नियन्ता नहीं, विश्वात्मा नहीं, सर्वव्यापक नहीं, न्यायी नहीं। जिसका सिद्धान्त इसके प्रतिकूल है, उसका वह सिद्धान्त किसी मुख्य उद्देश्य का साधक हो सकता है; परन्तु वह उदार नहीं है, व्यापक नहीं है, अनुदार, अपूर्ण और अव्यापक है। हिन्दू धर्म उस पर आक्रमण नहीं करता। वह जानता है कि भगवान् भुवनभास्कर के अभाव में दीपक भी आदरणीय है। संसार को मुग्ध करता हुआ वह जगत्पिता की ओर प्रवृत्त होकर उच्च कण्ठ से यही करता है–

“रुचीनां वैचित्र्यात् कुटिलऋजुनानापथ पुषां।
नृणामेकों गम्यस्त्वमसि पयसामर्णवमिव॥”

साथ ही एक पवित्र ग्रन्थ से यह ध्वनि होती है–

ये यथा मां प्रपद्यन्ते तान्स्तथैव भजाम्यहम्।

स्वाधीन चिंते, तेरा मुख उज्ज्वल हो, तुझसे ही प्रसूत तो ये सद्विचार हैं। इससे उच्च स्वाधीन चिन्ता क्या है, मैं यह नहीं जानता।

सन्त मत

सन्त मत क्या है? तत्त्वज्ञता। गोस्वामी तुलसीदास जी कहते हैं–‘मधुकर सरिस सन्त गुनग्राही’,‘सन्त हंस गुन गहहिं पय, परिहरि वारि बिकार’। इसी की प्रतिध्वनि हम मौलाना रूम के इस शेर में सुनते हैं–“मन जे कुरआँ मग्ज रा वरदाश्तम्। उस्तखाँ पेशे सगाँ अंदाख्तम्”–मैंने कुरान से मगज ले लिया और हड्डी कुत्तों के सामने डाल दी। आँखवाले के लिए पेड़ का एक पत्ता भेदों से भरा है। जिसमें विवेक बुद्धि नहीं, उसके लिए संसार के समस्त धर्मग्रन्थों में भी कुछ सान नहीं। धर्म के साधनों को आडम्बर कहकर हम उनसे घृणा कर सकते हैं। परन्तु तत्त्वज्ञ की दृष्टि उसके तत्त्व को नहीं त्याग सकती। विवेकशील कीचड़ में पड़े रत्न को भी ग्रहण करते हैं। कीचड़ में लिप्त होने के कारण उसे अग्राह्य नहीं कहते।

कबीर साहब ने एक शब्द में (देखो शब्द 194) कहा है, कि जिनके जी नाम नहीं बसा है, उनके पुस्तक पढ़ने, सुमिरनी लेने, माला पहनने, शंख बजाने, काशी में बसने, गंगाजल पीने, व्रत रखने, तिलक देने से क्या होगा? ऐसे शब्दों को पढ़कर लोग यह समझते हैं कि इनमें पुस्तक पढ़ने इत्यादि का खण्डन है। किन्तु वास्तव में ये शब्द खंडनात्मक नहीं हैं। इसी शब्द को देखिए। इसमें कहा है कि जिनके जी में नाम नहीं बसा है, अर्थात् परमात्मा की भक्ति करना या धर्म करना जिनका उद्देश्य नहीं है। उनके पुस्तक इत्यादि पढ़ने से क्या होगा? सिद्धान्त यह है कि पुस्तक पढ़ना, माला पहनना, सुमिरनी लेना इत्यादि धर्म के साधन हैं। धर्म के उद्देश्य से यदि ये सब क्रियाएँ की जायँ, तब तो ठीक है, उचित है; किन्तु यदि इनको धर्म साधन के स्थान पर अधर्म का साधन बना दिया जाय, इनके द्वारा लोगों को ठगा जाय, छलप्रपंच किया जाय, तो इन कर्मों के करने से क्या होगा? समस्त हिन्दू शास्त्रों का यही सिद्धान्त है, कबीर साहब भी ऐसे शब्दों में यही कहते हैं। शब्द 188 तथा 196 ध्यानपूर्वक पढ़िए। किन्तु वे कभी-कभी ऐसा भी कह जाते हैं कि ‘जोग जज्ञ जप संयमा तीरथ व्रत दाना’ झूठे का बाना है, परन्तु यह उनका गौण विचार है। यदि योग का खंडन उनको अभीष्ट होता, तो व्यापक भाव से इसे परमात्मा की प्राप्ति का साधन वे न बतलाते (देखो शब्द 28-32) इसी प्रकार शील, क्षमा, उदारता,

सन्तोष, धैर्य इत्यादि शीर्षक दोहावली में आप संयम और दान आदि का गुणगान देखेंगे। इन सब विषयों में कबीर साहब की विचारपरम्परा सर्वांश में हिन्दूभावापन्न है। किन्तु चौरासी अंग की साखी में उन्होंने "तीरथ व्रत का अंग" और "मूरत पूजा का अंग" शीर्षक देखकर इन सिद्धान्तों का खंडन किया है। उनको स्फुट रीति से हिन्दू मुसलमानों के कतिपय छोटे-मोटे धर्मसाधनों पर भी आक्रमण करते देखा जाता है। मैं इनमें से कतिपय विषयों को लेकर देखना चाहता हूँ कि वास्तव में इनमें कुछ तत्त्व है या नहीं यह कहा जा सकता है कि कबीर साहब ने हिन्दू मुसलमानों के अनेक सिद्धान्तों में से जिनमें अधिक तत्त्व देखा, उनको ग्रहण कर लिया, शेष को छोड़ दिया। इस विषय में उन्होंने तत्त्वज्ञता ही का परिचय तो दिया है। किन्तु निवेदन यह है कि उन्होंने उनको छोड़ा ही नहीं, उनका खंडन भी किया है, उनको निस्सार बतलाया है। अतएव मैं यही देखना चाहता हूँ कि वास्तव में उनसे कुछ सार या तत्त्व है या नहीं। तीर्थ के विषय में वे कहते हैं—

तीरथ गये ते बहि मुये जुड़े पानी न्हाय।
कह कबीर सन्तो सुनो राक्षस है पछिताय॥
तीरथ भई बिख वेलरी रही जुगन जुग छाय।
कबिरन मूल निकंदिया कौन हलाहल खाय॥

कबीर बीजक, पृ. 601, 602

क्या वास्तव में तीर्थ जाने से राक्षस होना पड़ता है? क्या वह विषवेलि है? क्या उनका सेवन हलाहल खाना है? क्या कबीरपंथियों की भाँति उसकी जड़ ही काट देनी चाहिए? किन्तु हम देखते हैं कि 'कबीरन' ने भी उसकी जड़ नहीं काटी। काशी का कबीरचौरा और मगहर कभी तीर्थस्थान नहीं थे, किन्तु कबीरपंथियों ने ही आज इन्हें तीर्थस्थान बना दिया। क्यों? इसीलिए कि एक में उनके गुरु का जन्मस्थान है; और दूसरे में उनके तमोमय हृदय को ज्योतिर्मय बनाने वाले किसी महापुरुष का स्मृतिचिह्न है। वहाँ आज भी उनके सम्प्रदाय के विज्ञानी और विचारवान् पुरुष समय-समय पर पधारते रहते हैं, जिनसे उनके पन्थ का जीवन है। वहाँ पहुँचने पर प्रायः उनके सत्संग का सौभाग्य प्राप्त होता है, जिससे हृदय का कितना तम विदूरित होता है पहुँचनेवालों को वे अवसर प्राप्त होते हैं, जो उन्हें घर बैठे किसी प्रकार न प्राप्त होते। वे वर्ष में एक बार उस पन्थ के महात्माओं के मिलने के केन्द्र हैं, जो एकत्र होकर न केवल विचार परिवर्तन करते हैं वरन् अपने पन्थ को निर्दोष बनाने के विषय में परामर्श करते हैं, यह सोचते हैं कि किस प्रकार उसको सुमन्नत और सुश्रृंखल बनाया जाय। ऐसे अवसर पर जनसाधारण को और पन्थ के लोगों को उनके द्वारा जो लाभ पहुँचता है, वर्ष में फिर कभी वैसा अवसर हाथ नहीं आता। इनमें कौन सी बात बुरी है कि जिसके लिए इन स्थानों के उत्पन्न करने की आवश्यकता समझी जाय, या इनको विष हलाहल कहा जाय? सम्पूर्ण तीर्थों का उद्देश्य

यही तो है? किसी महान् उद्योग या धर्मसंघट्ट का कार्य उस समय तक कदापि उत्तमता से नहीं हो सकता, जब तक कि उसके लिए कुछ स्थान केन्द्र की भाँति न नियत किये जायँ। तीर्थ ऐसे ही स्थान तो हैं! संसार में कौन जीवित जाति और सप्राण धर्म है, अपने उन्नायकों और पथप्रदर्शकों को जन्मभूमि अथवा लीलाक्षेत्र या तपस्थान को आदर सम्मान की दृष्टि से नहीं देखता? उनकी सजीवता और सप्राणता की जड़ उसी वसुन्धरा की रज तो है, फिर उनमें उनकी प्रतिष्ठाबुद्धि क्यों न होगी? जिस दिन यह प्रतिष्ठाबुद्धि उनके हृदय से लुप्त होगी, उसी दिन उनकी सजीवता और सप्राणता लोकान्तरित होगी; क्योंकि उनमें परस्पर ऐसा ही घना सम्बन्ध है। यदि इसमें देशाटन की उपकारिता मिला दी जाय, तो उसका महत्त्व और भी अधिक हो जाता है। फिर तीर्थों के रसातल पहुँचाने का क्या अर्थ, तीर्थ के उद्देश्यों के समझने में जनसमुदाय का भ्रान्त हो जाना सम्भव है; तीर्थों का कतिपय अविवेकियों के अकाण्ड ताण्डव से कलुषित और कलंकित हो जाना भी असम्भव नहीं; परन्तु इन कारणों से तीर्थों को ही नष्ट कर देना समुचित नहीं; अन्यथा संस्कारों की समाज को आवश्यकता ही क्या? शास्त्र यह समझते हैं कि–

तपस्तीर्थं क्षमातीर्थं तीर्थमिंद्रियानिग्रहः।
सर्वभूतदयातीर्थं ध्यानतीर्थमनुत्तम्॥
एतानि पंचतीर्थानि सत्यं षष्ठं प्रकीर्तितम्।
देहे तिष्ठन्ति सर्वस्य तेषु स्नानं समाचरेत्॥
दानंतीर्थं दमस्तीर्थं सन्तोषस्तीर्थमुच्यते।
ब्रह्मचर्य परं तीर्थं तीर्थश्च प्रियवादिता॥
ज्ञानं तीर्थं धृतीस्तीर्थं तपस्तीर्थमुदाहृतम्।
तीर्थानामपि तत्तीर्थं विशुद्धिर्मनसः परः॥

महाभारत।

स स्नातः सर्वतीर्थेषु स सर्वमलवर्जितः।
तेन क्रतुशतैरिष्टं चेतो मस्य हि निर्मलम्॥

काशीखंड।

वे यह भी जानते हैं–

भ्रमन सर्वेषु तीर्थेषु स्नात्वा पुनः पुनः।
निर्मलो न मनो यावत् तावत् सर्वं निरर्थकम्॥
यथेन्द्रवारुणं पक्वं मिष्टं नैवोपजायते।
भावदुष्टस्तथा तीर्थे कोटिस्नातो न शुद्धयति॥

देवीभागवत।

तथापि व्यासस्मृति का यह वचन है—

नृणां पापकृतां तीर्थे पापस्य शमनं भवेत्।
यथोक्तफलदं तीर्थं भवेच्छुद्धात्मना तृणाम्॥

यह है भी यथार्थ बात। जो शुद्धात्मा है, तीर्थ का यथोक्त फल उन्हीं को मिलता है। पापियों को वहाँ सत्संग का, ज्ञानार्जन का विचार-परिवर्तन का अवसर मिलता है; इसीलिए उनके पाप की निवृत्ति क्यों न होगी? किन्तु भाव दुष्ट न होना चाहिए। तीर्थ तीर्थ करने के उद्देश्य से जाना चाहिए, फिर फल की प्रप्ति क्यों न होगी? हाँ, जिसकी चित्तवृत्ति ही पाप की ओर हो, उसको लाभ कैसे होगा? ऐसे पुरुष के लिए कोई भी सद्वस्तु उपकारक नहीं हो सकती। जल संसार का जीवन है। उसे यदि कोई अनुचित रीति से पीकर अथवा व्यवहार करके प्राण दे दे, तो इसमें जल का क्या दोष! उसके ऐसा करने से जल निन्दनीय नहीं ठहराया जा सकता। प्रत्येक पदार्थ का उचित व्यवहार ही श्रेयस्कर होता है। तीर्थ के विषय में भी यही बात कही जा सकती है और यही तत्त्वज्ञता है।

अब मूर्तिपूजा को लीजिए।

पाहन पूजे हरि मिलैं तो मैं पूजूँ पहार।
ताते यह चाकी भली पीस खाय संसार॥
पाहन केरी पूतरी करि पूजा करतार।
वाहि भरोसे मत रहो बूड़ो कालीधार॥

साखीसंग्रह, पृष्ठ 183

अब मैं यह देखूँगा कि क्या वास्तव में मूर्तिपूजा में कुछ तत्त्व नहीं है? मुसलमान धर्म का अनुसरण ही कबीर साहब ने इस विषय में किया है। इसीलिए पहले मैं इस विषय में कुछ प्रतिष्ठित और मान्य मुसलमानों की सम्मति यहाँ लिखूँगा। हजरत मिर्जा मजहर जानेजानाँ दिल्लीनिवासी कथन करते हैं—

“दरहकीकत बुतपरस्ती ईहा मुनासिबते व अकीदा कुफ्फर अरब नदारद कि इँहा बुताँरामुत्तसर्रिफ ओ मुअस्सिर बिल्जात भीगुफतन्द न आलये तसर्रुफ इलाही। ईहां रा खुदाए जमीन मीदानन्द ओखुदाय ताला रा खुदाय अस्मान ओई शिर्क अस्त॥”

—अलबशीर, जिल्द 6, नम्बर 39, सफहा 7, मतबूआ 27 सितम्बर सन् 1904 ई.

“वास्तव में इनकी मूर्तिपूजा अरब के काफिरों के विश्वास से कोई सम्बन्ध नहीं रखती। वे मूर्तियों को स्वयं व्यापक और शक्तिमान कहते हैं, न कि ईश्वरोपासन का साधन (जैसा कि हिन्दुओं का विचार है) वे इनको पृथ्वी का ईश्वर मानते हैं, और परमेश्वर को आकाश का यही द्वैत है।

मसनवी गुलशनेजार में महमूद शविस्तार ने कहा है—"अगर मुसलमान दरअस्ल बुत की माहियत समझ सकता, तो उसके लिये इस बात का जानना मुश्किल नहीं था कि बुतपरस्ती भी सच्चा मजहब है।"

—आर्यगजट जिल्द 10, नं. 19, सफहा 6, मतबूअ 10 मई सन् 1906।

एक पत्थर चूमने को शेख जी काबा गये।
जौक हर बुत काबिले बोसा है इस बुतखाने में॥ **जौक**

न देखा दैर में तो क्या हरम में देखेगा।
वह तेरे पेश नजर याँ नहीं तो वाँ भी नहीं॥
दुई का पर्दा उठा दिल से और आँख से देख।
खुदा के नूर को हुस्ने बुताँ के परदे में॥ **जफर**

अब कुछ अन्य अनुमतियों को भी देखिए। श्रीमान् ग्रियर्सन साहब अपने धर्मेतिहास में लिखते हैं—

"हिन्दुओं में बहुदेववाद और मूर्तिपूजा है; किन्तु वह उनके गम्भीरतर धर्म मत का आवरण मात्र है।" **प्रवासी, दशम भाग, पृष्ठ 538**

बाबू मन्मथनाथ दत्त एम. ए., एम. आर. ए. एस. लिखते हैं—

"दरख्त को उसके फलों से पहचानते हैं। हमने जब उन आदमियों में 'जिन्हें बुतपरस्त कहा जाता है' वह शराफत, वह खूलूस इरादत और रूहानीं इश्क देखा, जो और कहीं नहीं पाया जाता, तो खुद अपने दिल में सवाल किया—क्या गुनाह से नेकी पैदा हो सकती है?"

"हिन्दुओं के मजहब का अस्ल उसूल हकशिनासी है। खुदाशिनासी से इन्सान खुदा हो जाता है। लिहाजाबुत, सनमखाना, कलीसा, किताबें इन्सान की मुईं और उसके रूहादी लड़कपन की मददगार हैं। इन्हीं के जरिए से वह आगे तरक्की करता जावेगा।"

रहनुमायाने हिन्द, पृ. 18, 19

हमको यहाँ मूर्तिपूजा का प्रतिपादन नहीं करना है। हमने इन वाक्यों को यहाँ इसीलिए उठाया है कि देखें, हिन्दुओं की मूर्तिपूजा में औरों को कुछ तत्त्व दृष्टिगत होता है या नहीं। मूर्तिपूजा हिन्दुओं का प्रधान धर्म नहीं है—

उत्तमं ब्रह्मसद्भावो मध्यं ध्यानधारणा।
स्तुतिप्रार्थनाधमाज्ञेया बाह्यपूजाधमाधमा॥

ब्रह्म सद्भाव उत्तम, ध्यानधारण मध्यम, स्तुति प्रार्थना अधम, और बाह्यपूजा अर्थात् किसी मूर्ति इत्यादि को सामने रखकर उपासना करना अधमाधम है। भागवत ऐसा परम

वैष्णव ग्रन्थ कहता है—"प्रतिमा अल्पबुद्धिनाम्" "सर्वत्रविजितात्मनाम्"। प्रतिमा अल्पबुद्धियों के लिए है, क्योंकि विजितात्माओं के लिए परमात्मा सर्वत्र है। प्रतीक उपासना का आभास वैदिक और दार्शनिक काल में मिलता है; किन्तु प्रतिमा पूजा बौद्धकाल और उसके परवर्ती काल से हिन्दुओं में केवल समाज की मंगलकामना से गृहीत हुई है। जो और साधनाओं द्वारा परमात्मा की उपासना नहीं कर सकता, उसके लिए ही प्रतिमा पूजा की व्यवस्था है। यदि विद्वानों और ज्ञानियों को प्रतिमा पूजन करते देखा जाता है, तो उसका उद्देश्य लोकसंरक्षण मात्र है; क्योंकि बुद्धिभेद, सर्वसाधारण को भ्रान्त कर सकता है। भारतवर्ष के धर्मनेताओं ने हिन्दू धर्म के प्रधान और व्यापक सिद्धान्तों पर आरूढ़ होकर इस बात की चेष्टा की है कि धर्मान्धता से किसी तत्त्व का तिरस्कार न हो। यदि कोई कार्य सद्बुद्धि और सदुद्देश्य से किया जाता है, तो उसपर उन्होंने बलात् दोषारोपण करना उचित नहीं समझा। वे समझते थे कि संसार में समस्त मानव ही समान विचार के नहीं हैं। वे देखते ही थे कि बुद्धि का तारतम्य स्वाभाविक है, इसीलिए उन्होंने अधिकारी भेद स्वीकार किया। उन्होंने उन सोपानों को नहीं तोड़ा जो ऊँचे चढ़ने के साधन हैं, किन्तु यह अवश्य देखा कि किस सोपान पर चढ़ने का अधिकारी कौन है। उन्होंने विभिन्न विचारों, नाना आचार व्यवहारों और अनेक उपासना पद्धतियों का सामंजस्य स्थापित किया, अनेक में एक को देखा, विरोध में अविरोध की महिमा दिखलायी, और दूसरों की अभावमयी वृत्ति को भावमयी बना दिया। उनको अनेक कंटकाकीर्ण पथों में चलना पड़ा, उनके सामने अनेक भयंकर प्रवाह आये, उन्होंने सामयिक परिवर्तनों की रोमांचकारी मूर्तियाँ देखीं, उन्होंने अनार्यों की अभद्र कल्पनाएँ अवलोकन कीं, किन्तु सबका सहानुभूति के साथ आलिंगन किया, और सबमें उसी सर्वव्यापक की सत्ता स्थापित की। असाधारण प्रतिभावान् विद्वान श्रीयुत बाबू रवीन्द्रनाथ ठाकुर ब्रह्मसमाजी हैं, प्रतिमापूजक नहीं, किन्तु वे क्या कहते हैं, सुनिए—

"विदेशी लोग जिसे मूर्तिपूजा या बुतपरस्ता कहते हैं, उसे देखकर भारतवर्ष डरा नहीं। उसने उसे देखकर नाक-भौं नहीं सिकोड़ी। भारतवर्ष ने पुलिंदशवर व्याध आदि से भी बीभत्स सामग्री ग्रहण करके उसे शिव (कल्याण) बना लिया है—उसमें अपना भाव स्थापित कर दिया है—उसके अन्दर भी अपनी आध्यात्मिकता को अभिव्यक्त कर दिखाया है। भारत ने कुछ भी नहीं छोड़ा; सबको ग्रहण करके अपना बना लिया।"

—सरस्वती भाग 15, खंड 1, सं. 6, पृ. 309

यही तो तत्त्वज्ञता है, यही तो धार्मिकता है। कबीर साहब किसी मुल्ला को मसजिद में बाँग देते देखते हैं, तो कहते हैं—

काकर पाथर जोरि के मसजिद लई चुनाय।
ता चढ़ि मुल्ला बाँग दे क्या बहिरा हुआ खोदाय॥

परन्तु क्या मुल्ला के बाँग देने का यही अभिप्राय है कि वह समझता है कि खुदा बिना गला फाड़कर चिल्लाये उसकी प्रार्थनाओं को न सुनेगा? यह तो उसका अभिप्राय नहीं है। उसकी बाँग का तो केवल इतना ही अर्थ है कि वह बाँग द्वारा अपने सहधर्मियों को ईश्वरोपासना का समय हो जाने की सूचना देता है, और उनको ईश्वर की आराधना के लिए सावधान करता है। फिर उस पर यह व्यंग करना कि क्या खुदा बहरा है जो वह यों चिल्लाता है, कितना असंगत है।

परमहंस रामकृष्ण का पवित्र नाम भारत में प्रसिद्ध है। आप उन्नीसवीं शताब्दी के भारतभूमि के आदर्श महात्मा थे। सुविख्यात विद्वान और दार्शनिक श्रीयुत मैक्समूलर ने एक स्थान पर कहा है—"यदि कहीं एक धारा में ज्ञान और भक्ति का समान रूप से विकास दृष्टिगत हुआ, तो परमहंस रामकृष्ण में"। ऐसे महापुरुष पर बाँग का अद्भुत प्रभाव होता था। जब कभी इस महात्मा के कानों में, पवित्र गिरजाघरों के उपासनाकालिक घटों की लहर, या पुनीत मन्दिरों में ध्वनित शंखों का निनाद, या पाक मसजिद से उठी मुल्ला की बाँग पड़ती, तो इस प्रबलता से उनके हृदय में भक्ति का उद्रेक होता कि राह चलते समाधि लग जाती। क्यों ऐसा होता? इसीलिए कि उनको उस ध्वनि, निनाद और बाँग में ईश्वरप्रेम की एक अपूर्वधारा मिलती।

कबीर साहब कहते हैं—

हिन्दू एकादसि चौबिस रोजा मुसलिम तीस बनाए।
ग्यारह मास कहो किन टारौ ये केहि माँहि समाए॥
पूरब दिशि में हरि को बासा पश्चिम अलह मुकामा।
दिल में खोज दिलै में देखो यहै करीमा रामा॥
जो खोदाय मसजिद में बसत है और मुलुक केहि केरा।

—क. बी., पृ. 388

हिन्दुओं की चौबीस एकादशी और मुसलमानों के तीस रोजा का यह अर्थ नहीं है कि ऐसा करके वे शेष ग्यारह महीनों को व्यर्थ सिद्ध करते हैं। यदि कोई बराबर तीन सौ साठ दिन अपना धर्म कृत्य नहीं कर सकता, या यदि कुछ ऐसे धर्म कृत्य हैं जो लगातार तीन सौ साठ दिन नहीं हो सकते, अतएव उनके लिए यदि कुछ विशेष दिन नियत किए जायँ, तो क्या यह युक्तिसंगत नहीं? यदि हिन्दू पूर्व मुख और मुसलमान पश्चिम मुख बैठकर उपासना करता है, तो इसका यह अभिप्राय नहीं है कि वह परमात्मा का ध्यान हृदय में नहीं करना चाहता वह पूर्व या पश्चिम मुख बैठकर यही तो करता है? उपासना काल में उसे किसी मुख बैठना ही पड़ेगा। फिर यदि उसने कोई मुख्य दिशा उपासना को सुलभ करने के लिए नियत कर ली, तो इसमें क्षति क्या? मसजिद, मन्दिर या गिरजा

बनाने का यह अर्थ नहीं है कि ऐसा करके सर्वस्वहृदनिवासी परमात्मा की व्यापकता अस्वीकार की जाती है, उपासना की सुकरता ही उनके निर्माण का हेतु है। जो सर्वव्यापक भाव से उपासना नहीं कर सकता, उसके लिए स्थान विशेष नियत कर देना क्या अल्पज्ञान है? धर्म कृत्यों के पुनीत दिनों को छोड़ दीजिए, उपासना के लिए कोई समय या पद्धति न नियत कीजिए, मसजिद, मन्दिर, गिरजाघरों को तुड़वा डालिये, देखिए देश और समाज का कितना उपकार होता है? वास्तव में इन बातों में कुछ तत्त्व है, तभी यह प्रणाली सर्वसम्मत है। व्यासदेव कहते हैं—

रूपं रूपविवर्जितस्य भवतो ध्यानेन यदुकल्पितम्।
स्तुत्या निर्वचनीयताखिलगुरो दूरीकृता यन्मया॥
व्यापित्वञ्च निराकृतं भगवतो यत्तीर्थयात्रादिना।
क्षंतव्यं जगदीश तद्विकलमा दोषत्रयं मत्कृतम्॥

हे परमात्मन्! तुम अरूप हो, परन्तु ध्यान द्वारा मैंने तुम्हारे रूप की कल्पना की, स्तुति द्वारा तुम्हारी अनिर्वचनीयता दूर की, तीर्थयात्रा करके तुम्हारी व्यापकता निराकृता की, अतएव तुम इन तीनों विकलता (अस्वाभाविकता या असम्पूर्णता) दोषों को क्षमा करो। किन्तु इतना ज्ञान होने पर भी उन्होंने ध्यान किया, स्तुति और तीर्थयात्रा की, तब तो क्षमा माँगने की आवश्यकता हुई। क्यों? इसीलिए कि उपासना का मार्ग यही है। ध्यान धारण भी सदोष, स्तुति प्रार्थना भी सदोष, मूर्तिपूजा भी सदोष, फिर परमात्मा की उपासना कैसे हो? आप कहेंगे कि उपासना की आवश्यकता ही क्या? ब्रह्म सद्भाव ही ठीक है, जो कि उत्तम और निर्दोष है। परन्तु ब्रह्म सद्भाव दस पाँच करोड़ मनुष्यों में भी किसी एक को होता है; फिर शेष लोग क्या करें? वही ध्यान धारणा, स्तुति प्रार्थना आदि उनको करनी ही पड़ेगी, चाहे वह सदोष हो परन्तु इसी क्रिया द्वारा उनको परमपुरुष की प्राप्ति होगी। अध्यापक रेखागणित की शिक्षा के लिए खड़ा होकर एक रेखा खींचता है और एक बिन्दु बनाता है, और कहता है—देखो यह एक बड़ी रेखा है, और यह एक बिन्दु है परन्तु वास्तव में रेखा और बिन्दु की परिभाषा के अनुसार न तो वह रेखा है और न वह बिन्दु। किन्तु उसी कल्पित रेखा और बिन्दु के आधार से शिष्य अन्त में रेखागणित शास्त्र में पारंगत होता है। इसी प्रकार कल्पित धर्मसाधनों से परमात्मा की प्राप्ति होती है। जैसे उस सदोष रेखा और बिन्दु का त्याग करने से कोई रेखागणित नहीं सीख सकता, उसी प्रकार धर्म के कल्पित साधनों का त्याग करने से, चाहे वह किसी अंश में सदोष ही क्यों न हो, कोई परमात्मा को प्राप्त नहीं कर सकता और यही तत्त्वज्ञता है।

धर्मग्रन्थों और धर्मसाधनों के बन्धन से स्वतन्त्रता-प्रदान-मूलक विचार प्यारा लगता है, क्योंकि मनुष्य स्वभाव से स्वतन्त्रताप्रिय है। वह बंधन को अच्छी तरह आँख से नहीं देखता। जहाँ तक उसको बन्धन छिन्न करने का अवसर हाथ आवे, उतना ही वह

आनन्दित होता है। किन्तु बन्धन ही समाज औ स्वयं उसकी आत्मा और शरीर के लिए हितकर है। वह आहार विहार में ही उच्छृङ्खलता ग्रहण करके देखे; क्या परिणाम होता है। जैसे राजनियमों का बन्धन छिन्न होने पर देश में विप्लव हो जाता है, उसी प्रकार धर्मनियमों का बन्धन टूटने पर आध्यात्मिक जगत् में विप्लव उपस्थित होता है। अतएव धर्मग्रन्थों और धर्मसाधनों को बन्धन कहकर उनसे सर्वसाधारण को मुक्त करने की उत्कण्ठा से उसके तत्त्वों की ओर उनका दृष्टि आकर्षण विशेष उपकारी है।

मेरा विचार है कि कबीर साहब अन्त में वेदान्त धर्मावलम्बी हो गये थे। इस ग्रन्थ के वेदान्तवाद शीर्षक शब्दों को पढ़िए। देखिए, उनमें विचार की कितनी प्रौढ़ता है। बिना पूर्णतया उस सिद्धान्त पर आरूढ़ हुए विचार में कितनी प्रौढ़ता आ नहीं सकती। प्रोफेसर बी. बी. राय लिखते हैं—

"कबीरपंथियों की मुख्तलिफ किताबों से और आदि ग्रन्थ में जो कबीर की बातों का इक्तिबास है, उनसे साफ जाहिर होता है कि कबीरपन्थी तालीम वेदान्ती तालीम की एक दूसरी सूरत है। इस अम्र में सूफियों से भी उनको बड़ी मदद मिली, क्योंकि दोनों तालीम करीब एक सी है।" **सम्प्रदाय, पृ. 69**

वैष्णव और वेदान्तधर्म दोनों प्रकाण्ड वैदिक धर्म अर्थात् हिन्दू धर्म की विशाल शाखाएँ हैं। यह वही उदार और महान् धर्म है जिससे वसुन्धरा के समग्र पुनीत ग्रन्थों ने कतिपय व्यापक सार्वभौम सिद्धान्त का संग्रह करके अपने-अपने कलेवर को समुज्वल किया है। कबीर साहब चाहे वैष्णव हों या वेदान्ती चाहे सन्तमय के हों, चाहे अपने को और कुछ बतलावें, किन्तु वे भी उसी धर्म के ऋणी हैं, और चाहे उसी के आलोक से उन्होंने अपना प्रदीप प्रज्वलित किया।

शेष वक्तव्य

श्रीयुत मैक्समूलर जैसे असाधारण विदेशी विद्वान् और श्रीमती एनीबेसंट जैसी परम विदुषी विजातीय महिला ने भी इस बात को स्वीकार किया है कि हिन्दूधर्म के सिद्धान्त बहुत ही उदार, व्यापक और सर्वदेशदर्शी हैं। वास्तव में जैसे ही हिन्दू धर्म के सिद्धान्त महान् और गम्भीर हैं, वैसे ही पूर्ण सार्वभौम और सार्वजनिक भी हैं। वैशेषिक दर्शन के निम्नलिखित सूत्र जैसी व्यापक और उदात्त परिभाषा धर्म की कहाँ मिलेगी?

यतोभ्युदयनिःश्रेयस् सिद्धि स धर्मः

जिससे अभ्युदय और कल्याण अथवा परमार्थ की सिद्धि हो वही धर्म है।

हिन्दू धर्म को छोड़कर कौन कह सकता है—

अयं निजः परो वेत्ति गणना लघुचेतसाम्।
उदारचरितानां तु वसुधैव कुटुम्बकम्॥

यह अपना और पराया है, यह लघुचेतसों का विचार है; जो उदार चरित है, वसुधा ही उनका कुटुम्ब है। क्या इससे भी बढ़कर भ्रातृभाव की कोई शिक्षा हो सकती है? हिन्दूधर्म इससे भी ऊँचा उठा, उसने भ्रातृभाव में कुछ विभेद देखा; अतएव मुक्तकण्ठ से कहा—"आत्मवत् सर्वभूतेषु यः पश्यति स पंडितः" मनुष्य मात्र ही की नहीं, सर्वभूत की आत्मा को जो अपनी आत्मा के समान देखता है, वही विज्ञ है। एक धर्मवाला दूसरे धर्म को बाधा पहुँचाकर ही आत्मप्रसाद लाभ करता है, परन्तु हिन्दू धर्म इसको युक्तिसंगत नहीं समझता, वह गम्भीर भाव से कहता है—

धर्मः यो बाधते धर्मं न स धर्मः कुधर्मः तत्।
धर्माविरोधी यो धर्मः स धर्मः सत्यविक्रमः ॥

जो धर्म दूसरे धर्म को बाधा पहुँचाता है, वह धर्म नहीं कुधर्म है। जो धर्म दूसरे धर्म का अविरोधी है, सत्य पराक्रमशील धर्म वही है। इतना ही नहीं, वह अपना हृदय उदार एवं उन्नत बनाकर कहता है—

रुचीनां वैचित्र्यात् कुटिलऋजुनानापथयुषां।
नृणामेको गम्यस्त्वमसि पयसामर्णव इव।

नाना प्रकार की रुचि होने के कारण ऋजु और कुटिल नाना पथ भी हैं; किन्तु हे परमात्मा सबका गम्य तू ही है, जैसे सर्व स्थानों से जल समुद्र में ही पहुँचता है। उसी के शास्त्रसमूह का विश्वप्रेम का आधारस्वरूप यह वाक्य है—

सर्वे भवन्तु सुखिनः सर्वे सन्तु निरामयाः।
सर्वे भद्राणि पश्यन्तु मा कश्चिद् दुःख भाग् भवेत् ॥

सब सुखी हों, सब सकुशल रहें, सबका कल्याण हो, कोई दुःखभागी न हो। वही संसार के सम्मुख खड़े होकर तारस्वर से कहता है—

यद्यदात्मनि चेच्छेत तत्परस्यपि चिंतयेत्।
आत्मनः प्रतिकूलानि परेषां न समाचरेत् ॥

जो जो अपनी आत्मा के लिए चाहते हो, वही दूसरों के लिए भी चाहो, जिसको अपनी आत्मा के प्रतिकूल समझते हो, उसको दूसरों के लिए मत करो। इतना लिखकर मैं आप लोगों का ध्यान कबीर साहब की शिक्षाओं की ओर आकर्षित करता हूँ। हिन्दूधर्म के उक्त विचारों की सार्थकता तभी है, जब हम लोग भी वास्तव में उनके अनुकूल चलने की चेष्टा करें। यदि हम उन विचारों को सामने रखकर केवल गर्व करते हैं और उनके अनुकूल आचरण करना नहीं चाहते, तो न केवल हमलोग अपनी आत्मा को कलुषित करते हैं, वरन् लोगों की दृष्टि में अपने शास्त्रों की भी मर्यादा घटाते हैं। कबीर साहब की शिक्षाओं को

आप पढ़िए, मनन कीजिए, उनके मिथ्याचार खण्डन के अदम्य और निर्भीक भाव को देखिए, उनकी सत्यप्रियता अवलोकन कीजिए, उनमें आपको अधिकांश हिन्दू भावों की ही प्रभा मिलेगी। यदि आपकी रुचि और विचार के प्रतिकूल कुछ बातें उसमें मिलें, तो भी उसे आप देखिए, और उसमें से तत्त्व ग्रहण कीजिए; क्योंकि विवेकशील सज्जनों का मार्ग यही है। नाना विचार देखने से ही मनुष्य को अनुभव होता है। कबीर साहब भी मनुष्य थे; उनके पास भी हृदय था, कुछ संस्कार उनका भी था; अतएव समय प्रवाह में पकड़कर, हृदय पर आघात होने पर संस्कार के प्रबल पड़ जाने पर उनके स्वर का विकृत हो जाना असम्भव नहीं। उनका कटु बातें कहना चकितकर नहीं। किन्तु यदि आप उन्हें नहीं पढ़ेंगे, तो अपने विचारों को मर्यादापूर्ण करना कैसा सीखेंगे। वे प्रतिमापूजन के कट्टर विरोधी हैं, अवतारवाद को नहीं मानते; परन्तु इससे क्या परमात्मा की भक्ति करना तो बतलाते हैं, आपको ईश्वरविमुख तो नहीं करते। हिन्दूधर्म का चरम लक्ष्य यही तो है। आपके कुल साधनों को वे काम में लाना नहीं चाहते, न लावें परन्तु जिन साधनों को वे काम में लाते हैं, वे भी तो आप ही के हैं। वह रुचिवैचित्र्य है। रुचिवैचित्र्य स्वाभाविक है। हिन्दूधर्म उसको ग्रहण करता है, उससे घबराता नहीं। वे वेद शास्त्र की निन्दा करते हैं, हिन्दू महापुरुषों को उन्मार्गगामी बतलाते हैं। हिन्दू धर्मनेताओं की धूल उड़ाते हैं, यह सत्य है। परन्तु उनके पन्थवालों के साथ आप ऐक्य कैसे स्थापन करेंगे, जब तक इन विचारों को न जानेंगे। इसके अतिरिक्त जब वे वेद शास्त्रों के सिद्धान्तों का ही प्रतिपादन करते हैं, हिन्दू महापुरुषों के प्रदर्शित पथ पर ही चलते हैं, हिन्दू धर्मनेताओं की प्रणाली का ही अनुसरण करते हैं, तब उनका उक्त विचार स्वयं एक देशी हो जाता है और रूपान्तर से पाप को ही इष्टप्राप्ति होती है। विवेकी पुरुष काम चाहता है, नाम नहीं। परमार्थ के लिए वह अपमान की परवाह नहीं करता, वे मिथ्याचारों का प्रतिवाद तीव्र और असंयत भाषा में करते हैं; परन्तु उसे हमें सह्य करना चाहिए, दो विचारों से। एक तो यह कि यदि हमने वास्तव में धर्म के साधनों को आडम्बर बना लिया है, तो किसी न किसी के मुख से हमको ऐसी बातें सुननी ही पड़ेंगी, दूसरे यह कि यदि ये अधिकांश अमूलक हैं, तो भी कोई क्षति नहीं, क्योंकि देखिए, भगवान मनु क्या कहते हैं।

सम्मानाद् ब्राह्मणो नित्यमुद्विजेत विषादिव।
अमृतस्येव चाकांक्षेदवमानस्य सर्वदा॥

ब्राह्मण को चाहिए कि सम्मान से विष के समान बचे, और अपमान की अमृत के तुल्य इच्छा करे।

इससे अधिक मुझे और नहीं कहना है। आशा है, आप लोग 'कबीर वचनावली' का उचित समादर करेंगे और प्रसिद्ध मासिक पत्रिका सरस्वती भाग 15 खंड 1 संख्या 6 पृष्ठ

307 में प्रकाशित विद्वद्वर श्रीयुत रवीन्द्रनाथ ठाकुर के निम्नलिखित वाक्य को सदा स्मरण रखेंगे।

"भारत की चिरकाल से यही चेष्टा देखी जाती है कि वह अनेकता में एकता स्थापित करना चाहता है, वह अनेक मार्गों को एक लक्ष्य की तरह अभिमुख करना चाहता है। वह बहुत के बीच किसी एक को निःसंशय रूप से, अन्तरतर रूप से, उपलब्ध करना चाहता है उसका सिद्धान्त या उद्देश्य यह है कि बाहर जो विभिन्नता देख पड़ती है, उसे नष्ट करके उसके अन्दर जो निगूढ़ संयोग देख पड़ता है, वह उसे प्राप्त करे।"

–हरिऔध

कबीर वचनावली की आधारभूत पुस्तकों का विवरण

सं॰	नाम पुस्तक	विवरण
1.	आदि ग्रन्थ	उपनाम ग्रन्थसाहब, गुरुमुखी पुस्तक, गुरु अर्जुनदेव संगृहीत, सन् 1903 में नवलकिशोर प्रेस में नागरी अक्षरों में मुद्रित।
2.	कबीर बीजक	हिन्दी पुस्तक—महाराज विश्वनाथ सिंह कृत टीका सहित, सन् 1907 में नवलकिशोर प्रेस लखनऊ में मुद्रित।
3.	कबीर शब्दावली प्रथम भाग	हिन्दी पुस्तक—स्वामी वेलवेडियर प्रेस इलाहाबाद संगृहीत सन् 1913 में उक्त प्रेस में मुद्रित।
4.	कबीर शब्दावली (द्वितीय भाग)	" " सन् 1908 में मुद्रित।
5.	कबीर शब्दावली (तृतीय भाग)	" " सन् 1913 में मुद्रित।
6.	कबीर शब्दावली (चतुर्थ भाग)	" " सन् 1914 में मुद्रित।
7.	कबीर कसौटी	हिन्दी पुस्तक—बाबू लहनसिंह कबीर पन्थी डिप्टी कंसरवेटर जंगलात कृत, सन् 1906 में श्री वेंकटेश्वर प्रेस बम्बई में मुद्रित।
8.	कबीर ऐण्ड दी कबीर पन्थ	अँग्रेजी पुस्तक—रेवरेंड जी॰ एच॰ वेस्कट एम॰ ए॰ विरचित, सन् 1907 में क्राइस्ट चर्च मिशन प्रेस कानपुर में मुद्रित।
9.	चौरासी अंग की साखी	प्राचीन हस्तलिखित हिन्दी पुस्तक कबीरपंथी साधु, बिहारीदास आजमगढ़ निवासी से प्राप्त।
10.	भारतवर्षीय उपासक सम्प्रदाय	बंगला पुस्तक—श्रीयुत अक्षय कुमार दत्त प्रणीत, सन् 1888 में नूतन यंत्रालय कलकत्ता में मुद्रित।
11.	भक्ति सुधाबिन्दु स्वाद	हिन्दी पुस्तक—महात्मा सीताराम शरण भगवान प्रसाद विरचित, संवत् 1965-66 में हितचिंतक प्रेस बनारस में मुद्रित।
12.	मिश्रबन्धु विनोद प्रथम खंड	हिन्दी पुस्तक—मिश्रबन्धु विरचित, इंडियन प्रेस इलाहाबाद में संवत् 1970 में मुद्रित।

सं.	नाम पुस्तक	विवरण
13.	रहनुमायाने हिन्दी	उर्दू पुस्तक—श्रीयुत मन्मथनाथ दत्त एम. ए. की अंग्रेजी पुस्तक प्राफेट्स आफ इण्डिया का अनुवाद, बाबू नारायण प्रसाद वर्मा अनुवादित अहमदी प्रेस अलीगढ़ में सन् 1904 में मुद्रित।
14.	सटीक कबीर बीजक	हिन्दी पुस्तक—कबीर पन्थी साधु पूरनदास विरचित, संवत् 1967 में श्रीवेंकटेश्वर प्रेस बंबई में मुद्रित।
15.	संप्रदाय	उर्दू पुस्तक—क्रिश्चियन विद्वान् प्रोफेसर बी. बी. राय रचित, मिशन प्रेस लुधियाना में सन् 1916 में मुद्रित।
16.	साखी संग्रह	हिन्दी पुस्तक—स्वामी वेलवेडियर प्रेस इलाहाबाद संगृहीत उक्त प्रेस में सन् 1912 में मुद्रित।
17.	ज्ञानगुदड़ी वो रेखते	” ” सन् 1919

कबीर वचनावली

प्रथम खण्ड

कर्त्ता-निर्णय

दोहा

अछै पुरुष इक पेड़ है निरंजन वाकी डार।
तिरदेवा साखा भये पात भया संसार ॥ 1 ॥
साहेब मेरा एक है दूजा कहा न जाय।
दूजा साहेब जो कहूँ साहेब खरा रिसाय ॥ 2 ॥
जाके मुँह माथा नहीं नाहीं रूप कुरूप।
पुहुप बास तें पातरा ऐसा तत्व अनूप ॥ 3 ॥
देहीं माहिं विदेह है साहेब सुरति सरूप।
अनँत लोक में रमि रहा जाके रंग न रूप ॥ 4 ॥
चार भुजा के भजन में भूलि परे सब सन्त।
कबिरा सुमिरै तासु को जाके भुजा अनन्त ॥ 5 ॥
जनम मरन से रहित है मेरा साहेब सोय।
बलिहारी वहि पीव की जिन सिरजा सब कोय ॥ 6 ॥
एक कहौं तो है नहीं दोय कहौं तौ गारि।
है जैसा तैसा रहै कहै कबीर विचारि ॥ 7 ॥
रेख रूप जेहि है नहीं अधर धरो नहीं देह।
गगन मँडल के मध्य में रहता पुरुष बिदेह ॥ 8 ॥
सोई मेरा एक तू और न दूजा कोय।
जो साहब दूजा कहै दूजा कुल को होय ॥ 9 ॥

सर्गुण की सेवा करौ निर्गुण का करु त्रान।
निर्गुण सर्गुण के परे तहैं हमारा ध्यान ॥ 10 ॥

शक्तिमत्ता

साहेब सों सब होत हैं बन्दे ते कछु नाहिं।
राई ते पर्वत करे पर्वत राई माहिं ॥ 11 ॥
पहन बहंता थल करै थल कर बहन बहोय।
साहेब हाथ बड़ाइया जस भावै तस होय ॥ 12 ॥
साहेब सा समरथ नहीं गरुआ गहिर गँभीर।
औगुन छोड़े गुन गहे छिनक उतारै तीर ॥ 13 ॥
जो कछु किया सो तुम किया मैं कछु कीया नाहिं।
कहो कही जो मैं किया तुम ही थे मुझ माहिं ॥ 14 ॥
जाको राखै साँइयाँ मारि न सक्कै कोय।
बाल न बाँका करि सकै जो जग बैरी होय ॥ 15 ॥
साँईं से मेरा बानिया सहज करै-ब्योपार।
बिन डाँड़ो बिन पालरे तौले सब संसार ॥ 16 ॥
साँईं तुझसे बाहिरा कौड़ी नाहिं बिकाय।
जाके सिर पर धनी तू लाखों मोल कराय ॥ 17 ॥

सर्वघट व्यापकता

तेरा साँईं तुज्झ में ज्यों पुहुपन में बास।
कस्तूरी का मिरग ज्यों फिर फिर ढूँढ़े घास ॥ 18 ॥
जा कारन जग ढूँढिया सो तो घट ही माहिं।
परदा दिया भरम का तातें सूझै नाहिं ॥ 19 ॥
समझै तो घर में रहे हरसा पलक लगाय।
तेरा साहेब तुज्झ में अनत कहूँ मत जाय ॥ 20 ॥
जेटा घट तेता मता बहु बानी बहु भेख।
सब घट व्यापक ह्वै रहा सोई आप अलेख ॥ 21 ॥
झूला झूला क्या फिरै सिर पर बँधि गई वेल।
तेरा साँई तुज्झ में ज्यो तिल माहीं तेल ॥ 22 ॥
ज्यों तिल माहीं तेल है ज्यों चकमक में आगि।
तेरा साँई तुज्झ में जागि सकै तो जागि ॥ 23 ॥

ज्यों नैनन में पूतरी यों खालिक घट माहिं।
मूरख लोग न जानहीं बाहर ढूँढन जाहिं ॥ 24 ॥
पावक रूपी साँइयाँ सब घट रहा समाय।
चित चकमक लागै नहीं तातै बुझि बुझि जाय ॥ 25 ॥

शब्द

कबिरा शब्द शरीर में बिन गुन बाजै ताँत।
बाहर भीतर रमि रहा तातें छूटी भ्राँत ॥ 26 ॥
सब्द सब्द बहु अंतरा सार सब्द चित देय।
जा शब्दै साहेब मिले सोइ सब्द गहि लेय ॥ 27 ॥
एक सब्द सुखरास है एक सब्द दुखरास।
एक सब्द बन्धन कटै एक सब्द गल फाँस ॥ 28 ॥
सब्द सब्द सब कोइ कहै सब्द के हाथ न पाँव।
एक सब्द औषधि करै एक सब्द कर घाव ॥ 29 ॥
सब्द बराबर धन नहीं जो कोइ जानै बोल।
हीरा तो दामों मिलै सब्दहिं मोल न तोल ॥ 30 ॥
मता हमारा मन्त्र है हम सा होय सो लेय।
सब्द हमारा कल्प-तरु जो चाहै सो देय ॥ 31 ॥
सीतल सब्द उचारिये अहम् आनिए नाहिं।
तेरा प्रीतम तुज्झ में सत्रू भी तुझ माहिं ॥ 32 ॥
वह मोती मत जानियो पुहै पोत के साथ।
यह तौ मोती सब्द का वेधि रहा सब गात ॥ 33 ॥
जंत्र मंत्र सब झूठ है मत भरमो जग कोय।
सार सब्द जाने बिना कागा हंस न होय ॥ 34 ॥

नाम

आदि नाम पारस अहै मन है मैला लोह।
परसत ही कंचन भया छूटा बन्धन मोह ॥ 35 ॥
आदि नाम निज सार है बूझि लेहु सो हंस।
जिन जान्यो जिन नाम को अमर भयो सो हंस ॥ 36 ॥
आदि नाम जिन मूल है और मंत्र सब डार।
कह कबीर निज नाम बिनु बूड़ि मुआ संसार ॥ 37 ॥

नाम रतन धन पाइकै गाँधी बाँज न खोल।
नाहीं पन नहि पारखू, नहिं गाहक नहिं मोल ॥ 38 ॥
सभी रसायन हम करी नहीं नाम सम कोय।
रंचक घट में संचरै सब तन कंचन होय ॥ 39 ॥
जबहि नाम हिरदे धरा भया पाप का नास।
मानौ चिनगी आग की परी पुरानी घास ॥ 40 ॥
ज्ञान-दीप परकास करि भीतर भवन जराय।
तहाँ सुमिर सतनाम को सहज समाधि लगाय ॥ 41 ॥
सुपनेहुँ में बर्राइके धोखे हुँ निकरे नाम।
वाके पग की पैतरी मेरे तन को चाम ॥ 42 ॥
जैसा माया मन रम्यो तैसो नाम रमाय।
तारा मंडल बेधिकै तब अमरापुर जाय ॥ 43 ॥
पावक रूपी नाम है सब घट रहा समाय।
चित चकमक लागै नहीं धूआँ ह्वै ह्वै जाय ॥ 44 ॥
नाम बिना बेकाम है छप्पन कोटि बिवास।
का इन्द्रासन बैठिबो का बैकुण्ठ निवास ॥ 45 ॥
लूटि सकै तो लूटि ले सन्त नाम की लूटि।
पाछे फिरि पछताहुगे प्रान जाहिं जब छूटि ॥ 46 ॥
शून्य मरै अजपा मरै अनदाह हू मरि जाय।
राम सनेही ना मरै कह कबीर समुझाय ॥ 47 ॥

परिचय

लाली मेरे लाल की जित देखों तित लाल।
लाली देखन मैं गयी मैं भी हो गयी लाल ॥ 48 ॥
जिन पावन भुइँ बहु फिरे घूमे देश विदेश।
पिया मिलन जब होइया आँगन भया विदेस ॥ 49 ॥
उलटि समाना आपमें प्रगटी जोति अनन्त।
साहेब सेवक एक सँग खेलै सदा बसन्त ॥ 50 ॥
जोगी हुआ झलक लगी मिटि गया ऐंचा तान।
उलटि समाना आप मैं हुआ व्रह्म समान ॥ 51 ॥
नोन गला पानी मिला बहुरि न भरिहै गौन।
सुरत सब्द मेला भया काल रहा गहि मौन ॥ 52 ॥

कहना था सो कह दिया अबकछु कहा न जाय।
एक गया जा रहा दरिया लहर समाय ॥ 53 ॥
उनमुनि सों मन लागिया गगनहिं पहुँचा जाय।
चाँद बिहूना चाँदनी अलख निरंजन राय ॥ 54 ॥
मेरी मिटी मुक्ता भया पाया अगन निवास।
अब मेरे दूजा नहीं एक तुम्हारी आस ॥ 55 ॥
सुरति समानी निरति में आपा माहीं आप।
लेख समाना अलख में अजपा माहीं जाप ॥ 56 ॥
पारब्रह्म के तेज का कैसा है उनमान।
कहिबे की शोथा नहीं देखे ही परमान ॥ 57 ॥
पिंजर प्रेम प्रकासिया अंतर भया उजास।
सुख करि सूती महल में बानी फूटी बास ॥ 58 ॥
आया था संसार में देखन को बहु रूप।
कहै कबीरा सन्त हो परि गया नजर अनूप ॥ 59 ॥
पाया था सो गहि रहा रसना लागी स्वाद।
रतन निराला पाइया जगत टटोला बाद ॥ 60 ॥
कबिरा देखा अँग महिमा कही न जाय।
तेजपुंज परसा धनी नैनों रहा सहाय ॥ 61 ॥
गगन गरजि बरसै अभी बादल गहिर गँभीर।
चहुँ दिसि दमकै दामिनी भीजै दास कबीर ॥ 62 ॥
दीपक जोया ज्ञान का देखा अपरं देव।
चार वेद की गम नहीं जहाँ कबीरा सेव ॥ 63 ॥
अब गुरु दिल में देखिया गावन को कछु नाहिं।
कबिरा जब हम गावते तब जाना गुरु नाहिं ॥ 64 ॥
मान सरोवर सुगम जब हंसी केलि कराय।
मुकताहल मोती चुगै अब उड़ि अन्त न जाय ॥ 65 ॥
सुन्न मँडल में घर किया बाजै शब्द रसाल।
रोम रोम दीपक भया प्रगटे दीनदयाल ॥ 66 ॥
सुरत उड़ानी गगन को चरन बिलम्बी जाय।
सुख पाया साहेब मिला आनँद उन न समाय ॥ 67 ॥
पानी ही ते हिम भया हिम ही गया बिलाय।
कबिरा जो था सोइ भया अब कछु कहा न जाय ॥ 68 ॥

सुन्न सरोवर मीन मन नीर तीर सब देव।
सुधा सिन्धु सब बिलस ही बिरला जाने भेव ॥ 69 ॥
मैं लागा उस एक से एक भया सब माहिं।
सब मेरा मैं सबन का तहाँ दूसरा नाहिं ॥ 70 ॥
गुन इन्द्री सहजै गये सतगुरु करी सहाय।
घट में नाम प्रगट भया बकि बकि मरै बलाय ॥ 71 ॥
कविरा भरम न भाजिया बहु विधि धरिया भेख।
साँई के परिचय बिना अँतर रहियो रेख ॥ 72 ॥

अनुभव

आतम अनुभव ज्ञान की जो कोई पूछै बात।
सो गूँगा गुड़ खाइ कै कहै कौन मुख स्वाद ॥ 73 ॥
ज्यों गूँगे के सैन को गूँगा ही पहिचान।
त्यों ज्ञानी के सुक्ख को ज्ञानी होय सो जान ॥ 74 ॥
कागद लिखै सो कागदी की व्योहारी जीव।
आतम दृष्टि कहाँ लिखै जित देखै तित पीव ॥ 75 ॥
लिखा-लिखी की है नहीं देखा-देखी बात।
दुलहा दुलहिन मिल गये फीकी पड़ी बरात ॥ 76 ॥
भरो होय सो रीतई रीतो होय भराय।
रीतो भरो न पाहए अनुभव सोई कहाय ॥ 77 ॥

सारग्राहिता

साधू ऐसा चाहिए जैसा सूप सुभाय।
सार सार को गहि रहै थोथा देइ उड़ाय ॥ 78 ॥
औगुन को तो ना गहै गुनही को लै बीन।
घट घट मँहकै मधुप ज्यों परमारत लैं चीन ॥ 79 ॥
हंसा पय की काढ़ि ले छीर नीर निरवार।
ऐसे गहै जो सार को सो जन उतरैं पार ॥ 80 ॥
छीर रूप सतनाम है नीर रूप व्यवहार।
हंस रूप कोइ साध है तत का छाननहार ॥ 81 ॥

समदर्शिता

समद्रष्टी सतगुरु किया दीया अविचल ज्ञान।
जहँ देखौ तहँ एक ही दूजा नाहीं आन ॥ 82 ॥
समद्रष्टी सतगुरु किया मेरा जगत बिकार।
जह देखौं तहँ एक ही साहेब का दीदार ॥ 83 ॥
समद्रष्टी तब जानिए सीतल समता होय।
सब जीवन की आतमा लखै एक सी होय ॥ 84 ॥

भक्ति

जब लग नाता जगत का तब लग भक्ति न होय।
नाता तोडै हरि भजै भक्त कहावै सोय ॥ 85 ॥
भक्ति भेष बहु अंतरा जैसे धरनि अकास।
भक्त लीन गुरु चरन में भेष जगत की आस ॥ 86 ॥
देखा देखी भक्ति का कबहुँ न चढ़सी रंग।
विपति पड़े यों छाँड़ सी ज्यों केंचुली भुजंग ॥ 87 ॥
ज्ञात सँपूरन ना भिदा हिरदा नाहिं जुड़ाय।
देखा देखी भक्ति का रंग नहीं ठहराय ॥ 88 ॥
खेत बिगाज्यो खरतुआ सभा विगारी कूर।
भक्ति बिगारी लालची ज्यों केसर मैं धूर ॥ 89 ॥
कामी क्रोधी लालची इन तें भक्ति न होय।
भक्ति करै कोइ सूरमा जाति वरन कुल खोय ॥ 90 ॥
जल ज्यों प्यारा माछरी लोभी प्यारा दाम।
माता प्यारा बालका भक्त पियारा नाम ॥ 91 ॥
जब लगि भक्ति सकाम है तब लगि निस्फल सेव।
कह कबीर वह क्यों मिलै निःकामी निज देव ॥ 92 ॥
भक्ति गेंद्र चौगान की भावै कोइ लै जाय।
कह कबीर कछु भेद नहिं कहा रंक कह राय ॥ 93 ॥
लव लागी तब जानिए छूटि कभूँ नहिं जाय।
जीवत लव लागी रहै मूए तहँहि समाय ॥ 94 ॥
लगी लगन छूटै नहीं जीभ चोंच जरि जाय।
मीठा कहा अँगार में जाहि चकोर चबाय ॥ 95 ॥

सोओं तो सुपने मिलै जागौं तो मन माहिं।
लोयन राता सुधि हरी बिछुरत कबहूँ नाहिं ॥ 96 ॥
तूँ तूँ करता तूँ भया तुक में रहा समाय।
तुझ माँही मन मिलि रहा अब कहुँ अनत न जाय ॥ 97 ॥
अर्व खर्व लौं दर्ब है उदय अस्त लौं राज।
भक्ति महातम ना तुलै ये सब कौने काज ॥ 98 ॥
अंध भया सब डोलई यह नहि करै विचार।
हरि-भक्ती जाने बिना बूड़ि मुआ संसार ॥ 99 ॥
और कर्म सब कर्म है भक्ति कर्म निष्कर्म।
कहे कबीर पुकारि कै भक्ति करो तजि धर्म ॥ 100 ॥

प्रेम

यह तो घर है प्रेम का खाला का घर नाहिं।
सीस उतारै भुई धरै तब पैठे घर माहिं ॥ 101 ॥
सीस उतारै भुई धरै ता पर राखे पाव।
दास कबीरा यों कहै ऐसा होय तोआव ॥ 102 ॥
प्रेम न बाड़ी ऊपजै प्रेम न हाट बिकाय।
राजा परजा जेहि रुचै सीस देइ लै जाय ॥ 103 ॥
प्रेम पियाला जो पियै सीस दच्छिना देय।
लोभी सीस न दे सकै नाम प्रेम का लेय ॥ 104 ॥
छिनहिं चढ़ै छिन ऊतरै सो तो प्रेम न होय।
अघट प्रेम पिंजर बसै प्रेम कहावै सोय ॥ 105 ॥
जब मैं था तब गुरु नहीं अब गुरु है हम नाहिं।
प्रेम गली अति साँकरी तामैं दो न समाहिं ॥ 106 ॥
जा घट प्रेम न संचरै सो घट जान समान।
जैसे खाल लोहार की साँस लेत बिनु प्रान ॥ 107 ॥
उठा बगूला प्रेम का तिनका उड़ा अकास।
तिनका तिनका से मिला तिनका तिनके पास ॥ 108 ॥
सौ जोजन साजन बसै मानों हृदय मँझार।
कपट सनेही आँगने जानु समुंदर पार ॥ 109 ॥
यह तत वह तत एक है एक प्राण दुइ गात।
अपने जिय से जानिए मेरे जिय की बात ॥ 110 ॥

हम तुम्हरो सुमिरन करैं तुम मोहि चितवो नाहिं।
सुमिरन मन की प्रीति है सो मन तुमही माहिं॥ 111 ॥
प्रीति जो लागी घुल गयी पैठि गयी मन माहिं।
रोम रोम पिउ-पिउ कहै मुख की सरधा नाहिं॥ 112 ॥
जो जागत सो स्वप्न में ज्यों घट भीतर स्वाँस।
जो जन जाको भावता सो जन ताके पास॥ 113 ॥
पीया चाहे प्रेम रस राखा चाहे मान।
एक म्यान में दो खड़ग देखा सुना न कान॥ 114 ॥
कबिरा प्याला प्रेम का अंतर लिया लगाय।
रोम रोम में रमि रहा और अमल क्या खाय॥ 115 ॥
कबिरा हम गुरु रस पिया बाकी रही न छाक।
पाका कलस कुम्हार का बहुरि न चढ़सी चाक॥ 116 ॥
सबै रसायन मैं किया प्रेम समान न कोय।
रति एक तन में संचरै सब तन कंचन होय॥ 117 ॥
राता माता नाम का पीया प्रेम अघाय।
मतवाला दीदार का माँगे मुक्ति बलाय॥ 118 ॥
मिलना जग में कठिन है मिलि बिछुड़ौं जनि कोय।
बिछुड़े सज्जन तेहि मिलै जिन माथे मनि होय॥ 119 ॥
जोई मिलै सो प्रीति में और मिलै सब कोय।
मन सो मनसा ना मिलै देह मिले का होय॥ 120 ॥
नैनो की करि कोठरी पुतली पलँग बिछाय।
पलकों की चिक डारिके पिय को लिया रिझाय॥ 121 ॥
जब लगि मरने से डरै तब लगि प्रेमी नाहिं।
बड़ी दूर है प्रेम घर समझ लेहु मन माहिं॥ 122 ॥
हरि से तू जनि हेत कर कर हरिजन से हेत।
माल मुलुक हरि देत है हरिजन हरि हीं देत॥ 123 ॥
कहा भयो तन बीछुरे दूरि बसे जे बास।
नैना ही अन्तर परा प्राण तुम्हारे पास॥ 124 ॥
जल में बसै कमोदिनी चंदा बसै अकास।
जो है जाको भावता सो ताही के पास॥ 125 ॥
प्रीतम को पतियाँ लिखूँ जो कहुँ होय विदेस।
तन में मन में नैन में ताको कहा सँदेस॥ 126 ॥

अगिनि आँच सहना सुगम सुगम खड़क की धार।
नेह निभावन एकरस महा कठिन ब्योहार ॥ 127 ॥
नेह निभाए ही तनै सोचै बनै न आन।
तन दे मन दे सीस दे नेह न दीजै जान ॥ 128 ॥
काँच कधीर अधीर नर ताहि न उपजैं प्रेम।
कह कबीर कसनी सहै कै हीरा कै हेम ॥ 129 ॥
कसत कसौटी जो टिकै ताकौ शब्द सुनाय।
सोई हमरा बंस है कह कबीर समुझाइ ॥ 130 ॥

स्मरण

दुख में सुमिरन सब करै सुख में करै न कोय।
जो सुख में सुमिरन करै तो दुख काहे को होय ॥ 131 ॥
सुख में सुमिरन न किया दुख में किया याद।
कह कबीर ता दास की कौन सुनै फरियाद ॥ 132 ॥
सुमिरन की सुधि यों करौ जैसे कामी काम।
एक पलक विसरै नहीं निस दिन आठो जाम ॥ 133 ॥
सुमिरन सों मन लाइए जैसे नाद कुरंग।
कह कबीर बिसरै नहीं प्राण तजै तेहि संग ॥ 134 ॥
सुमिरन सुरत लगाइके मुख तें कछू न बोल।
बाहर के पट देइ के अंतर के पट खोल ॥ 135 ॥
माला फेरत जुग भया फिरा न मन का फेर।
कर का मनका डारि दे मन का मनका फेर ॥ 136 ॥
कबिरा माला मनहिं की और सँसारी भेख।
माला फेरे हरि मिलैं गले रहँट के देख ॥ 137 ॥
कबिरा माला काठ की बहुत जतन का फेर।
माला स्वाँस उसास की जामें गाँठ न मेर ॥ 139 ॥
सहजे ही धुन होत है, हरदम घट के माहिं।
मनुवाँ तो चहुँदिसि फिरै यह तो सुमिरन नाहिं ॥ 140 ॥
तन थिर मन थिर बचन थिर सुरत निरत थिर होय।
कह कबीर इस पलक को कलप न पावै कोय ॥ 141 ॥
जाप मरै अजपा मरै अनहद भी मर जाय।
सुरत समानी शब्द में ताहि कालि नहिं खाय ॥ 142 ॥

कबीर छुधा है कूकरी करत भजन में भंग।
याको टुकड़ा डारि के सुमिरन करो निसंक॥ 143 ॥
तूँ तूँ करता तूँ भया मुझमें रही न हूँ।
वारी तेरे नाम पर जित देखूँ तित तूँ॥ 144 ॥

विश्वास

कबिरा क्या मैं चिन्तहूँ मम चिते क्या होय।
मेरी चिन्ता हरि करें चिन्ता मोहिं न कोय॥ 145 ॥
साधू गाँठ न बाँधई उदर समाता लेय।
आगे पाछे हरि खड़े जब माँगे तब देय॥ 146 ॥
पौ फाटी पगरा भया जागे जीवा जून।
सब काहू को देत है चोंच समाता चून॥ 147 ॥
कर्म करीमा लिखि रहा सब कुछ लिखा न होय।
मासा घटै न तिल बढ़ै जो सिर फोड़े कोय॥ 148 ॥
साँईं इतना दीजिए जामें कुटुँब समाय।
मैं भी भूखा न रहूँ साधु न भूखा जाय॥ 149 ॥
पाँडर पिंजर मन भँवर अरथ अनूपम बास।
एक नाम सींचा अभी फल लागा बिस्वास॥ 150 ॥
गाता जिन पाया नहीं अनगाए तें दूरि।
जिन गाया बिस्वास गहि ताके सदा हजूरि॥ 151 ॥

बिरहिन

बिरहिन देय सँदेसरा सुनो हमार पीव।
जल बिन मच्छी क्यों जिए पानी में का जीव॥ 152 ॥
अँखियाँ तो झाँई परी पंथ निहार निहार।
जीहड़िया छाला परा नाम पुकार पुकार॥ 153 ॥
नैनन तो झरि लाइया रहट बहै निसु बास।
पपिंहा ज्यों पिउ-पिउ रटे पिया मिलन की आस॥ 154 ॥
बहुत दिनन की जोवती रटत तुम्हारौ नाम।
जिव तरसै तुव मिलन को मन नाहीं विश्राम॥ 155 ॥
बिरह भुवंगम तन डसा मंत्र न लागै कोय।
नाम वियोगी ना जिए जिए तो बाउर होय॥ 156 ॥

बिरह भुवंगम पैठिकै किया कलेजे घाव।
बिरही अंग न मोड़िहैं ज्यों भावे त्यों खाव॥ 157॥
कै बिरहिन को मीच दे कै आपा दिखलाय।
आठ पहर का दाझना मो पै सहा न जाय॥ 158॥
बिरह कमंडल कर लिये बैरागी दो नैन।
ब्माँगै दरस मधूकरी छके रहैं दिन रैन॥ 159॥
येहि तन का दिवला करा बाती मेलों जीव।
लोहू सीचों तेल ज्यों कब मुख देखा पीव॥ 160॥
बिरहा आया दरस को कडुआ लगा काम।
काया लागी काल होय मीठा लागा नाम॥ 161॥
हँस हँस कंत न पाइया जिन पाया तिन रोय।
हाँसी खेले पिय मिलैं कौन सुहागिन होय॥ 162॥
माँस गया पिंजर रहा ताकन लागे काग।
साहेब अजहुँ न आइया मंद हमारे भाग॥ 163॥
अँखियाँ प्रेम बसाइया जनि जाने दुखदाय।
नाम सनेही कारने रो रो रात बिताय॥ 164॥
हवस करै पिय मिलन की औ सुख चाहै अंग।
पीर सहे बिनु पदमिनी पूत न लेत उलंग॥ 165॥
बिरहिन ओदी लाकड़ी सपचे धुँधुआय।
छूट पड़ों या बिरह से जो सगरो जरि जाय॥ 166॥
परबत परबत मैं फिरी नैन गँवायो रोय।
सो बूटी पाई नहीं जाते जीवन होय॥ 167॥
हिरदे भीतर दव बलै धुआँ न परगट होय।
जाके लागी सो लखै की जिन लाई सोय॥ 168॥
सबही तरुतर जाइके सब फल लीन्हो चीख।
फिरि-फिरि माँगत कबीर है दरसन ही की भीख॥ 169॥
पिय बिन जिय तरसत रहै पल वल विरह सताय।
रैन दिवस मोहिं कल नहीं सिसक सिसक जिय जाय॥ 170॥
साँईं सेवत जल गयी मास न रहिया देह।
साँईं जब लगि सेइहों यह तन होय न खेह॥ 171॥
बिरहा बिरहा मत कहो बिरहा है सुल्तान।
जा घट बिरह न संचरै सो घट जान मसान॥ 172॥

देखत देखत दिन गया निस भी देखत जाय।
बिरहिन पिव पावै नहीं केवल जिय घबराय ॥ 173 ॥
सो दिन कैसा होयगा गुरु गहेंगे बाहिं।
अपनाकर बैठावहीं चरनकँवल की छाँहिं ॥ 174 ॥
जो जन बिरही नाम के सदा मगन मन माँहि।
ज्यों दरपन की सुन्दरी किनहूँ पकड़ी नाहिं ॥ 175 ॥
चकई बिछुरी रैन की आय मिली परभात।
सतगुरु से जो बीछुरे मिले दिवस नहिं रात ॥ 176 ॥
मूए पीछे मत मिलौ कहे कबीरा राम।
लोहा माटी मिलि गया तब पारस केहि काम ॥ 177 ॥
सब रंग ताँत रबाब तन बिरह बजावै नित्त।
और न कोई सुनि सकै कै साँईं कै चित्त ॥ 178 ॥
तूँ मति जानै बीसरूँ प्रीति घटै मम चित्त।
मरूँ तो तुम सुमिरत मरूँ जिऊँ तो सुमिरूँ नित्त ॥ 179 ॥
बिरह अग्नि तन मन जला लागि रहा तत जीव।
कै वा जाने बिरहिनी कै जिन भेंटा पीव ॥ 180 ॥
बिरह कुल्हारी तन बहै घाव न बाँधै रोह।
मरने का संसय नहीं छूटि गया भ्रम मोह ॥ 181 ॥
कबिरा बैद बुलाइया पकरि के देखी बाँहि।
वैद न वेदन जानई करक कलेजे माहि ॥ 182 ॥
बिरह बान जेहि लागिया औषध लगत न ताहि।
सुसुकि सुसुकि मरि मरि जियै उठै कराहि कराहि ॥ 183 ॥

विनय

सुरति करौ मेरे साँइयाँ हम हैं भव-जल माहिं।
आपे ही बहि जायगे जो नहिं पकरौ बाहिं ॥ 184 ॥
क्या मुख लै बिनती करौं लाज आवत है मोहिं।
तुम देखत अवगुन करौं कैसे भावों तोहिं ॥ 185 ॥
मैं अपराधी जनम का नख सिख भरा विकार।
तुम दाता दुख-भंजना मेरी करो सम्हार ॥ 186 ॥
अवगुन मेरे बाप जी बकस गरीब-निवाज।
जो मैं पूत कपूत हौं तऊ पिता को लाज ॥ 187 ॥

अवगुन किए तो बहु किए करत न मानी हार।
भावैं बंदा बकसिए भावैं गरदन मार ॥ 188 ॥
साहेब तुम जनि बीसरो लाख लोग लगि जाहिं।
हमसे तुमरे बहुत हैं तुम सम हमरे नाहिं ॥ 189 ॥
अंतरजामी एक तुम आतम के आधार।
जो तुम छोड़ौं हाथ तो कौन उतारै पार ॥ 190 ॥
मेरा मन जो तोहिं सों तेरा मन कहिं और।
कह कबीर कैसे निभै एक चित्त दुइ ठौर ॥ 191 ॥
मन परतीत न प्रेम रस ना कछु तन में ढंग।
ना जानौ उस पीव से क्योंकर रहसी रंग ॥ 192 ॥
मेरा मुझमें कछु नहीं जो कुछ है सो तोर।
तेरा तुझको सौंपते क्या लागत है मोर ॥ 193 ॥
तुम तो समरथ साँइयाँ छढ़ करि पकरो बाँहि।
धुरही लै पहुँचाइयो जनि छाँड़ो मग माहिं ॥ 194 ॥

सूक्ष्म मार्ग

उत तें कोइ न बाहुरा जासे बूझूँ धाय।
इत तें सबही जात हैं भार लदाय लदाय ॥ 195 ॥
यार बुलावैं भाव सौं मोपै गया न जाय।
धन मली पिउ ऊजला लागि न सक्कों पाय ॥ 196 ॥
नाँव न जानै गाँव का बिन जाने कित जाँव।
चलता चलता जुग भया पाव कोस पर गाँव ॥ 197 ॥
चलन चलन सब कोइ कहै मोहिं अँदेसा और।
साहेब सों परिचय नहीं पहुँचैंगे केहि ठौर ॥ 198 ॥
जहाँ न चींटी चढ़ि सकै राई ना ठहराय।
मनुवाँ तहँ लै राखिए तहईं पहुँचे जाय ॥ 199 ॥
बाट बिचारी क्या करै पथी न चलै सुधार।
राह आपनी छाँड़िकै चलै उजार उजार ॥ 200 ॥
मरिये तो मरि जाइये छूटि परै जंजार।
ऐसा मरना को मरै दिन में सौ सौ बार ॥ 201 ॥

परीक्षक (पारखी)

हीरा तहाँ न खोलिए जहँ खोटी है हाट।
कस करि बाँधो गाठरी उठ कर चालो बाट ॥ 202 ॥
हीरा पाया परखि के घन में दीया आन।
चोट सही फूटा नहीं तब पाईं पहिचान ॥ 203 ॥
जो हंसा मोती चुगै काँकर क्यों पतियाय।
काँकर माथा ना नबै मोती मिलै तो खाय ॥ 204 ॥
हंसा बगुला एक सा मानसरोवर माहिं।
बगा ढँढोरे माछरी हंसा मोती खाहिं ॥ 205 ॥
चंदन गया बिदेसड़े सब कोई कहै पलास।
ज्यों ज्यों चूल्हे झोंकिया त्यों त्यों अधकी बास ॥ 206 ॥
एक अचंभो देखिया हीरा हाट बिकाय।
परखनहारा बाहिरी कौड़ी बदले जाय ॥ 207 ॥
दाम रतंन धन पाइकै गाँठि बाँधि ना खोल।
नाहिं पटत नहिं पारखी नहिं गाहक नहिं मोल ॥ 208 ॥
पारस रूपी जीव है लोह रूप संसार।
पारस ते पारस भया परख भया संसार ॥ 209 ॥
अमृत केरी पूरिया बहु बिधि लीनहें छोर।
आप सरीखा जो मिले ताहि पियाऊँ घोरि ॥ 210 ॥
काजर ही की कोठरी काजर ही का कोटि।
तौ भी कारी ना भई रही जो ओटहिं ओट ॥ 211 ॥
ज्ञान रतन की कोठरी चुप करि दीन्हीं ताल।
पारखि आगे खोलिए कुंजी बचन रसाल ॥ 212 ॥
नग पखान जग सकल है लखि आवै सब कोइ।
नग ते उत्तम पारखी जग में बिरला कोइ ॥ 213 ॥
बलिहारी तेहि पुरुष की पर चित परखनहार।
साई दीन्हों खाँड़ को खारी बूझ गँवार ॥ 214 ॥
हीरा वही सराहिए सहै घनन की चोट।
कपट कुरंगी मानवा परखत निकसा खोट ॥ 215 ॥
हरि हीरा जन जौहरी सबन पसारी हाट
जब आवै जन जौहरी तब हीरौ की साट ॥ 216 ॥

हीरा परा बजार में रहा छार लपटाय।
बहुतक मूरख चलि गये पारखि लिया उठाय ॥ 217 ॥
कलि खोटा जग आँधरा शब्द न मानै कोइ।
जाहि कहौं हित आपना सों उठि बैरी होय ॥ 218 ॥

जिज्ञासु

ऐसा कोऊ ना मिला हमको दे उपदेस।
भव सागर में डूबता कर गहि काढै केस ॥ 219 ॥
ऐसा कोई न मिला जासे रहिए लाग।
सब जग जलता देखिया अपनी अपनी आग ॥ 220 ॥

—

जैसा ढूँढ़त मैं फिरौं तैसा मिला न कोय।
ततवेता तिरगुन रहित निरगुन से रत होत ॥ 221 ॥
सर्पहि दूध पिलाइए सोई विष ह्वै जाय।
ऐसा कोई ना मिला आपे ही विष खाय ॥ 222 ॥
जिन ढूँढ़ा तिन पाइयाँ गहरे पानी पैठि।
मैं बपुरा बूड़न डरा रहा किनारे बैठि ॥ 223 ॥
हेरत हेरत हेरिया रहा कबीर हिराय।
बुद समानी समुँद में सो कित हेरी जाय ॥ 224 ॥
एक समाना सकल में सकल समाना ताहि।
कबीर समाना बूझ में तहाँ दूसरा नाहिं ॥ 225 ॥

दुविधा

हिरदे माहीं आरसी मुख देखा नहिं जाय।
मुख तौ तबही देखई दुबिधा देइ बहाय ॥ 226 ॥
पढ़ा गुना सीखा सभी मिटा न संसय सूल।
कह कबीर कासों कहूँ यह सब दुख का मूल ॥ 227 ॥
चींटी चावल लै चली बिच में मिलि गइ दार।
कह कबीर दोउना मिलै एक ले दूजी डार ॥ 228 ॥
सत्त नाम कडुवा लगै मीठा लागै दाम।
दुबिधा में दोऊ गये माया मिली न राम ॥ 229 ॥

कथनी और करनी

कथनी मीठी खाँड़ सी करनी विष की लोय।
कथनी तजि करनी करै विष से अमृत होय ॥ 230 ॥
कथनी बदनी छाँड़ि के करनी सो चित लाय।
नरहिं नीर प्याए बिना कबहूँ प्यास न जाय ॥ 231 ॥
करनी बिन कथनी कथै अज्ञानी दिन रात।
कूकर ज्यों भूँकत फिरै सुनी सुनाई बात ॥ 232 ॥
लाया साखि बनाय कर इत उत अच्छर काट।
कह कबीर कब लग जिए जूठी पत्तल चाट ॥ 233 ॥
पानी मिलै न आप को औरन बकसत छीर।
आपन मन निसचल नहीं और बँधावत धीर ॥ 234 ॥
कथनी थोथी जगत में करनी उत्तम सार।
कह कबीर करनी सबल उतरै भौ-जल पार ॥ 235 ॥
पद जोरै साखी कहै साधन परि गयी रौस।
काढ़ा जल पीवै नहीं काढ़ि पियन की हौस ॥ 236 ॥
साखी कहैं गहै नहीं चाल चली नहिं जाय।
सलिल मोह नदिया बहै पाँव नहीं ठहराय ॥ 237 ॥
मारग चलते जो गिरै ताको नहीं दोस।
कह कबीर बैठा रहै ता सिर करड़े कोस ॥ 238 ॥
कहता तो बहुता मिला गहता मिला न कोइ।
सो कहता बहि जान दे जो नहिं गहता होइ ॥ 239 ॥
एक एक निरवारिया जो निरवारी जाय।
दुइ दुइ मुख का बोलना घने तमाचा खाय ॥ 240 ॥
मुख की मीठी जो कहैं हृदया है मति आन।
कह कबीर तेहि लोग सों रामौ बड़े सयान ॥ 241 ॥
जस कथनी तस करनियौ जस चुंबक तस नाम।
कह कबीर चुंबक बिना क्यों नहीं संग्राम ॥ 242 ॥
श्रोता तो घरही नहीं वक्ता बदै सो बाद।
श्रोता वक्ता एक घर तब कथनी को स्वाद ॥ 243 ॥

सहज भाव

सहज सहज सब कोउ कहै सहज न चीन्है कोय।
जा सहजै, साहेब मिलै सहज कहाव सोय॥ 244॥
सहजै सहजै सब गया सुत बिंत काम निकाम।
एकमेक है मिलि रहा दास कबीरा नाम॥ 245॥
जो कछु आये सहज में सोई मीठा जान।
कड़ुवा लागै नीम सा जामे ऐंचातान॥ 246॥
सहज मिलै सो दूध सम माँगा मिलै सो पानि।
कह कबीर वह रक्त सम जामें ऐंचातानि॥ 247॥

मौन भाव

भारी कहूँ तो बहु डरूँ हलका कहूँ तो झीठ।
मैं का जानूँ पीव को नैना कछू न दीठ॥ 248॥
दीठा है तो कस कहूँ कहूँ तो को पतिताय।
साँईं जस तैसा रहो हरखि हरखि गुन गाय॥ 249॥
ऐसो अद्भुत मन कथो कथो तो धरो छिपाय।
वेद कुराना ना लिखी कहूँ तो को पतियाय॥ 250॥
जो देखे सो कहै नहिं कहै सो देखै नाहिं।
सुनै सो समझावै नहीं रसना दृग श्रुति काहिं॥ 251॥
बाद बिबादे विष घना बोले बहुत उपाध।
मौन गहे सबकी सहै सुमिरै नाम अगाध॥ 252॥

जीबन्मृत (मरजीवा)

मैं मरजीव समुँद्र का डुबकी मारी एक।
मूठी लाया ज्ञान की जामैं वस्तु अनेक॥ 253॥
डुबकी मारी समुँद्र निकसा जाय अकास।
गगन मँडल में घर किया हीरा पाया दास॥ 254॥
हरि हीरा क्यों पाइहै जिन जीवे की आस।
गुरु दरिया सो काढ़सी कोइ मरजीवा दास॥ 255॥
खरी कसौटी नाम की खोटा टिकै न कोय।
माम कसौटी सो टिकै जीवत मिरतक होय॥ 256॥

मरते मरते जग मुआ औरस मुआ न कोय।
दास कबीरा यों मुआ बहुरि न मरना होय ॥ 257 ॥
जा मरने से जग डरै मेरे मन आनन्द।
कब मरिहौं कब पाइहौं पूरन परमानन्द ॥ 258 ॥
घर जारे घर ऊबरे घर राखे घर जाय।
एक अचम्भा देखियो मुआ काल को खाय ॥ 259 ॥
रोड़ा भया तो क्या भया पन्थी को दुख देय।
साधू ऐसा चाहिए ज्यों पैड़े की खेह ॥ 260 ॥
खेह भई तो क्या भया उड़ि उड़ि लागै अंग।
साधू ऐसा चाहिए जैसे नीर निपंग ॥ 261 ॥
नीर भया तो क्या भया ताता सीरा जोय।
साधू ऐसा चाहिए जो हरि जैसा होय ॥ 262 ॥
हरी भया तो क्या भया करता हरता होय।
साधू ऐसा चाहिए हरि भज निरमल होय ॥ 263 ॥
निरमल भया तो क्या भया निरमल माँगै ठौर।
मल निरमल से रहित है तें साधू कोइ और ॥ 264 ॥
ढारस लखु मरजीव को धँसिकै पैठि पताल।
जीव अटक मानै नहीं गहि ले निकरयौं लाल ॥ 265 ॥

मध्य पथ

पाया कहें ते बावरे खोया कहै ते कूर।
पाया खोया कछु नहीं ज्यों का त्यों भरपूर ॥ 266 ॥
भजूँ तो को है भजन को तजूँ तो का है आन।
भजन तजन के मध्य में सो कबीर मन मान ॥ 267 ॥
अति का भला न बोलना अति का भला न चूप।
अति का भला न बरसना, अति की भली न धूप ॥ 268 ॥

शूर धर्म

गगन दमामा बाजिया पढ़त निसाने घाव।
खेत पुकारे शूरमा अब लड़ने का दाँव ॥ 269 ॥
सूरा सोइ सराहिए लड़े धनी के हेत।
पुरजा पुरजा होइ रहै तऊ न छाँड़े खेत ॥ 270 ॥

सूरा सोइ सराहिए अंग न पहिरै लोह।
जूझै सब बँद खोलिकै छाँड़े तन का मोह ॥ 271 ॥
खेत न छाँढ़े सूरमा जूझै दो दल माहिं।
आसा जीवन मरन की मन में आनै नाहिं ॥ 272 ॥
अब तो जूझै ही बनै मुड़ चाले भर दूर।
सिर साहब को सौंपते सोच न कीजै सूर ॥ 273 ॥
सिर राखे सिर जात है सिर काटे सिर सोय।
जैसे बाती दीप की कटि उँजियारा होय ॥ 274 ॥
जो हारों तो सेव गुरु जो जीतों तो दाँव।
सत्तनाम से खेलता जो सिर जाव तो जाव ॥ 275 ॥
खोजी को डर बहुत है पल पल पड़े बिजोग।
प्रन राखत जो तस गिरै सो तन साहेब जोग ॥ 276 ॥
तीर तुपक से जो लड़े सों तो सूर न होय।
माया तजि भक्ति करै सूर कहावै सोय ॥ 277 ॥

पातिव्रत

पतिबरता मैली भली काली कुचित कुरूप।
पतिबरता के रूप पर वारों कोटि सरूप ॥ 278 ॥
पतिबरता पति को भजै और न आन सुहाय।
सिंह बचा जो लंघना तौ भी घास न खाय ॥ 279 ॥
नैनों अतर आव तू नैन झाँपि तोहि लेंव।
ना मैं देखौ और को ना तोहि देखन देंव ॥ 280 ॥
कबीरा सीप समुद्र की रटै पियास पियास।
और बूँद को ना गहै स्वाति बूँद की आस ॥ 281 ॥
पपिहा का पन देऊकर धीरज रहै न रंच।
मरते दम जल में पड़ा तऊ न बोरी चंच ॥ 282 ॥
सुन्दर तो साँई भजै तजै आन की आस।
ताहि न कबहूँ परिहरै पलक न छाँढै पास ॥ 283 ॥
चढ़ी अखाड़े सुन्दरी माँड़ा पिव सों खेल।
दीपक जोया ज्ञान का काम करै ज्यों तेल। ॥ 284 ॥
सूरा के तो सिर नहीं दाता के धन नाहिं।
पतिबरता के तन नहिं सुरति बसै मन माहिं ॥ 285 ॥

पतिबरता मैली भली गले काँच का पोत।
सब सखियन में यों दिपै ज्यों रबि ससि की जोत ॥ 286 ॥
पतिव्रता पति को भजै पति पर धर विश्वास।
आन दिसा चितवै नहीं सदा पीव की आस ॥ 287 ॥
नाम रटा तो क्या हुआ जो अतर है हेत।
पतिबरता पति को भजे मुख से नाम न लेत ॥ 288 ॥
जो यह एक न जानिया बहु जाने का होय।
एकै तें सब होत हैं सब तें एक न होय ॥ 289 ॥
सत आये उस एक में डार पात फल फूल।
अब कछु पाछे क्या रहा गहि पकड़ा जब मूल ॥ 290 ॥
प्रीति बड़ी हैं तुज्झ से बहु गुनियाला कंत।
जो हँस बोलों और से नील रँगाओं दंत ॥ 291 ॥
कबिरा रेख सिंदूर अरु काजर दिया न जाय।
नैनन प्रीतम रमि रहा दूजा कहाँ समाय ॥ 292 ॥
आठ पहर चौंसठ घड़ी मेरे और न कोय।
नैना माहीं तू बसै नींद को ठौर न होय ॥ 293 ॥
अब तो ऐसी ह्वै परी मन अति निर्मल कीन्ह।
मरने का डर छाँड़िके हाथ सिंधोरा लीन्ह ॥ 294 ॥
सती विचारी सत किया काँटों सेज बिछाय।
लै सूती पिय आपना चहूँ दिस अगिन लगाय ॥ 295 ॥
सती न पीसै पीसना जो पीसै सो राँड।
साधू भीख न माँगई जो मागै सो भाँड ॥ 296 ॥
सेज बिछावै सुन्दरी अंतर परदा होय।
तन सौंपे मन दे नहीं सदासुहागिन सोय ॥ 297 ॥

सतूगुरु

सतूगुरु सम को है सगा साधू सम को दात।
हरि समान को हितू है हरिजन सम को जात ॥ 298 ॥
गुरु गोविंद दोऊ खड़े काके लागौं पाँय।
बलिहारी गुरु आपने गोविंद दियो बताय ॥ 299 ॥
बलिहारी गुरु आपने घड़ि घड़ि सौ सौ बार।
मानुष से देवता किया करत न लागी बार ॥ 300 ॥

सब धरती कागद करूँ लेखनि सब बनराय।
सात समुँद्र की मसि करूँ गुरु गुन लिखा न जाय॥ 301॥
तन मन ताको दीजिए जाके विषया नाहिं।
आपा सबहीं डारिकै राखै साहेब माहिं॥ 302॥
तन मन दिया तो क्या हुआ निज मन दिया न जाय।
कह कबीर ता दास सों कैसे मन पतियाय॥ 303॥
गुरु सिकलीगर कीजिए मनहि मस्कला देय।
मन की मैल छुड़ाइ कै चित्त दरपन करि लेय॥ 304॥
गुरु धोबी सिष कापड़ा सांबुन सिरजनहार।
सुरति सिला पर धोइए निकसे जोसि अपार॥ 305॥
गुरु कुम्हार सिष कुंभ है गढ़ गढ़ काढ़ै खोट।
अंतर हाथ सहार दै बाहर बाहै चोट॥ 306॥
कबिरा ते नर अंध हैं गुरु को कहते और।
हरि रूठै गुरु ठौर हैं गुरु रूठे नहिं ठौर॥ 307॥
गुरु हैं बड़े गोविंद तें मन में देखु विचार।
हरि सुमिरै सो वार है गुरु सुमिरे सो पार॥ 308॥
गुरु पारस गुरु परस हैं चंदन वास सुवास।
सत्गुरु पारस जीव को दीन्हों मुक्ति निबास॥ 309॥
पंडित पढ़ि गुन पचि मुए गुरु बिन मिलै न ज्ञान।
ज्ञान बिना नहिं मुक्ति है सत्त शब्द परमान॥ 310॥
तीन लोक नौ खंड में गुरु ते बड़ा न कोइ।
करता करि न करि सकै गुरु करै सो होइ॥ 311॥
कबिरा हरि के रूठते गुरु के सरने जाय।
कह कबीर गुरु रूठते हरि नहिं होत सहाय॥ 312॥
वस्तु कहीं ढूढ़ें कहीं केहि विधि आवै हाथ।
कह कबीर तब पाइए भेदी लीजे साथ॥ 313॥
यह तन विष की बेलरी गुरु अमृत की खान।
सीस दिए जौ गुरु मिलें तौ भी सस्ता जान॥ 314॥
कोटिन चंदा ऊगवें सूरज कोटि हजार।
सत्गुरु मिलिया बाहरे दीसत घोर अँधार॥ 315॥
सत्गुरु पारस के सिला देखो सोच विचार।
आइ पड़ोसिन लै चली दीयो दिया सँवार॥ 316॥

चौंसठ दीवा जोय के चौदह चंदा माहिं।
तेहि घर किसका चाँदना जेहि घर सतगुरु नाहिं ॥ 317 ॥
ताकी पूरी क्यों परै गुरु न लखाई बाट।
ताको बेड़ा बूड़िहै फिर फिर अवघट घाट ॥ 318 ॥

असद्गुरु

गुरु मिला ना सिष मिला लालन खेला दाँव।
दोऊ बूड़े धार में चढ़ि पाथर की नाव ॥ 319 ॥
जानंता बूझा नहीं बूझि किया नहिं गौन।
अन्धे को अन्धा मिला राह बतावे कौन ॥ 320 ॥
बन्धे को बन्धा मिलै छूटै कौन उपाय।
कर सेवा निरबन्ध की पल में लेत छुड़ाय ॥ 321 ॥
बात बनाई जग ठगा मन परमोधा नाहिं।
कह कबीर मन लै गया लख चौरासी माहिं ॥ 322 ॥
नीर पियावत का फिरे घर घर सायर बारि।
तृषावंत जो होइगा पीवैगा झख मारि ॥ 323 ॥
सिष साखा बहुते किए सतगुरु किया न मित्त।
चाले थे सत लोक को बीचहिं अटका चित्त ॥ 324 ॥

सन्तजन

साध बड़े परमारथी धन ज्यों बरसै आय।
तपन बुझावैं और की अपनो पारस लाय ॥ 325 ॥
सिंहो के लेहँड़े नहीं हंसों की नहि पात।
लालों की नहिं बेरियाँ साध न चलैं जमात ॥ 326 ॥
सब बन तौ चन्दन नहीं सूरा का दल नाहिं।
सब समुद्र मोती नहीं यों साधू जग माहिं ॥ 327 ॥
साध कहावत कठिन हैं लम्बा पेड़ खजूर।
चढ़ै तो चाखै प्रेमरस गिरै तो चकनाचूर ॥ 328 ॥
गाँठी दाम न बाँधई नहिं नारी सों नेह।
कह कबीर ता साध की हम चरनन की खेह ॥ 329 ॥
वृच्छ कबहुँ नहिं फल भखैं नदी न संचै नीर।
परमारथ के कारने साधुन धरा सरीर ॥ 330 ॥

साधु साधु सब ही बड़े अपनी अपनी ठौर।
शब्द पिवेकी पारखी ते माथे के मौर॥ 331 ॥
साधु साधु सब एक हैं ज्यों पोस्ते का खेत।
कोइ विवेकी लाल है नहीं सेत का सेत॥ 332 ॥
निराकार की आरसीं साधौ ही की देइ।
लखा जो चाहै अलख को इनहीं में लखि लेह॥ 333 ॥
कोई आवै भाव ले कोई आव अभाव।
साध दोऊ को पोषते गिनैं न भाव अभाव॥ 334 ॥
नहिं शीतल है चन्द्रमा हिम नहिं शीतल होय।
कबिरा शीतल सन्तजन नाम सनेही सोय॥ 335 ॥
जाति न पूछो साध की पूछ लीजिए ज्ञान।
मोल करो तरवार का पड़ी रहन दो म्यान॥ 336 ॥
सन्त न छोड़े सन्तई कोटिक मिलै असन्त।
मलय भुवंगहिं बेधिया सीतलता न तजन्त॥ 337 ॥
साधू ऐसा चाहिए दुखै दुखावै नाहिं।
पान फूल छोड़े नहीं वसै बगीचा माहिं॥ 338 ॥
साध सिद्ध बड़ अंतरा जैसे आम बबूल।
वाकी डारी अमी फल याकी डारी सूल॥ 339 ॥
हरि दरिया सूभर भरा साधो का घट सीप।
तामें मोती नीपजै चढ़ै देसावर दीप॥ 340 ॥
साधू भूखा भाय का धन का भूखा नाहिं।
धन का भूखा जो फिरै सो तू साधू नाहिं॥ 341 ॥
साधु समुन्दर जानिए माहीं रतन भराय।
मंद भाग मूठी भरै कर कंकर चढ़ि जाय॥ 342 ॥
चंदन की कुटकी भली नहिं बबूल लखराँव।
साधन की झुपड़ी भलौ ना साकट को गाँव॥ 343 ॥
हरिं सेती हरिजन बड़े समझि देखु मन माहिं।
कह कबीर जग हरि विखे सो हरि हरिजन माहिं॥ 344 ॥
जो चाहै साकार तू साध परतछ देव।
निराकार निज रूप है प्रेम प्रीति से सेव॥ 345 ॥
पक्षापक्षी कारने सब जम रहा भुलान।
निरपक्षै ह्वै हरि भजैं तेई सन्त सुजान॥ 346 ॥

समुझि बूझि जड़ ह्वै रहे बल तजि निर्बल होय।
कह कबीर ता सन्त को पला न पकरै कोय ॥ 347 ॥
हद्द चलै सो मानवा बेहद चलै सो साध।
हद बेहद दोनों तजै ताको मता अगाध ॥ 348 ॥
सोना सज्जन साधु जन टूटि जुरै सौ वार।
दुर्जन कुंभ कुम्हार के एकै धका दरार ॥ 349 ॥
जीवन्मुक्तै ह्वै रहै तजै खलक की आस।
आगे पीछे हरि फिरैं क्यों दुख पावैं पास ॥ 350 ॥

असज्जन

संगति भई तो क्या भया हिरदा भया कठोर।
नौ नेजा पानी चड़े तऊ न भीजै कोर ॥ 351 ॥
हरिया जानै रूखड़ा जो पानी का नेह।
सूखा काठ न जानही केतहु बूड़ा मेह ॥ 352 ॥
कबिरा मूढ़क प्रानियाँ नख सिख पाखर आहि।
वाहनहारा क्या करै बान न लागै ताहि ॥ 353 ॥
पसुवा सों पाला परयो रहु रहु हिया न खीज।
ऊसर बीज न ऊगसीं घोलै दूना बीज ॥ 354 ॥
कबिरा चंदन के निकट नीम भी चंदन होय।
बूढ़े बाँस बड़ाइया यों जनि बूड़ो कोय ॥ 355 ॥
चाल बकुल की चलत हैं बहुरि कहावैं हंस।
ते मुक्ता कैसे चुगैं परैं काल के फंस ॥ 356 ॥
साधू भया तो क्या भया माला पहिरी चार।
बाहर भेस बनाइया भीतर भरी भँगार ॥ 357 ॥
माला तिलक लगाइ के भक्ति न आयी हाथ।
दाढ़ी मूँछ मुड़ाइ के चले दुनी के साथ ॥ 358 ॥
दाढ़ी मूँछ मुड़ाइ के हुआ घोटम घोट।
मन को क्यों नहिं मूड़िए जामें भरिया खोट ॥ 359 ॥
मूँड़ मुड़ाए हरि मिलै सब कोई लेहि मुँड़ाय।
बार बार के मूँड़ने भेड़ न वैकुँठ जाय ॥ 360 ॥
केसन कहा बिगारिया जो मूड़ो सौ बार।
मन को क्यों नहिं मूड़िए जानै बिषै विकार ॥ 361 ॥

बाँवी कूटें बावरै साँप न मारा जाय।
मूरख बाँबी ना डसै सर्प सबन को खाय॥ 362 ॥
जो विभूति साधुन तजी तेहि बिभूति लपटाय।
जौन बवन करि डारिया स्वान स्वाद करि खाय॥ 363 ॥
हम जाना तुम मगन हौ रहे प्रेम रस पागि।
रँचक पवन के लागते उठे नाग से जागि॥ 364 ॥
सज्जन तो दुर्जन भया सुनि काहू को बोल।
काँसा ताँबा ह्वै रहा नहिं हिरण्य का मोल॥ 365 ॥
लोहे केरी नावरी पाहन गरुआ भार।
सिर में विष की मोटरी उतरन चाहै पार॥ 366 ॥
सकलौ दुरमति दूरि करु अच्छा जनम बनाउ।
काग गवन बुधि छोड़ि दे हंस गवन चलिआउ॥ 367 ॥
चंदन सर्प लपेटिया चंदन काह कराय।
रोम रोम बिस भीनिया अमृत कहाँ समाय॥ 368 ॥
मलयागिरि के बास में बेधा ढाक पलास।
बेना कबहुँ न बेधिया जुग जुग रहिया पास॥ 369 ॥
जहर जिमिं दै रोपिया अमि सींचै सौर बार।
कबिरा खलकै ना तजै जामें जौन विचार॥ 370 ॥
गुरु विचारा क्या करै शिष्यहि में है चूक।
शब्द-बाण बेधे नहीं बाँस बजावै फूँक॥ 371 ॥

सत्संग

कबिरा संगत साध की हरै और की व्याधि।
संगत बुरी असाध की आठो पहर उपधि॥ 372 ॥
कबिरा संगत साधु की जौ की भूस खाय।
खीर खांड़ भोजन मिलै साकट संग न जाय।॥ 373 ॥
कबिरा संगत साधु की ज्यों गंधी का बास।
जो कछु गंधी दे नहीं तौ भी बास सुबास॥ 374 ॥
मथुरा भावै द्वारिका भावैं जा जगनाथ।
साध सँगति हरि भजन बिनु कछू न आवै हाथ॥ 375 ॥
ते दिन गये अकारथी संगति भई न सन्त।
प्रेम बिना पशु जीवना भक्ति बिना भगबन्त॥ 376 ॥

कबिरा मन पंछी भया भावै तहवाँ जाय।
जो जैसी संगति करै सो तैसा फल पाय ॥ 377 ॥
कबिरा खाँईं कोट की पानी पिवै न कोय।
जाय मिलै जब गंग से सब गंगोदक होय ॥ 378 ॥

कुसंग

जानि बूझि साँची तजै करै झूठि सो नेह।
ताकी संगति हे प्रभू सपनेहुँ मति देह ॥ 379 ॥
तोहीं पीर जो प्रेम की पाका सेती खेल।
काँची सरसों पेरिकै खली भया नी तेल ॥ 380 ॥
दाग जो लागा नील का सौ मन साबुन धोय।
कोटि जनत परबोधिए कागा हंस न होय ॥ 381 ॥
मारी मरै कुसंग की केरा के ढिग बेर।
वह हालै वह अंग चिरै बिधि ने संग निबेर ॥ 382 ॥
केरा तबहि न चेतिया जब ढिग लागी बेर।
अब के चेते क्या भया काँटन लीन्हों घेरि ॥ 383 ॥

सेवक और दास

द्वार धनी के पड़ि रहै धका धनी का खाय।
कबहुँक धनी निवाजई जो दर छाँड़ि न जाय ॥ 384 ॥
दासातन हिरदे नहीं नाम धरावे दास।
पानी के पीए बिना कैसे मिटै पियास ॥ 385 ॥
मुक्ति मुक्ति मागों नहीं भक्ति दान दे मोहिं।
और कोई याचौं नहीं निस दिन याचौं तोहिं ॥ 386 ॥
काजर केरी कोठरी ऐसा यह संसार।
बलिहारी वा दास की पैठिके निकसन-हार ॥ 387 ॥
अनराते सुख सोवना राते नींद न आय।
ज्यों जल छूटे माछरी तलफत रैन बिहाय ॥ 388 ॥
जा घट में साँईं बसै सो क्यों छाना होय।
जतन जतन करि दाबिए तौ उजियाला सोय ॥ 389 ॥
सब घट मेरा साँइयाँ सूनी सेज न कोय।
बलिहारी वा दास की जा घट परगट होय ॥ 390 ॥

भेष

तत्व तिलक माथे दिया सुरति सरवनी कान।
करनी कंठी कंठ में परसा पद निर्वान ॥ 391 ॥
मन माला तन मेंखला भय की करै भभूत।
अलख मिला सब देखता सो जोगी अवधूत ॥ 392 ॥
तन को जोगी सब करै मन को बिरला कोय।
सहजै सब बिधि पाइए जो मन जोगी होय ॥ 393 ॥
हम तो जोगी मनहिं के तन के हैं ते ओर।
मन का जोग लगावते दसा भई कछु और ॥ 394 ॥

चेतावनी

कबिरा गर्व न कीजिए काल गहै कर केस।
ना जानौं कित मारिहै क्या घर क्या परदेस ॥ 395 ॥
झूठे सुख को सुख कहैं मानत हैं मन मोद।
जगत चवेना काल का कुछ मुख में कुछ गोद ॥ 396 ॥
कुसल कुसल ही पूछते जग में रहा न कोय।
जरा मुई ना भय मुआ कुसल कहाँ से होय ॥ 397 ॥
पानी केरा बुदबुदा अस मानुष की जात।
देखत ही छिप जायगा ज्यों तारा परभात ॥ 398 ॥
रात गँवाई सोय कर दिवस गँवाया खाय।
हीरा जनम अमोल था कौड़ी बदले जाय ॥ 399 ॥
आछे दिन पाछे गये गुरु से किया न हेत।
अब पछतावा क्या करै चिड़िया चुग गयीं खेत ॥ 400 ॥
काल्ह करै सो आज कर आज करै सो अब्ब।
पल में परलै होयगी बहुरि करैगा कब्ब ॥ 401 ॥
पाव पलक की सुध नहीं करै काल्ह का साज।
काल अचानक मारसी ज्यों तीतर कौ बाज ॥ 402 ॥
कबिरा नौबत आपनी दस दिन लेहु बजाय।
यह पुर पट्टन यह गली बहुरि न देखो आय ॥ 403 ॥
पाँचो नौबत बाजती होत छतीसो राग।
सो मन्दिर खाली पड़ा बैठन लागे काग ॥ 404 ॥

ऊजड़ खेड़े ठीकरी गढ़ि गढ़ि गये कुम्हार।
रावन सरिखा चल गया लंका का सरदार ॥ 405 ॥
कबिरा गर्व न कीजिए अस जोबन की आस।
टेसू फूला दिवस दस खंखर भया पलास ॥ 406 ॥
कविरा गर्व न कीजिए ऊचा देख अवास।
काल्ह परा भु लेटना ऊपर जमसी घास ॥ 407 ॥
ऐसा यह संसार है जैसा सेमर फूल।
दिन दस के ब्योहार में झूठे रंग न भूल ॥ 408 ॥
माटी कहै कुम्हार को तूँ क्या रूँदै मोहि।
इक दिन ऐसा होयगा मैं रूँदूँगी तोहि ॥ 409 ॥
कबिरा यह तन जात है सकै तो ठौर लगाव।
कै सेवा कर साध की कै गुरु के गुन गाव ॥ 410 ॥
मोर तोर की जेवरी बटि बाँधा संसार।
दास कबीरा क्यों बँधै जाके नाम अधार ॥ 411 ॥
दुर्लभ मानुष जनम है देह न बारम्बार।
तरवर ज्यों पत्ता झड़ै बहुरि न लागै डार ॥ 412 ॥
आये हैं सो जायँगे राजा रंक फकीर।
इक सिंहासन चढ़ि चले इक बँधि जात जंजीर ॥ 413 ॥
जो जानहु जिव आपना करहु जीव को सार।
जियरा ऐसा पाहुना मिलै न दूजी बार ॥ 414 ॥
कबिरा यह तन जात है सकै तो राख बहोर।
खाली हाथों वे गये जिन के लाख करोर ॥ 415 ॥
आस पास जोधा खड़े सबी बजावैं गाल।
माँझ महल से ले चला ऐसा काल कराल ॥ 416 ॥
तन सराय मन पाहरू मनसा उतरी आय।
कोउ काहू का हैं नहीं देखा ठोंक बजाय ॥ 417 ॥
मैं मैं बड़ी बलाय है सको तो निकसो भाग।
कह कबीर कब लग रहै रुई लपेटी आग ॥ 418 ॥
बासर सुख ना रैन सुख ना सुख सपने माहिं।
जो नर बिछुड़े नाम से तिन को धूप न छाहिं ॥ 419 ॥
अपने पहरे जागिए ना पड़ रहिए सोय।
ना जानौं छिन एक में किसका पहरा होय ॥ 420 ॥

दीन गँवायो सँग दुँनी दुनी न चाली साथ।
पाँव कुल्हाड़ी मारिया मूरख अपने हाथ॥ 421॥
मैं भँवरा तोहिं बजरिया बन बन बास न लेय।
अटकैगा कहुँ बेल से तड़पि तड़पि जिय देय॥ 422॥
बाड़ी के बिच भँवर था कलियाँ लेता बास।
सो तो भवरा उड़ि गया तजि बाड़ी की आस॥ 423॥
भय बिनु भाव न ऊपजै भय बिनु होय न प्रीति।
जब हिरदे से भय गया मिटी सकल रस रीति॥ 424॥
भय से भक्ति करै सबै भय से पूजा होय।
भय पारस है जीव को निर्भय होय न कोय॥ 425॥
ऐसी गत संसार की ज्यों गाड़र की ठाट।
एक पड़ा जेहि गाड़ में सबै जायँ तेहि बाट॥ 426॥
इक दिन ऐसा होयगा कोउ काहु का नाहिं।
घर की नारी को कहै तन की नारी जाहिं॥ 427॥
भँवर बिलंबे बाग में बहु फूलन की आस।
जीव बिलंबे विषय में अंतहुँ चले निरास॥ 428॥
चलती चक्की देख के दिया कबीरा रोय।
दुइ पट भीतर आइके साबित गया न कोय॥ 429॥
सेसर सुवना सेइया दुइ ढेंढी की आस।
ढेंढी फूटि चटाक दे सुवना चला निरास॥ 430॥
धरती करते एक पग समुँदर करते फाल।
हाथन परबत तौलते तिनहूँ खाया काल॥ 431॥
आज काल्ह दिन एक में इस्थिर नाहिं सरीर।
कह कबीर कस राखिहौ काँचे बासन नीर॥ 432॥
माली आवत देखिकै कलियाँ करैं पुकार।
फूलीफूली चुनि लिए काल्हि हमारी बार॥ 433॥
काँची काया नन अथिर थिर थिर काज करंत।
ज्यों ज्यों नर निधड़क फिरत त्यों त्यों काल हसन्त॥ 434॥
हम जानै थे खायेंगे बहुत जमीं बहु माल।
ज्यों का त्यों ही रह गया पकरि लै गया काल॥ 435॥
दव की दाही लाकड़ी ठाढ़ी करै पुकार।
अब जो जाउँ लोहार घर डाहै दूजी बार॥ 436॥

जरनेहारा भी मुआ मुआ जरावन-हार।
है है करते भी मुए कासों करौं पुकार॥ 437॥
भाई बीर बटाउआ भरि भरि नैनन रोय।
जाका था सो ले लिया दीन्हा था दिन दोय॥ 438॥
तेरा संगी कोई नहीं सभी स्वारथी लोय।
मन परतीति न ऊपजै जिव बिस्वास न होय॥ 439॥
कबिरा रसरी पाँव में कह सोवै सुख चैन।
स्वाँस नगाड़ा कूंच का बाँजत है दिन रैन॥ 440॥
पात झरंता यों कहै सुनु तरवर बनराय।
अब के बिछुरे ना मिलैं दूर परैंगे जाय॥ 441॥
कबिरा जंत्र न बाजई टूटि गया सब तार।
जंत्र बिचारा क्या करै चला बजावन हार॥ 442॥
साथी हमरे चलि गये हम भी चालनहार।
कागद में बाकी रही तातें लगी बार॥ 443॥
दस द्वारे का पींजरा तामें पंछी पौन।
रहिबे को आचरज है जाय तो अचरज कौन॥ 444॥
सुर नर मुनि औ देवता सात द्वीप नवखंड।
कह कबीर सब भोगिया देह धरे का दंड॥ 445॥

उपदेश

जो तोको काँटा बुवै ताहि बोव तू फूल।
तोहिं फूल को फूल है वाको है तिरसूल॥ 446॥
दुर्बल को न सताइए जाकी मोटी हाय।
बिना जीव को स्वाँस से लोह भसम ह्वै जाय॥ 447॥
कबिरा आप ठगाइए और न ठगिए कोय।
आप ठगा सुख होत है और ठगे दुख होय॥ 448॥
या दुनिया में आइके छाँड़ि देइ तू ऐंठ।
लेना होइ सो लेइ ले उठो जात है पैंठ॥ 449॥
ऐसी बानी बोलिए मन का आपा खोय।
औरन को सीतल करै आपहुँ सीतल होय॥ 450॥
जग में बैरी कोइ नहीं जो मन सीतल होय।
या आपा को डारि दे दया करै सब कोय॥ 451॥

हस्ती चढ़िए ज्ञान की सहज दुलीचा डारि।
स्वान रूप संसार है भूसन दे झख मारि॥ 452 ॥
बाजन देहू जंतरी कलि कुकही मत छेड़।
तुझे पराई क्या पड़ी अपनी आप निबेड़॥ 453 ॥
आवत गारी एक है उलटत होय अनेक।
कह कबीर नहि उलटिए वही एक ही एक॥ 454 ॥
गारी ही सो साधु ऊपजै कलह कष्ट औ मीच।
हारि चलै सौ साधु है लागि मरै सो नीच॥ 455 ॥
जैसा अनजल खाइए तैसा ही मन होय।
जैसा पानी पीजिए तैसी बानी सोय॥ 456 ॥
माँगन मरन समान है मति कोई माँगो भीख।
माँगन ते मरना भला यह सतगुरु को सीख॥ 457 ॥
उदर समाता अन्न लै तनहिं समाता चीर।
अधिकहि संग्रह ना करै ताका नाम फकीर॥ 458 ॥
कहते को कहि जान दे गुरु की सीख तु लेइ।
साकट जन औ स्वान को फिर जवाब मत देइ॥ 459 ॥
जो कोइ समझे सैन मैं तासों कहिए बैन।
सैन बैन समझै नहीं तासों कछू कहै न॥ 460 ॥
बहते को मत बहन दे कर गहि ऐंचहु ठौर।
कहा सुना मानै नहीं बचन कहो दुइ और॥ 461 ॥
सकल दुरमती दूर करि आछो जन्म बनाव।
काग गमन गति छाँड़ि दे हंस गमन गति आव॥ 462 ॥
मधुर वचन है औषधी कटुक बचन है तीर।
स्रवन द्वार ह्वै संचरै सालै सकल सरीर॥ 463 ॥
बोलत ही पहिचानिए साहु चोर को घाट।
अंतर की करनी सबै निकसै मुख को बाट॥ 464 ॥
पढ़ि पढ़ि के पत्थर भए लिखि लिखि भए जो ईंट।
कबिरा अंतर प्रेम की लागी नेक न छींट॥ 465 ॥
नाम भजो मन बसि करो यही बात है सन्त।
काहे को पढ़ि पचि मरो कोटिन ज्ञान गरंथ॥ 466 ॥
करता था तो क्यों रहा अब करि क्यों पछिताय।
बोवे पेड़ बबूल का आम कहाँ तें खाय॥ 467 ॥

कबिरा दुनिया देहरे सीस नवाबन जाय।
हिरदे माहीं हरि बसैं तू ताही लौ लाय ॥ 468 ॥
मन मथुरा दिल द्वारिका काया कासी जान।
दस द्वारे का देहरा तामें ज्योति पिछान ॥ 469 ॥
पूजा सेवा नेम व्रत गुड़ियन का सा खेल।
जब लग पिउ परसैं नहीं तब लग संसय मेल ॥ 470 ॥
तीरथ चाले दुइ जना चित चंचल मन चोर।
एको पाप न उतरिया मन दस लाए जोर ॥ 471 ॥
न्हाए धोए क्या भया जो मन मैल न जाय।
मीन सदा जल में रहै धोए बास न जाय ॥ 472 ॥
पोथी पढ़ि पढ़ि जग मुआ पंडित हुआ न कोय।
एकै अच्छर प्रेम का पढ़े सो पंडित होय ॥ 473 ॥
पढ़े गुने सीखे सुने मिटी न संसय सूल।
कह कबीर कासों कहूँ येही दुख का मूल ॥ 474 ॥
पंडित और मसालची दोनों सूझे नाहिं।
औरन को कर चाँदना आप अँधेरे माहिं ॥ 475 ॥
ऊँचे गाँव पहाड़ पर औ मोटे की बाँह।
ऐसो ठाकुर सेइए उबरिय जाकी छाँह ॥ 476 ॥
हे कबीर तैं उतरि रहु सँबल परोह न साथ।
सबल घटे औ पग थके जीव बिराने हाथ ॥ 477 ॥
अपा तजो और हरि भजो नख सिख तजो विकार।
सब जिउ ते निरवैर रहु साधु मता है सार ॥ 478 ॥
बहु बन्धन ते बाँधिया एक विचारा जीव।
का बल छूटै आपने जो न छुड़ावै पीव ॥ 479 ॥
समुझाए समुझै नहीं परहथ आप बिकाय।
मैं खेंचत हौ आप को चला सो जमपुर जाय ॥ 480 ॥
वोहू तो वैसहि भया तू मति होय अयान।
तू गुणवंत वे निरगुणी मति एकै में सान ॥ 481 ॥
पूरा साहब सेइए सब बिधि पूरा होइ।
ओछे नेह लगाइए मूलौ आवै खोइ ॥ 482 ॥
पहिले बुरा कमाइ कै बाँधी विष कै मोट।
कोटि कर्म मिट पलट में आवै हरि की ओट ॥ 483 ॥

काम

सह कामी दीपक दसा सोखै तेल निवास।
कबिरा हीरा सन्त जन सहजै सदा प्रकास ॥ 484 ॥
कामी क्रोधी लालची इनसे भक्ति न होय।
भक्ति करै कोइ सूरमा जाति बरन कुल खोय ॥ 485 ॥
भक्ति बिगारी कामियाँ इंद्री केरे स्वाद।
हीरा खोया हाथ से जनम गँवाया बाद ॥ 486 ॥
जहाँ काम तहँ नाम नहिं जहाँ नाम नहिं काम।
दोनों कबहुँ ना मिलैं रवि रजनी इक ठाम ॥ 487 ॥
काम क्रोध मद लोभ की जब लग घट में खान।
कहा मूर्ख कहा पंडिता दोनों एक समान ॥ 488 ॥
काम काम सब कोइ कहै काम न चीन्है कोय।
जेती मन की कल्पना काम कहावैं सोय ॥ 489 ॥

क्रोध

कोटि परम लागे रहैं एक क्रोध को लार।
किया कराया सब गया जब आया हंकार ॥ 490 ॥
दसो दिसा से क्रोध की उठी अपरबल आगि।
सीतल संगति साधु की तहाँ उबरिए भागि ॥ 491 ॥
कुबुधि कमानी चढ़ि रही कुटिल बचन का तीर।
भरि भरि मारै कान में सालै सकल सरीर ॥ 492 ॥
कुटिल बचन सबसे बुरा जारि करै तन छार।
साध बचन जल रूप है बरसै अमृत धार ॥ 493 ॥
करक करेजे गड़ि रही बचन वक्ष की फाँस।
निकसाए निकसै नहीं रही सो काहू गाँस ॥ 494 ॥
मधुर बचन हैं औषधी कटुक बचन हैं तीर।
श्रवण द्वार ह्वै संचरै सालै सकल शरीर ॥ 495 ॥

लोभ

जब मन लागै लोभ सों गया विषय में सोय।
कहै कबीर बिचारि कै कस भक्ती धन होय ॥ 496 ॥

कबिरा त्रिस्ना पापिनी तासों प्रीति न जोरि।
पैंड पैंड पाछे परै लागै मोटी खोरि ॥ 497 ॥
कबिरा औंधी खोपरी कबहूँ धापै नाहिं।
तीन लोक की संपदा कब आवै घर माहिं ॥ 498 ॥
आव गयी आदर गया नैनन गया सनेह।
ये तीनौं तबही गये जबहिं कहा कछुदेह ॥ 499 ॥
बहुत जतन करि कीजिए सब फल जाय नसाय।
कबिरा संचय सूम धन अंत चोर लै जाय ॥ 500 ॥

मोह

मोह फंद सब फाँदिया कोइ न सकै निरवार।
कोइ साधू जन पारखी विरला तत्त्व विचार ॥ 501 ॥
मोह मगन संसार है कन्या रही कुमारि।
काहू सुरति जो नाकरी फिरि फिरि ले अवतारि ॥ 502 ॥
जहँ लग सब संसार है मिरग सबन को मोह।
सुर नर नाग पताल अरु ऋषि मुनिवर सब जोह ॥ 503 ॥
सलिल मोह की धार में बहि गये गहिर गँभीर।
सुच्छम मछरी सुरति है चढ़ती उलटे नीर ॥ 504 ॥
अमृत केरी मोटरी सिर से धरी उतारि।
जाहि कहौ मैं एक हौ मोहि कहै द्वैचारि ॥ 505 ॥
जाको मुनिवर तप करैं वेद पढैं गुन गाय।
सोई देव सिखापना नहिं कोई पतिआय पतिआय ॥ 506 ॥
भर्म परा तिहुँ लोक में भर्म बसा सब ठाउँ।
कहहि कबीर पुकारि के बसैं भर्म के गाउँ ॥ 507 ॥
युवा जरा बालापन बीत्यों चौथि अवस्था आई।
जस मुसवा को तकै विलैया तस जम घात लगाई ॥ 508 ॥
दर्पण केरी जो गुफा सोनहा पैठो धाय।
देखत प्रतिमा आपनी भूँकि भूँकि मरि जाय ॥ 509 ॥
मनुष विचारा क्या करै कहे न खुलै कपाट।
श्वान चौक बैठाय के पुनि पुनि ऐपन चाट ॥ 510 ॥

अहंकार

माया तजी तो क्या भया मान तजा नहिं जाय।
मान बड़े मुनिवर गले मान सबन को खाय ॥ 511 ॥
मान बड़ाई कूकरी सन्तन खेदी जानि।
पांडव जग पूरग भया सुपच बिराजे आनि ॥ 512 ॥
मान बड़ाई जगत में कूकर की पहिचानि।
मीत किए मुख चाटही बैर किए तन हानि ॥ 513 ॥
बड़ा हुआ तो क्या हुआ जैसे पेड़ खजूर।
पंछी को छाया नहीं फल लागै अति दूर ॥ 514 ॥
कबिरा अपने जीव तें ये दो बातें धोय।
मान बड़ाई कारने आछत मूल न खोय ॥ 515 ॥
प्रभुता को सब कोउ भजै प्रभु को भजै न कोय।
कह कबीर प्रभु को भजै प्रभुता चेरी होय ॥ 516 ॥
जहँ आपा तहँ आपदा जहुँ संसय तहै सोग।
कह कबीर कैसे मिटैं चारों दीरघ रोग ॥ 517 ॥
माया त्यागे क्या भया मान तजा नहिं जाय।
जेहि मानै मुनिवर ठगे मान सबन को खाय ॥ 518 ॥

कपट

कबिरा तहाँ न जाइए जहाँ कपट का हेत।
जानो कली अनार को तन राता मन स्वेत ॥ 519 ॥
चित कपटी सब सौं मिलै माहीं कुटिल कठोर।
इक दुरजन इक आरसीं आग पीछे और ॥ 520 ॥
हेत प्रीति सों जो मिले तासों मिलै बलाय।
अंतर राखे जो मिलै तासों मिलै बलाय ॥ 521 ॥

आशा

आसा जीवै जग मरै लोग मरैं मन जाहि।
धन संचै सो भी मरें उबरैं सो धन खाहि ॥ 522 ॥
आसन मारे का भया मुई न मन की आस।
ज्यों तेली के बैल को घर ही कोस पचास ॥ 523 ॥

आसा एक जो नाम की दूजी आस निरास।
पानी माही घर करै सो भी मरै पियास ॥ 524 ॥
कबिरा जोगी जगत गुरु तजै जगत की आस।
जो जग की आसा करै जगत गुरु वह दास ॥ 525 ॥
आसा का ईंधन करूँ मनसा करूँ भभूत।
जोगी फिरि फिर करूँ यो बनि आवै सूत ॥ 526 ॥

तृष्णा

कबिरा सो धन संचिए जो आगे को होय।
सीस चढ़ाए गाठरी जात न देखा कोय ॥ 527 ॥
की त्रिस्ना है डाकिनी की जीवन की काल।
और और निस दिन चहै जीवन करै बिहाल ॥ 528 ॥

निद्रा

कबिरा सोया क्या करै उठि न भजै भगवान।
जम जब धर लै जायँगे पड़ा रहेगा म्यान ॥ 529 ॥
कबिरा सोया क्या करै जागन की करु चौंप।
ये दम हीरा लाल हैं गिनि गिनि गुरु को सौंप ॥ 530 ॥
नींद निसानी मीच की उट्ठ कबीरा जाग।
और रसायन छाँड़ि के नाम रसायन लाग ॥ 531 ॥
पिउ पिउ कहि कहि कूकिए न सोइय असरार।
रात दिवस के कूकते कबहुँक लगै पुकार ॥ 532 ॥
सोता साध जगाइए करै नाम का जाप।
यह तीनों सोते-भले साकत सिंह औ साँप ॥ 533 ॥
जागन में सोवन करै सोवन में लौ लाय।
सुरति डोरि लागी रहै तार टूटि नहिं जाय ॥ 534 ॥

निंदा

निंदक नियरे रखिए आँगन कुटी छवाय।
बिन पानी साबुन बिना निर्मल करै सुभाय ॥ 535 ॥
तिनका कबहु न निंदिए जो पाँवन तर होय।
कबहूँ उड़ि आँखिन परै पीर घनेरी होय ॥ 536 ॥

सातो सायर में फिरा जंबुदीप दै पीठ।
निंदा पराई ना करै सो कोइ बिरला दीठ ॥ 537 ॥
दोष पराया देखि करि चले हसन्त हसन्त।
अपने याद न आवईं जाको आदि न अंत ॥ 538 ॥
निंदक एकहु मति मिलै पापी मिलौ हजार।
इक निंदक के सीस पर कोटि पाप को भार ॥ 539 ॥

माया

माया छाया एक सी बिरला जानै कोय।
भगताँ के पीछै फिरै सनमुख भागै सोय ॥ 540 ॥
माया तो ठगनी भई ठगत फिरै सब देस।
जा ठग या ठगनी ठगी ता ठग को आदेस ॥ 541 ॥
कबिरा माया रूखड़ी दो फल की दातार।
खोवत खरचत मुक्ति भे संचत नरक दुआर ॥ 542 ॥
माया तो है राम की मोदी सब संसार।
जाको चिट्ठी ऊतरी सोई खरचन-हार ॥ 543 ॥
माया संचै संग्रहै वह दिन जानै नाहि।
सहस बरस का सब करै मरै महूरत माहि ॥ 544 ॥
कबिरा माया मोहनी मोहे जान सुजान।
भागे हूँ छुटै नहीं भरि भरि मारैं बान ॥ 545 ॥
माया के झक जग जरै कनक कामिनी लागि।
कह कबीर कस बाँचिहै रुई लपेटी आगि ॥ 546 ॥
मैं जानूँ हरि से मिलूँ मो मन मोटी आस।
हरि बिच डारै अंतरा माया बड़ी पिसाच ॥ 547 ॥
आँधी आई ज्ञान की ढही भरम की भीति।
माया ठाटी उढ़ि गई लगो नाम से प्रीति ॥ 548 ॥
मीठा सब कोई खात है विष ह्वै लागै धाय।
नीब न कोई पीवसी सर्व रोग मिट जाय ॥ 549 ॥
माया तरवर त्रिबिधि का साख विषय सन्ताप।
सीतलता सपने नहीं फल फीका तन ताप ॥ 550 ॥
जिनको साँईं रंग दिया कभी न होइ कुरंग।
दिन दिन बानी आगरी चढ़ै सवाया रंग ॥ 551 ॥

माया दीपक नर पतँग भ्रमि भ्रमि माहिं परंत।
कोइ एक गुरु ज्ञान तें उबरें साधू सन्त ॥ 552 ॥

कनक और कामिनी

चलौं चलौं सब कोइ कहै पहुँचे बिरला कोय।
एक कनक औ कामिनी दुरगम घाटी दोय ॥ 553 ॥
नारी की झाई परत अन्धा होत भुजंग।
कबिरा तिनकी कौन गति नित नारी को संग ॥ 554 ॥
पर नारी पैनी छुरी मति कोइ लाऔ अंग।
रावन के दस सिर गये पर नारी के संग ॥ 555 ॥
पर नारी पैनी छुरी बिरला बाँचै कोय।
ना वहि पेट सँचारिए सर्व सोन की होय ॥ 556 ॥
दीपक सुन्दर देखि कै जरि जरि मरै पतंग।
बढ़ी लहर जो विषय की जरत न मौड़ै अंग ॥ 557 ॥
साँप बीछि को मंत्र है माहुर झारे जात।
विकट नारि पाले परी काटि करेजा खात ॥ 558 ॥
कनक कामिनी देखि कै तू मति भूल सुरंग।
बिछुरन मिलन दुलेहरा केंचुकि तजै भुजंग ॥ 559 ॥

मादक द्रव्य

मद तो बहुतक भाँति का ताहि न जानै कोय।
तन-मद-मन-मद जाति-मद माया-मद सब लोय ॥ 560 ॥
विद्या-मद औ गुनहुँ-मद राज-मद्द उनमद्द
इतने मद को रद करैं तब पावै अनहद्द ॥ 561 ॥
कबिरा माता नाम का मद मतवाला नाहिं।
नाम पियाला जो पियै सो मतवाला नाहिं ॥ 562 ॥

शील

सील छिमा जब ऊपजै अलख दृष्टि तब होय।
बिना सील पहुँचै नहीं लाख कथै जो कोय ॥ 563 ॥
सीलवंत सब तें बड़ा सर्व रतन की खानि।
तीन लोक की संपदा रही सील में आनि ॥ 564 ॥

ज्ञानी ध्यानी संजमी दाता सूर अनेक।
जपिया तपिया बहुत हैं सीलवंत कोइ एक ॥ 565 ॥
सुख का सागर सील है कोइ न पावै थाह।
सब्द बिना साधू नहीं द्रव्य बिना नहीं साह ॥ 566 ॥
घायल ऊपर धाव लैं टोटे त्यागी सोय।
भर जोबन में सीलवँत बिरला होय तो होय ॥ 567 ॥

क्षमा

छिमा बड़न को चाहिए छोटन को उत्पात।
कहा विष्णु को घटि गयो जो भृगु मारी लात ॥ 568 ॥
जहाँ दया तहँ धर्म है जहाँ लोभ तहँ पाप।
जहाँ क्रोध तहँ काल है जहाँ छिमा तहँ आप ॥ 569 ॥
करगस सम दुर्जन बचन रहै सन्त जन टारि।
बिजुली परै समुद्र में कहा सकैगी जारि ॥ 570 ॥
खोद खाद धरती सहै काट कूट बनराय।
कुटिल बचन साधू सहै और सहा न जाय ॥ 571 ॥

उदारता

कबिरा गुरु की मिलन की बात सुनी हम दोय।
कै साहेब का नाम लै कै कर ऊँचा होय ॥ 572 ॥
ऋतु बसन्त जाचक भया हरषि दिया द्रुम पात।
ताते नव पल्लव भया दिया दूर नहिं जात ॥ 573 ॥
जो जल बाढ़ै नाव में घर में बाढ़ै दाम।
दोऊ हाथ उलीचिए यहि सज्जन को काम ॥ 574 ॥
हाड़ बड़ा हरि भजन कर द्रव्य बड़ा कछु देय।
अकल बड़ी उपकार कर जीवन का फल येह ॥ 575 ॥
देह धरे का गुन यही देहु देहु कछु देहु।
बहुरि न देही पाइए अब की देहु सो देहु ॥ 576 ॥
सत ही में सत बाँटई रोटी में तें टूक।
कह कबीर ता दास को कबहूँ न आव चूक ॥ 577 ॥

सन्तोष

चाँह गयी चिन्ता मिटी मनुवाँ बेपरवाह।
जिनको कछू न चाहिए सोई साहंसाह ॥ 578 ॥
माँगन गये सो मरि रहे मरे सो माँगन जाहिं।
तिनसे पहले वे मरे होत कहत जो नाहिं ॥ 579 ॥
गोधन गजधन बाजिधन और रतन धन खानि।
जब आवै सन्तोष धन सब धन धूरि समान ॥ 580 ॥
मरि जाऊँ माँगू नहीं अपने तन के काज।
परमारथ के कारने मोहिं न आवै लाज ॥ 581 ॥

धैर्य

धीरे धीरे रे मना धीरे सब कछु होय।
माली सींचै सौ घड़ा ऋतु आये फल होय ॥ 582 ॥
कबिरा धीरज के धरे हाथी मन भर खाय।
टूक एक के कारने स्वान घरै घर जाय ॥ 583 ॥
कबिरा भँवर में बैठि कै भौचक मना न जोय।
डूबन का भय छाँड़ि दे करता करै सो होय ॥ 584 ॥
मैं मेरी सब जायगी तब आवैगी और।
जब यह निश्चय होयगा तब पावैगा ठौर ॥ 585 ॥

दीनता

दीन गरीबी बंदगी साधन सों आधीन।
ताके संग मैं यों रहूँ ज्यों पानी सँग मीन ॥ 586 ॥
दीन लखे मुख सबन को दीनहिं लखै न कोय।
भली विचारी दीनता नरहुँ देवता होय ॥ 587 ॥
दीन गरीबी बंदगी सब से आदर भाव।
कह कबीर तेई बड़ा जामें बड़ा सुभाव ॥ 588 ॥
कबिरा नवै सो आप को पर को नवै न कोय।
घालि तराजू तौलिए नवै सो भारी होय ॥ 589 ॥
ऊँचे पानी ना टिकै नीचे ही ठहराय।
नीचे होय सो भरि पिवै ऊँच प्यासा जाय ॥ 590 ॥

नीचे नीचे सब तरे जेते बहुत अधीन।
चढ़ बोहित अभिमान की बूड़ै ऊँच कुलीन ॥ 591 ॥
सब तें लघुताई भली लघुता तें सब होय।
जस दुतिया को चंद्रमा सीस नवै सब कोय ॥ 592 ॥
बुरा जो देखन मैं चला बुरा न मिलिया कोय।
जो दिल खोजों अपना मुझ सा बुरा न होय ॥ 593 ॥
मेरा मुझ में कुछ नहीं जो कछु है सो तोर।
तेरा तुझ को सौंपते क्या लागैगा मोर ॥ 594 ॥
लघुता ते प्रभुता मिलै प्रभुता ते प्रभु दूरि।
चींटी लै शक्कर चली हाथी के सिर धूरि ॥ 595 ॥

दया

दया भाव हिरदे नहीं ज्ञान कथै बेहद।
ते नर नरकहिं जाहिंगे सुनि सुनि साखी सब्द ॥ 596 ॥
दया कौन पर कीजिए कापर निर्दय होय।
साँई के सब जीव हैं कीरी कुंजर दोय ॥ 597 ॥

सत्यता

साँच बराबर तप नहीं झूठ बराबर पाप।
जाके हिरदे साँच है ता हिरदे गुरु आप ॥ 598 ॥
साँई से साँचा रहौ साँई साँच सुहाय।
भाँवै लंबे केस रख भाँवै घोट मुँडाय ॥ 599 ॥
साँचे साप न लागई साँचे काल न खाय।
साँचे को साँचा मिलै साँचै माँहि समाय ॥ 600 ॥
साँच बिना सुमिरन नहीं भय बिन भक्ति न होय।
पारस में परदा रहै कंचन केहि बिधि होय ॥ 601 ॥
प्रेम प्रीति का चोलना पहिरि कबीरा नाच।
तन मन तापर वार हूँ जो कोई बोलै साँच ॥ 602 ॥
साँचे कोइ न पतीजई झूठे जग पतियाय।
गली गली गोरस फिरे मदिरा बैठि बिकाय ॥ 603 ॥
साँच कहूँ तो मारिहैं झूठे जग पतियाय।
ये जग काली कूकरी यो छेड़े ता खाय ॥ 604 ॥

सब ते साँचा है भला जो साँचा दिल होइ।
साँच बिना सुख नाहिना कोटि कहै जो कोइ ॥ 605 ॥
साँचे सौदा कीजिए अपने मन में जानि।
साँचे हीरा पाइए झूठे मूरौ हानि ॥ 606 ॥

वाचनिक ज्ञान

ज्यों अँधेरे कौ हाथिया सब काहू को ज्ञान।
अपनी अपनी कहत हैं काको धरिए ध्यान ॥ 607 ॥
ज्ञानी से कहिए कहा कहत कबीर लजाय।
अन्धे आगे नाचने कला अकारथ जाय ॥ 608 ॥
ज्ञानी झूले ज्ञान कथि निकट रह्यो निच रूप।
बाहर खोजै बापुरे भीतर वस्तु अनूप ॥ 609 ॥
भीतर तो भेद्यो नहीं बाहर कथै अनेक।
जो पै भीतर लखि परै भीतर बाहर एक ॥ 610 ॥

विचार

पानी केरा पूतला रखा पवन संचार।
नाना बानी बोलता जोति धरी करतार ॥ 611 ॥
एक शब्द में सब कहा सब ही अर्थ बिचार।
भजिए निर्गुन नास को तजिए विषै बेकार ॥ 612 ॥
सहज तराजू आनि करि सब रस देखा तोल।
सब षस माहीं जीभ रस जो कोइ जानै बोल ॥ 613 ॥
आचारी सब जग मिला मिला बिचारि न कोय।
कोटि अचारी बारिए एक बिचारि जो होय ॥ 614 ॥
मन दीया कहिं और ही तन साधन के संग।
कह कबीर कारो गजी कैसे लागै रंग ॥ 615 ॥
लोग भरोसे कौन के बैरि रहे अरगाय।
ऐसे जियरै जम बुटै मेढ़ैं लुटैं कसाय ॥ 616 ॥
बोली एक अमोल है जो कोइ बोलै जानि।
हिए तराजू तौलि के तब मुख बाहर आनि ॥ 617 ॥

विवेक

फूटी आँखि विवेक की लखै न सन्त असन्त।
जाके सग दस बीस हैं ताका नाम महंत ॥ 618 ॥
सादू भेरे सब बड़े अपनी अपनी ठौर।
सब्द विशेकी पारखी सो माथे के मौर ॥ 619 ॥
समझा समझा एक है अन समझा सब एक।
समझा कोई जानिए जाके हृदय विवेक ॥ 620 ॥
भँवर जाल बगु जात है बूड़े जीव अनेक।
कह कबीर ते बाँचिहैं जिनके हृदय विवेक ॥ 621 ॥
जहँ गाहक तहँ हौ नहीं हौं जहँ गाहँक नाहिं।
बिन बिवेक भटकत फिरै पकरि शब्द की छाँहि ॥ 622 ॥

बुद्धि और कुबुद्धि

अकिल अरस सों उतरी बिधना दीन्हीं बाँटि।
एक अभागा रह गया एकन लीन्हीं छाँटि ॥ 623 ॥
बिना वसीले चाकरी बिना बुद्धि की देह।
बिना ज्ञान का जोगना फिरै लगाए खेह ॥ 624 ॥
समझा का घर और है अनसमझा का और।
जा घर में साहब बसै बिरला जानै ठौर ॥ 625 ॥
मूरख को समझावते ज्ञान गाँठि को जाय।
कोइला होइ न ऊजरो नौ मन साबन खाय ॥ 626 ॥
मूरख सों क्या बोलिए सठ सों कहा बसाय।
पाहन में क्या मारिए चोखा तीर नसाय ॥ 627 ॥
पल में परलय बीतिया लोगन लगी तमारि।
आगिल सोच नियारि फै पाछे करो गोहारि ॥ 628 ॥

आहार

खट्टा मीठा चरपरा जिह्वा सब रस लेय।
चोरों कुतिया मिलि गयी पहरा किसका देय ॥ 629 ॥
खट्टा मीठा देखि कै रमना मेलै नीर।
जब लग मन पाको नहीं काँचो निपट कथीर ॥ 630 ॥

बकरी पाती खात है ताकी काढ़ी खाल।
जो बकरी को खात है ताको कौन हवाल ॥ 631 ॥
दिन को रोजा रहत है रात हनत है गाय।
यह तो खूनी बह बंदगी कहु क्यों खुसी खुदाय ॥ 632 ॥
सुख खाना है खीचरी मोहिं परा टुक नौन।
माँस पराया खाय कर गरा कटावे कौन ॥ 633 ॥
रूखा सूखा खाइ कै ठंढा पानी पीव।
देखि बिरानी चूपड़ी मत ललचावै जीव ॥ 634 ॥
कबिरा सांई मुज्झ को रूखी रोटी देय।
चुपड़ी माँगत मैं डरूँ रूखी छीन न लेय ॥ 635 ॥
आधी अरु रूखी भली सारी सों सताप।
जो चाहैगा चूपड़ी बहुत करैगा पाप ॥ 636 ॥

संसारोत्पत्ति

प्रथमै समरथ आप रह दूजा रहा न कोय।
दूजा क्रेहि विधि ऊपजा पूछत हौं गुरु सोय ॥ 637 ॥
तब सतगुरु मुख बोलिया सुकृत सुनो सुजान।
आदि अंत की पारचै तोसों कहौं बखान ॥ 638 ॥
प्रथम सुरति समरथ कियो घट में सहज उचार।
ताते जामन दीनिया सात करी वित्तार ॥ 639 ॥
दूजे घट इच्छा भई चित्त मनसा तो कीन्ह।
सात रूप निरमाइया अविगत काहु न चीन्ह ॥ 640 ॥
तब समरथ के श्रवण ते मूल सुरति भै सार।
शब्द कला ताते भई पाँच ब्रह्म अनुसार ॥ 641 ॥
पाँचों पाँचों अंड धरि एक एक माँ कीन्ह।
दुइ इच्छा तहँ गुप्त हैं सो सुकृत चित दीन्ह ॥ 642 ॥
योग मया यकु कारने ऊजो अक्षर कीन्ह।
या अवगति समरथ करी ताहि दुप्त करि दीन्ह ॥ 643 ॥
श्पासा सोहं ऊपजे कीन्ह अमी बंधान।
आठ अंश निरमाइया चीन्हों सन्त सुजान ॥ 644 ॥
तेज अंड आचिन्त्य का दीन्हों सकल पसार।
अंड शिखा पर बैठि चै अधर दीप निरधार ॥ 645 ॥

ते अचिन्त्य के प्रेम ते उपजे अक्षर सार।
चारि अंश निरमाइया चारि वेद विस्तार ॥ 646 ॥
तब अक्षर का दीनिया नीद मोह अलसान।
वे समरथ अविगत करी मर्म कोइ नहिं जान ॥ 647 ॥
जब अक्षर के नींद गै दवी सुरति निरवान।
श्याम बरण इक अंड है सो जल में उतरान ॥ 648 ॥
अक्षर घट में ऊपजे व्याकुल संशय शूल।
किन अंडा निरमाइया कहा अंड का मूल ॥ 649 ॥
तेहि अंड के मुक्ख पर लगी शब्द की छाप।
अक्षर दृष्टि से फूटिया दश द्वारे कढ़ि बाप ॥ 650 ॥
तेहि ते ज्योति निरंजनौ प्रगटे रूप निधान।
काल अपर बल बीर भा तीनि लोक परधान ॥ 651 ॥
ताते तीनों देव भे ब्रह्मा विष्णु महेश।
चारि खानि तिन सिरजिया माया के उपदेश ॥ 652 ॥
लख चौरासी धार माँ तहाँ जीव दिय बास।
चौदह जम रखवारिया चारि वेद विस्वास ॥ 653 ॥
आपु आपु सुख सबर मैं एक अंड के माहिं।
उत्पति परलय दुःख सुख फिर आवहिं फिर जाहिं ॥ 654 ॥
सात सुरति सब मूल है प्रलय हुँ इनहीं माहिं।
इनहीं में से ऊपजे इनहीं माँह समाहिं ॥ 655 ॥
सोइ ख्याल समरथ कर रहे सो अछपछ पाइ।
सोइ संधि ले आइया सोवत जगहिं जगाइ ॥ 656 ॥
सात सुरति के बाहिरे सोरह संख के पार।
तहँ समरथ को बैठका हंसन केर अधार ॥ 657 ॥

मन

मन के मते न चालिए मन के मते अनेक।
जो मन पर असवार है सो साधू कोइ एक ॥ 658 ॥
मन-मुरीद संसार है गुरु-मुरीद कोइ साध।
जो मानै गुरु वचन को ताको मता अगाध ॥ 659 ॥
मन को मारूँ पटकि के टूक टूक होइ जाय।
विष की क्यारी बोइ के लुनता क्यों पछिताय ॥ 660 ॥

मन पाँचों के बसि परा मन के बस नहिं पाँच।
जित देखूँ तित दौ लगी जित भागूँ तित आँच ॥ 661 ॥
कबिरा बेरी सबल हैं एक जीव रिपु पाँच।
अपने अपने स्वाद को बहुत नचावैं नाच ॥ 662 ॥
कबिरा मन तो एक है भाव तहाँ लगाय।
भाव गुरु की भक्ति कर भावैं विषय कमाय ॥ 663 ॥
मन के मारे बन गये बन तजि बस्ती माहिं।
कह कबीर क्या कीजिए यह मन ठहरै नाहिं ॥ 664 ॥
जेती लहर समुद्र की तेती मन की दौर।
सहजै हीरा नीपजै जो मन आवै ठौर ॥ 665 ॥
पहले यह मन काग था करता जीवन-घात।
अब तो मन हंसा भया मोती चुँगि चुँगि खात ॥ 666 ॥
कबिरा मन परबत हता अब मैं पाया कानि।
टाँकी लागी सब्द की निकसी कंचन खानि ॥ 667 ॥
अगम पंथ मन थिर करै बुद्धि करै परबेस।
तन मन सबही छाँड़ि के तब पहुँचे वा देस ॥ 668 ॥
मन मोटा मन पातरा मन पानी मन लाय।
मन के जैसी ऊपजै तैसे ही ह्वै जाय ॥ 669 ॥
मन के बहुतक रंग हैं छिन छिन बदलैं सोय।
एकै रँग में जो रहै ऐसा बिरला कोय ॥ 670 ॥
मनवा तो पंछी भया उड़िकै चला अकास।
ऊपर ही तें गिर पड़ा या माया के पास ॥ 671 ॥
अपने अपने चोर को सब कोइ डारै मार।
मेरा चोर मुझे मिलै सरबस डारूँ बार ॥ 672 ॥
मन कुंजर महमंत था फिरता गहिर गँभीर।
दोहरी तेहरी चौहरी परि गइ प्रेम जँजीर ॥ 673 ॥
हिरदे भीतर आरसी मुख देखा नहिं जाय।
मुख तो सबहीं देखसी दिल की दुविधा जाय ॥ 674 ॥
पानी हूँ तें पातला धुआँ हूँ तें झीन।
पवन हुं तें अति ऊतला दोस्त कबीरा कीन ॥ 675 ॥
मन मनसा को मार करि नन्हा करि के पीस।
तब सुख पावै सुंदरी पदुम झलक्के सीस ॥ 676 ॥

मन मनसा को मार दै घट ही माहीं घेर।
जब ही चालै पीठ दै आँकुस दै दै फेर ॥ 677 ॥
कबिरा मनहि गयंद है आँकुस दै दै राख।
विष की बेलो परिहरी अमृत का फल चाखु ॥ 678 ॥
कुंभे बाँधा जल रहै जल विनु कुंभ न होय।
ज्ञानै वाँधा मन रहे मन बिनु ज्ञान न होय ॥ 679 ॥
मन माया तो एक है माया मनहि समाय।
तीन लोक संसय परा काहि कहूँ समुझाय ॥ 680 ॥
मन सायर मनसा लहरि बूड़े बहे अनेक।
यह कबीर ते बाँचिहैं जाके हृदय विवेक ॥ 681 ॥
नैनन आगे मन बसै रल पिल करै जो दौर।
तीन लोक मन भूप है मन पूजा सब ठौर ॥ 682 ॥
तन बोहित मन काग है लख जोजन उड़ि जाय।
कबहीं दरिया अगम बहिं कबहीं गगन समाय ॥ 683 ॥
मन के हारे हार है मन के जीते जीत।
कह कबीर पिउ पाइए मनहीं की परतीत ॥ 684 ॥
तीनि लोक टींडो भई उड़िया मन के साथ।
हरिजन हरिजाने बिना परे काल के हाथ ॥ 685 ॥
बाजीगर का बंदरा ऐसा जिउ मन साथ।
नाना नाच नचाय कै राचै अपने हाथ ॥ 686 ॥
मन करि सुर मुनि उँहड़िया मन के लक्ष दुवार।
ये मन चंचल चोरई ई मन शुद्ध ठगार ॥ 687 ॥
मन मतंग गैयर हनै मनसा भई शचान।
जंत्र मंत्र माने नहीं लागी उड़ि उड़ि खान ॥ 688 ॥
मन गयंद मानै नहीं चलै सुरति के साथ।
दीन महावत क्या करै अंकुश नाहीं हाथ ॥ 689 ॥
देस विदेसन हौं फिरा मनहीं भरा सुकाल।
जाको ढूँढ़न हौं फिरौं ताको परा दुकाल ॥ 690 ॥
मन स्वारथ आपहि रसिक विषय लहरि फहराय।
मन के चलतै तन चलत ताते सरबसु जाय ॥ 691 ॥
यह मन तो शीतल भया जब उपजा ब्रह्मज्ञान।
जेहि बैसंदर जग जरै सो पुनि उदक समान ॥ 692 ॥

विविध

सुपने में साँईं मिले सोवत लिया जगाय।
आँखि न खोलूँ डरपता मत सुपना है जाय ॥ 693 ॥
सोऊँ तो सुपने मिलूँ जागूँ तो मन माहिं।
लोचन राते सुभ घड़ी बिसरत कबहूँ नाहिं ॥ 694 ॥
कबिरा साथी सोइ किया दुख सुख जाहि न कोय।
हिलि मिलि कै सँग खेलई कधी विछोह न होय ॥ 695 ॥
तरवर तास बिलंबिए बारह मास फलंत।
सीतल छाया सघन फल पंछी केल करंत ॥ 696 ॥
तरवर सरवर सन्तजन चौथे बरसै मेंह।
परमारथ के कारने चारों धारैं देह ॥ 697 ॥
कबिरा सोई पीर है जो जानै पर पीर।
जो पर पीर न जानई सो काफिर बेपीर ॥ 698 ॥
नवन नवन बहु अंतरा नवन नवन बहु बान।
ये तीनों बहुतै नवैं चीता चोर कमान ॥ 699 ॥
कबिरा सीप समुद्र को खारा जल नहिं लेय।
पानी पीवै स्वाति का सोभा सागर देय ॥ 700 ॥
ऊँची जाति पपीहरा पियै न नीचा नीर।
कै सूरपति को जाँचही कै दुख सहै सरीर ॥ 701 ॥
चातक सुतहिं पढ़ावही आन नीर मत लेय।
मम कुल यही सुभाव है स्वाति बूद चित देय ॥ 702 ॥
लम्बा मारग दूर घर बिकट पन्थ बहु भार।
कहत कबीर कस पाइए दुर्लभ गुरु दीदार ॥ 703 ॥
हेरत हेरत है सखी हेरत गया हेराय।
बुंद समानी समुँद में सो कित हेरी जाय ॥ 704 ॥
आदि होत सब आप मैं सकल होत ता माहिं।
ज्यों तरबर के बीच में डार पात फज छाँहिं ॥ 705 ॥
कबिरा में तो तब डरौं जो मुझ ही में होय।
मीच बुढ़ापा आपदा सब काहू में सोय ॥ 706 ॥
सात दीप नौ खंड में तीन लोक ब्रह्मांड।
कह कबीर सबको लगै देह धरे का दंड ॥ 707 ॥

देह धरे का दंड है सब काहू को होय।
ज्ञानी भुगतै ज्ञान करि मूरख भुगतै रोय ॥ 708 ॥
देखन ही की बात है कहने की कछु नाहिं।
आदि अन्त को मिलि रहा हरि जन हरि ही माहिं ॥ 709 ॥
सबे हमारे एक हैं जो सुमिरै सत नाम।
वस्तु लही पहिचानि कै वासना सों क्या काम ॥ 710 ॥
जुआ चोरी मुखबिरी ब्याज घूस पर नार।
जो चाहै दीदार को एती वस्तु निवार ॥ 711 ॥
राज-दुवारे साधुजन तीनि वस्तु को जाय।
कै मीठा कै मान कौ कै माया की चाय ॥ 712 ॥
देखन को सब कोइ भला जैसे सीत का कोट।
देखत ही ढहि जायगा बाँधि सकै नहिं पेट ॥ 713 ॥
नाचै गावै पद कहै नाहीं गुरु सों हेत।
कह कबीर क्यों नीपजै बीज बिहूनो खेत ॥ 714 ॥
ब्रह्महिं तें जग ऊपजा कहत सयाने लोग।
ताहि ब्रह्म के त्यागि बिनु जगत न त्यागन जोग ॥ 715 ॥
ब्रह्मा जगत का बीज है जो नहिं ताको त्याग।
जगत ब्रह्म में लीन है कहहु कौन बैराग ॥ 716 ॥
नेत नेत जेहि वेद कहि जहाँ न मन ठहराय।
मन बानी की गम नहीं ब्रह्म कहा किन ताय ॥ 717 ॥
एक कर्म है बोवना उपजै बीज बहूत।
एक कर्म है भूजना उदय न अंकुर सूत ॥ 718 ॥
चाँद सुरज निज किरन को त्यागि कवन विधि कीन।
जाकी किरने ताहि में उपजि होत पुनि लीन ॥ 719 ॥
गुरु झरोखे बैठि के सब का मुजरा लेइ।
जैसी जाकी चाकरी तैसा ताको देइ ॥ 720 ॥
हंसा बक एक रंग लखि चरैं एक ही ताल।
छीर नीर ते जानिए बक उघरै तेहि काल ॥ 721 ॥
बिना देखे वह देस की बात कहैं सो कूर।
आपै खारी खत हौ बेचत फिरत कपूर ॥ 722 ॥
मलयागिरि के बास में बृच्छ रहा सब गोय।
कहिबे को चंदन भया मलयागिरि ना होय ॥ 723 ॥

काटे आँव न मौरिया फाटे जुरै न कान।
गोरख पद परसे बिना कहौ कौन की सान ॥ 724 ॥
आगे सीढ़ी साँकरी पीछे चकनाचूर।
परदा तर की सुंदरी रही धका दै दूर ॥ 725 ॥
बेरा बाँधि न सर्प को भवसागर के माहिं।
छोड़ै तो बूड़त अहै गहै तो डसिहैं वाहि ॥ 726 ॥
कर खोरा खोबा भरा मग जोहत दिन जाय।
कबिरा उतरा चित्त सों छाँछ दियो नहिं जाय ॥ 727 ॥
विष के बिरबा घर किया रहा सर्प लपटाय।
ताते जियरैं डर भया जागत रैनि बिहाय ॥ 728 ॥
सेमर केरा सूबना सिहुले बैठा जाय।
चोंच चहोरै सिर धुनै यह वाही को भाय। ॥ 729 ॥
सेमर सुबना बेगि तजु धनी बिगुर्चन पाँख।
ऐसा सेमर जो सेवै हृदया नाहीं आँख ॥ 730 ॥
केते दिन ऐसे गये अनरूचे को नेह।
बोए ऊसर न ऊपजै जो धन बरसैं मेह ॥ 731 ॥
प्रगट कहौं तो मारिया परदा लखै न कोय।
सहना छपा पयार तर को कहि बैरी होय ॥ 732 ॥
जो लौं तारा जगमगै तो लौं उगै न सूर।
तौ लौं जिय जग कर्मबस जौ लौं ज्ञान न पूर ॥ 733 ॥
करु बहियाँ बल आपनी छाँड़ बिरानी आस।
जाके आँगन नदी है सौ कस मरै पिआस ॥ 734 ॥
हे गुणवंती बेलरी तब गुण बरणि न जाय।
जर काटे ते हरिअरी सींचे ते कुँभिलाय ॥ 735 ॥
बेलि कुढंगी फल बुरो फुलवा कुबुधि बसाय।
मूल बिनासी तूमरी सरोपात करु आय ॥ 736 ॥
हम जान्यो कुल हंस हो ताते कीन्हों संग।
जो जनत्यों बक बरन हौ छुबन न देत्यों अंग ॥ 737 ॥
गुणिया तो गुण को गहै निर्गुण गुणहिं घिनाय।
बैलहिं दीजै जायफल क्या बूझै क्या खाय ॥ 738 ॥
खेत भला बीजौ भला बोइए मूटी फेर।
काहे बिरवा रूखरा या गुण खेतै केर ॥ 739 ॥

जंत्र बजावत हौं सुना टूटि गये सब तार।
जंत्र बिचारा क्या करै गयो बजावनहार ॥ 740 ॥
औरन के समुझावते मुख में परिगो रेत।
रासि बिरानी राख ते खाए घर को खेत ॥ 741 ॥
तकत तकावत तकि रहे सके न बेझा मारि।
सबै तीर खाली परे चले कमानी डारि ॥ 742 ॥
अपनी कह मेरी सुनै सुनि मिलि एकै होय।
मेरे देखत जग भया ऐसा मिला न कोय ॥ 743 ॥
देस देस हम बागिया ग्राम ग्राम की खोरि।
ऐसा जियरा ना मिला जो ले फटकि पछोरि ॥ 744 ॥
वस्तु अहै गाहक नहीं वस्तु सो गरुवा मोल।
बिना दाम को मानवा फिर सो डामाडोल ॥ 745 ॥
सिंह अकेला बन रमै पलक पलक के दौर।
जैसा बन है आपना तैसा बन है और ॥ 746 ॥
बैठा है घर भीतरै बैठा है साचेत।
जब जैसी गति चाहता तब तैसी मति देत ॥ 747 ॥
बना बनाया मानवा बिना बुद्धि बेतूल।
कहा लाल लै कीजिए बिना बास का फूल ॥ 748 ॥
आगे आगे दव बरै पीछे हरियर होइ।
बलिहारी वा बृच्छ की जर काटे फल होइ ॥ 749 ॥
सरहर पेड़ अगाध फल अरु बैठा है पूर।
बहुत लाल पचि पचि मरे फल मीठा अरु दूर ॥ 750 ॥
सब ही तरु तर जायके सब फल लीन्हों चीखि।
फिर फिर माँगत कबिर है दर्शन ही की भीखि ॥ 751 ॥
कंचन भो परसि परसि बहुरि न लोहा होइ।
चंदन बास पलास बिधि ढाक कहै न कोइ ॥ 752 ॥
भक्ति भक्ति सब कोइ कहै भक्ति न आयी काज।
जहँ को किया भरोसवा तहँ ते आयी गाज ॥ 753 ॥
सुख को सागर में रचा दुख मेलो पाव।
तिथि ना पकरै आपना चलै रंक औ राव ॥ 754 ॥
लिखा-पढ़ो में परे सब यह गुण तजै न कोइ।
सबै परे भ्रम-जाल में डारा यह जिय खोइ ॥ 755 ॥

जैसी लागी और की तैसी निबहै थोरि।
कौड़ी कौड़ी जोरि कै पूज्यो लच्छ करोरि ॥ 756 ॥
नव मन दूध बटोरि कै टिपका किया विनाश।
दूध फटि काँजी हुआ भया घीव का नाश ॥ 757 ॥
मानुष तेरा गुण बड़ा माँस न आवै काज।
हाड़ न होते आभरण त्वचा न बाजन बाज ॥ 758 ॥
प्रथमै एक जो हो किया भया सो बारह बाट।
कसत कसौटी नाटिका पीतर भया निराट ॥ 759 ॥
फुलवा धार न लै सकै कहै सखिन सों रोइ।
ज्यों ज्यों भीजै कामरी त्यों त्यों भारी होइ ॥ 760 ॥
पद गावै लवलीन ह्वै कटै न संसय फाँस।
सबै पछोरै थोथरा एक बिना विश्वास ॥ 761 ॥
घर कबीर का शिखर पर जहाँ सिलिहिली गैल।
पायँ न टिकै पिपीलका खलक न लादे बैल ॥ 762 ॥
अपने अपने शीश की सबन लीन है मानि।
हरि की बात दुरंतरी परी न काहू जानि ॥ 763 ॥
घाट भुलाना बाट बिन भेष भुलाना कानि।
जाकी माँड़ी जगद माँ सो न परा पहिचानि ॥ 764 ॥
ऊपर की दोऊ गयी हिय की गयी हेराय।
कह कबीर चारिउ गयीं तासों कहा बसाय ॥ 765 ॥
यती सती सब खोजहीं मानै न मानै हारि।
बड़ बड़ बीर बचै नहीं कहहि कबीर पुकारि ॥ 766 ॥
एकै साधे सब सधै सब साधे सव जाय।
जो तू सेवै मूल को फूलै फलै अघाय ॥ 767 ॥
साँई केरे बहुत गुन लिखे जो हिरदे माहिं।
पिऊँ न पानी डरपता मत वै धोए जाहिं ॥ 768 ॥
यार बुलावै भाव से मो पै गया न जाय।
धन मैली पिउ ऊजला लागि न सक्कूँ पाँय ॥ 769 ॥
पपिहा पर को ना तजै तजै तो तन बेकाज।
तन छूटे तो कछु नहीं पर छूटे हैं लाज ॥ 770 ॥
प्रेम प्रीति से जो मिले तासौं मिलिए धाय।
अंतर राखे जो मिलैं तासों मिलैं बलाय ॥ 771 ॥

खुलि खेली संसार में बाँधि न सक्के कोय।
घाट जगाती क्या करै जो सिर बोझ न होय॥ 772॥
सब काहू का लीजिये साँचा शब्द निहार।
पच्छपात न कीजिए कहै कबीर बिचार॥ 773॥
तन सँदूक मन रतन है चुपके दे हट ताल।
गाहक बिना न खोलिए पूँजी शब्द रसाल॥ 774॥
जब दिल मिला दयाल सों तब कछु अंतर नाहिं।
पाला गलि पानी भया यों हरिजन हरि माहिं॥ 775॥
मो में इतनी शक्ति कहँ गाआ गला पसार।
बंदे को इतनी घनी पड़ा रहै दरबार॥ 776॥
रचनहार को चीन्ह ले खाने को क्यों रोय।
दिल मन्दिर में पैठ करि तानि पिछौरा सोय॥ 777॥
सब से भली मधूकरी भाँति भाँति का नाज।
दावा काहू का नहीं बिना बिलायत राज॥ 778॥
भौसागर जल बिष भरा मन नहिं बाँधै धीर।
सब्ब-सनेही पिउ मिला उतरा पार कबीर॥ 789॥
नाम रतन धन सन्त पहँ खान खुली घट माहिं।
सेंत मेंत हौं देत हौं गाहक कोई नाहिं॥ 780॥

द्वितीय खण्ड

शब्दावली

कर्त्ता-निरूपण

सब का साखी मेरा साई। ब्रह्मा विष्णु रुद्र ईश्वर लौं औ अव्याकृत नाहिं। सुमति पचीस पाँच से कर ले यह सब जग भरमाया। अकार उकार मकार मात्रा इनके परे बताया। जागत सुमन सुषोपत तुरिया इनते न्यारा होई। राजस तामस सात्विक निर्गुन इनतें आगे सोई। सुछम थूल कारन मह कारन इन मिल भोग बखाना। तेजस बिस्व पराग आतमा इनमें सार न जाना। परा बसंती मधमा वैखरि चौबानी ना मानी। पाँच कोस नीचे कर देखो इनमें सार न जानी। पाँच ज्ञान औ पाँच कर्म की यह दस इंद्री जानो। चित सोइ अंतःकरण बखानों इनमें सार न मानो। कुरम सेस किरकिला धनंजय देवदत्त कहँ देखो। चौदह इंद्री चौदह इंद्रा इनमें अलख न पेखो। तत् पद त्वँ पद और असी पद बाच लच्छ पहिचाने। जहद लछना अजहद कहते अजहद जहद बखाने। सतूगुरु मिल सत् शब्द लखावै सार सब्द बिलगावै। कह कबीर सोई जन पूरा जो न्यारा कर गावै ॥ 1 ॥

मेरी नजर में मोती आया है। कोइ कह हलका कोइ कहे भारी दोनों भुलाया है। ब्रह्मा विष्णु महेसर थाके तिनहूँ खोज न पाया है। सेस सारदा संकर हारे पढ़ रट बहु गुन गाया है। है तिल के तिल के तिल भीतर बिरले साधू पाया है। चहुँ दल कमल तिरकुटी साजे ओंकर दरसाया है ररंकार पद सेत सुन्न मद षट्दल कँवल बताया है। पारब्रह्म महा सुन्न मँझारा सोइ निःअछर हराया है। झँवर गुफा में सोहँ राजे मुरली अधिक बजाया है। सत्त लोकर सतःपुरुख बिराजै अलख अगम दोउ भाया है। पुरुख अनामी सब पर स्वामी ब्रह्मउँ पार जो पाया है। यह सब बातें देही माही प्रतिबिंब अंड को पाया है। प्रतिबिंब पिंड ब्रह्मांड है नकली असली पार बताया है। यह कबीर सतलोक सार है पुरुष नियारा पाया है ॥ 2 ॥

संतो बीजक मन परमाना। कैयल खोजो खोजि थके कोइ बिरला जन पहिचाना। चारिउ युग औ निगम चार कौ गावैं पंथ अपारा। विष्णु बिरंचि रुद्र ऋषि गावैं सेस न पावै पारा। कोइ निरगुन ठहरावैं कोई जोति बतावैं। नाम धनी को सब ठहरावैं रूप को नहीं

लखावैं। कोउ सूछम असथूल बतावें कोउ अच्छर निज साँचा। सतगुरु कहँ बिरले पहिचानैं भूले फिरैं असाँचा। लोभ के भक्ति सरे नहि कामा साहब परम सयाना। अगम अगोचर धाम धनो को सबै कहैं ह्वाँ जाना। दिखै न पंथ मिले नहिं पंथी ढूँढ़त ठौर ठिकाना। कोउ ठहरावै शून्यक कीन्हा जोति एक परमाना। कोउ कह रूप रेख नहिं वाके धरत कौन को ध्याना। रोम रोम में परगट कर्त्ता काहे भरम भुलाना। पच्छ अपच्छ सबै पचि हारे कर्त्ता कोइ न विचारा। कौन रूप है साँचा साहब नहिं कोई बिस्तारा। बहु परचै परतीत जगावै साँचे को बिसरावै। कलपत कोटि जनम युगवागै दरशन कतहुँ न पावै। परम दयालु पुरुषोत्तम ताहि चीन्ह नर कोई। तत पर हाल निहाल करन है रीझत है निज सोई। बधिक कर्म करि भक्ति दृढ़ावै नाना मत को ज्ञानी। बीजक मत कोई बिरला जाने भूलि फिरे अभिमानी। कह कबीर कर्त्ता में सब है कर्त्ता सकल समाना। भेद बिना सब भरम परे बूझै सत सुजाना ॥ 3 ॥

तेहि साहब के लागो साथा।
दुइ दुख मेटि कै होहु सनाथा ॥
दशरथ कुल अवतरि नहिं आया।
नहिं लंका के राय सताया ॥
नहिं देवकि के गर्भहिं आया।
नहीं यशोदा गोद खिलाया ॥
पृथ्वी रमन दमन नहिं करिया।
बैठि पताल नहिं बलि छलिया ॥
नहिं बलिराय सों माँड़ी रारी।
नहिं हिरनाकुस बधल पछारी ॥
रूप बराह धरणि नहिं धरिया।
छत्री मारि निछत्री न करिया ॥
नहिं गोबर्धन कर पर धरिया।
नहीं ग्वाल सँग बन बन फिरिया ॥
गंठक शालग्राम न शीला।
मत्स्य कच्छ ह्वै नहिं जल हीला ॥
द्वारावती शरीर न छाँड़ा।
लै जगनाथ पिंड नहिं गाड़ा ॥
कहहि कबीर पुकारि कै वा पंथे मत भूल।
जेहि राखे अनुमान करि थूल नहीं असथूल ॥ 4 ॥
संतो आवै जाय सो माया।

है प्रतिपाल काल नहिं वाके ना कहुँ गया न आया ॥
क्या मकसूद मच्छ कछ होना शंखासुर न सँघारा ॥
अहै दवालु द्रोह नहिं वाके कहहु कौन को मारा ॥
वे कर्त्ता न बाराह कहावै धरणि धरैं नहिं भारा।
ई सब काम साहेब कै नाहीं झूठ गहै संसारा ॥
खंभ फारि जो बाहर होई ताहि पतिज सब कोई।
हिरनाकुस नख उदर बिदारे सो नहिं कर्ता होई ॥
बामन रूप न बलि की जाँचै जो जाँचै सौ माया।
बिना विवेक सकल जग जँहड़े माया जग भरमाया ॥
परशुराम छत्री नहिं मारा ई छल माया कीन्हा।
सतगुरु भक्ति भेद नहिं जानै जीव अमिथ्या दीन्हा ॥
सिरजनहार न ब्याही सीता जल पाखन नहि बंधा।
वे रघुनाथ एक कै सुमिरै जो सुमिरै सो अंधा ॥
गोप ग्वाल गोकुल नहिं आए करते कंस न मारा।
मेहरबान है सब का साहब नहिं जीता नहिं हारा ॥
वे कर्त्ता नहिं बोध कहावै नहीं असुर को मारा।
ज्ञान हीन कर्ता सब भरमे भाया जग संहारा ॥
वे कर्त्ता नहिं भए कलंकी नहीं कलिगहिं मारा।
ई छल-बल सब मायै कीन्हा जतिन सतिन सब टारा ॥
दस अवतार ईश्वरी माया कर्ता कै जिन पूजा।
कहै कबीर सुनो हो संतो उपजै खपै सौ दूजा ॥ 5 ॥

कर्त्ता-महत्ता

बरनहुँ कौन रूप औ रेखा। दूसर कौन आय जो देखा ॥
औं ओंकार आदि नहिं बेदा। ताकर कहौं कौन कुल भेदा ॥
नहिं तारागन नहिं रवि चंदा। नहिं कछु होत पिता के बिंदा ॥
नहिं जल नहिं थल नहिं थिर पावन। कोधर नाम हुकुम को बरना ॥
नहिं कछु होत दिवस अरु राती। ताकर कहहुँ कौन कुल जाती ॥
शून्य सहज मन सुरति ते प्रगट भई एक ज्योति।
बलिहारी ता पुरुख छबि निरालंब जो होति ॥ 6 ॥
एकै काल सकल संसारा। एक नाम है जगत पियारा।
तिया पुरुख कछु कथो न जाई। सर्व रूप जग रहा समाई ॥

रूप अरूप जाय नहिं बोली। हलुका गरुआ जाय न तोली ॥
भूख न तृखा धूप नहिं छाँहीं। दुख सुख रहित रहै ते माहीं ॥
अपरम परम रूप मगु नहिं तेहि संख्या आहि।
कहहि कबीर पुकारि कै अद्भुत कहिए ताहि ॥ 7 ॥

राम गुण न्यारो न्यारो न्यारो
अबुझा लोग कहाँ लौं बूझै बूझनहार बिचारो ॥
केते रामचंद्र तपसी से जिन जग यह बिरमाया।
केते कान्ह भए मुरलीधर तिन भी अंत न पाया ॥
मच्छ कच्छ बाराह स्वरूपी बामन नाम धराया।
केते बौध भए निकलंकी तिन भी अंत न पाया ॥
केतिक सिध साधक संन्यासी जिन बन बास बसाया।
केते मुनि जन गोरख कहिए तिन भी अंत न पाया ॥
जाकी गति ब्रह्मै नहिं पाए शिव सनकादिक हारे।
ताके गुन नर कैसे पैहो कहै कबीर पुकारे ॥ 8 ॥

अब हम जाना हो हरि बाजी को खेल।
डंक बजाय देखाय तमाशा बहुरि सो लेत सकेल ॥
हरि बाजी सुर नर मुनि जहँड़े माया चेटक लाया।
घर में डारि सबन भरमाया हृदये ज्ञान न आया ॥
बाजी झूठ बाजीगर साँचा साधुन की मति ऐसी।
कह कबीर जिन जैसी समझी ताकी गति भइ तैसी ॥ 9 ॥

छेम कुसल औ सही सलामत कहहु कौन को दीन्हो हो।
आवत जात दुनों विधि लूटे सरब संग हरि लीन्हो हो ॥
सुर नर मुनि सब पीर औलिया मीरा पैदा कीन्हो।
कहँ लौं गिनैं अतंत कोटि लौं सकल पयाना दीन्हा हो ॥
पानी पबन अकास जाहिगो चंद्र जाहिगो सूरा हो।
वह भी जाहिगो यह भी जाहिगो परत काहू को न पूरा हो ॥
कुसलै कहत कहत जग बिनसै कुसल काल को फाँसी हो।
कह कबीर सब दुनिया बिनसल रहल राम अविनासी हो ॥ 10 ॥

ऐसा लो तात ऐसा लो, मैं केहि बिधि कहौं गँभीर लो।
बाहर कहा तो सतगुरु लाजै, भीतर कहौ तो झूठा लो ॥
बाहर भीतर सकल निरंतर, तरु परतापै दीठा लो।
दृष्टि न भुष्टि न अगम अगोचर, पुस्तक लिखा न जाई लो।

जिन पहिचाना तिन भल जाना, कहे न तो पतियाई लो।
मीन चलै जल मारग जोवै, परम तत्त धौं कैसा लो॥
पहुप बाँस हूँ ते कछु झीना, परम तत्त धौं ऐसा लो।
आकासै उड़ि गयो विहंगम, पाछे खोज न दरसी लो॥
कह कबीर सतगुरु दाया तें बिरला सत पद परसी लो॥ 11॥
बाबा अगम अगोचर कैसा, ताते कहि समुझाआ ऐसा।
जो दीसै सो तो है नाहीं है सो कहा न जाई।
सैना बैना कहि समझाओं, गूँगे का गुरु-भाई।
दृष्टि न दीसै मुष्टि न आवै, बिनसे नाहिं नियारा।
ऐसा ज्ञान कथा गुरु मेरे, पंडित करौ बिचारा।
बिन देखे परतीत न आवै, कहै न कोउ पतियाना।
समुझा होय सो शब्दै चीन्है, अचरज होय अयाना॥
कोई ध्यावै निराकार को, कोई ध्यावै साकारा।
वह तो इन दोऊ ते न्यारा, जानै जाननहारा॥
काजी कथै कतेव कुराना, पंडित बेद पुराना।
वह अच्छर तो लखा न जाई, मात्रा लगै न काना॥
नादी बादी पढ़ना गुनना बहुचतुराई मीना।
कह कबीर सो पड़ै न परलय नाम भक्ति जिन चीना॥ 12॥

अबधू कुदरत की गति न्यारी।
रंक निवाज करे वह राजा भूपति करै भिखारी॥
ये ते लवँगहि फल नहिं लागे चंदन फूल न फूले।
मच्छ शिकारी रमै जंगल में सिंह समुद्रहि झूले॥
रेंड़ा रूखा भया मलयागिरि चहुँ दिसि फूटी बासा।
तीन लोक ब्रह्मांड खंड में देखे अंध तमासा॥
पंगुल मेरु सुमेरु उलंघै त्रिभुवन मुक्ता डोलै।
गूँगा ज्ञान विज्ञान प्रकासै अनहद बाणी बोलै॥
बाँधि अकाश पताल पठावै लेस स्वरग पर राजै।
कहै कबीर राम है राजा जो कछु करै सो छाजै॥ 13॥

कर्त्तायुग

अबधू छोड़हु मन बिस्तार।
सो पद गहो जाहि ते सद्गति पार ब्रह्म ते न्यारा॥

नहीं महादेव नहीं महम्मद हरि हजरत तब नाहीं।
आदम ब्रह्म नाहिं तब होते नहीं धूप नहिं छाँहीं॥
असी सहस्र पैगंबर नाहीं सहस अठासी मूनी।
चंद सूर्य्य तारा गन नाहीं मच्छ कच्छ नहिं दूनी॥
वेद किंताब सुमृत नहिं संयम नाहिं यमन परसाही।
बाँग निवाज नहीं तब कमला रामौ नहीं खोदाही॥
आदि अंत सन मध्य न होते आतश पवन न पानी।
लख चौरासी जीव जंतु नहि साखी शब्द न बानी॥
कहहिं कबीर सुनो हो अबधू आगे करहु बिचारा।
पूरन ब्रह्म कहाँ ते प्रगटे किरतिम किन उपचारा॥ 14॥
जहिया होत पवन नहिं पानी। तहिया सृष्टि कौन उतपानी॥
तहिया होत कली नहिं फूला। तहिया होत गर्भ नहिं मूला॥
तहिया होत पिंड नहिं बासू। न धर धरणि न गगन अकासू॥
तहिया होत गुरु नहिं चेला। गम्य अगम्य न पंथ दुहेला॥
अविगति की गति क्या कहौं जाके गाउँ न ठाउँ।
गुणों बिहीना पेखना का कहि लीजे नाउँ॥ 15॥

सत्य लोक

बलिहारी अपने साहब की जिन यह जुगुत बनाई।
उनकी शोभा केहि बिधि कहिए मोसों कही न जाई॥
बिना ज्योति की जहँ उँजियारी सो दरसै वह दीपा।
निरतै हँस करै कौतूहल वो ही पुरुख समीपा॥
झलकै पदुम बानि नाना बिध माथे छत्र विराजै।
कोटि भानु चंद तारागण एक फुचरियन छाजै॥
कर गहि बिहँसि जबै मुख बोलै तब हंसा सुख पावै।
बंश अंस जिन बूझ बिचारी सो जीवन मुकतावै॥
चौदह लोक बेद का मंडल तहँ लग काल दोहाई।
लोक बेद जिन फंदा काटी ते वह लोक सिधाई॥
सात शिकारी चौदह पारथ भिन्न भिन्न निरतावै।
चारि अंश जिन समझ बिचारी सो जीवन मुकतावै॥
चौदह लोक बसै यम चौदह तहँ लग काल पसारा।
ताके आगे ज्योति निरंजन बैठे सुन्न मँझारा।

सोरह षट अच्छर भगवाना जिन यह सृष्टि उपाई।
अच्छर काला सृष्टि से उपजी उनही माँह समाई॥
सत्रह संख्या पर अधर दीप जहँ शब्दातीत विराजै।
निरतै सखी बहू बिध शोभा अनहद बाजा बाजै॥
ताके ऊपर परम धाम है मरम न कोई पाया।
जो हम कही नहीं कोउ मानै ना कोई दूसर आया॥
बेदन साखी सब जिउ अरुझे परम धाम ठहराया।
फिरि फिरि भटकै आप चतुर ह्व वह घर काहु न पाया॥
जो कोइ कोइ सत्य का किनका सो हम का पतिआई।
और न मिल कोटि कर था कै बहरि काल घर जाई॥
सोय संख्य के आगे समरथ जिन जग मोहि पठाया।
कहै कबीर आदि की बानी बेद भेद नहिं पाया॥ 16॥

चला जब लोक को सोक सब त्यागिया
हंस को रूप सतगुर बनाई।
भृंग ज्यों कीट को पलटि भृंगै किया।
आप सम रंग दै लै उड़ाई।
छोड़ि नासूत मलकूत को पहुँचिया।
बिश्नु की ठाकुरी दीख जाई॥
इंद्र कुबेर जहँ रंभ को नृत्य हैं।
देव तैंतीस कोटिक रहाई।
छोड़ि बैकुंठ को हंस आगे चला
शून्य में ज्योति जगमग जगाई।
ज्योंति परकाश में निरखि निस्तत्व को
आप निर्भव हुआ भय मिटाई॥
अलख निरगुन करै बेद जेहि अस्तुती
तीनहूँ देव को है पिताई।
तिन श्वेत मूरति धरे भगवान्
भाग का आन तिनको रहाई॥
चार मुक्काम पर खंड सोरह कहैं
अंड की ओर ह्याँ ते रहाई॥
अंड के परे असथान आचिंत को
निरखिया हंस जब उहाँ जाई॥

सहस औ द्वादसै रुद्र हैं संग में
करत कल्लोल अनहद बजाई।
तासु के बदन की कौन महिमा कहौं
भासती देह अति नूर छाई॥
महल कंचन बने मानिक तामें जड़े
दैठ तहँ कलस आखंड छाजै।
अचिंत के परे अस्थान सोहंग का
हंस छत्तीस तहंवा बिराजै॥
नूर का महल और नर की भूमि है
तहाँ आनंद सो द्वंद्व भाजै।
करत कल्लोल बहुँ भाँति से संग
यह हंस सोहंग के जों समाजै॥
हंस जब जात षट चक्र को बेध के
सात मुक्काम में नजर फेरा।
परे सोहंग के सुरति इच्छा कही
साहस वामन जहाँ हंस हेरा॥
रूप की राशि ते रूप उनको बना
हिंदु जो नहीं उपमा निवेरा।
सुरति से भेटिकै सब्द को टेकि
चढ़ि देखि मक्का अंकूर केरा॥
शून्य के बीस में बैठक जहाँ
सहज अस्थान है गैब केरा।
नवो मुक्काम यह हंस जब पहुँचिया
पलक बेलंब ह्वाँ कियो डेरा॥
तहाँ से डोरो मकतार ज्यों लागिया
ताहि चढ़ि हंस गोदै दरेरा।
भये आनंद से फंद सब छोड़िया
पहुँचिया जहाँ सतलोक मेरा॥
हंसिनी हंस सब गाय बज्जाय कै
साजि कै कलस ओहि लेन आए।
युगन युन बीछुरै मिलै तुम आयी कै
प्रेम करि अंग सों अंग लाए॥

पुरुख ने दरस जब दीनही या हंस को
तपनि बहु जन्म की तब नसाए।
पलटि कै रूप जब एक सो कीन्हिया
मनहु तब भानु खोड़स उगाए॥
पुहुप कै दीप पीयूख भोजन करै
सब्द की देह जब हंस पाई।
पुहुप के सेहरा हंस और हंसिनी
सच्चिदानंद सिर छत्र छाई॥
दिपै बहु दामिनी दमक बहु भाँति की
जहाँ घन सब्द को घुमड़ लाई।
लगे जहँ बरसने गरजि घन घेरि कै
उठत तहँ शब्द धुनि सति सुहाई॥
सुनै सोइ हंस तहँ यूथ के यूथ है
एक ही नूर एक रंग रागै।
करत बिहार मन भावनी मुक्ति भै
कर्म औ धर्म सब दूर भागै॥
रंक औ भूप कोइ परखि आवै नहीं
करत कल्लोल बहु भाँति भागे।
काम औ क्रोध मद लोभ अभिमान सब
छाँड़ि पाखंड सत सब्द लागे॥
पुरुख के बदन की कौन महिमा कहों
जगत में उभय कछु नाहिं पाई।
चंद औ सूरगण जोति लागै नहीं
एक ही नक्ख परकास भाई॥
पान दरबान जिन बंस का पाइया
पहुँचिया पुरुख के लोक जाई।
कहै कब्बीर यहि भाँति सों पाइहौ
सत्य की राह सो प्रगट गाई॥ 17॥
छोड़ि नासूत मलकूत जवरूत को
और लाहूत हाहूत बाजी।
और साहूत राहूत ह्याँ डारि दै
कूदि आहूत जाहूत जाजी॥

जाय जाहूत में खुद्द खाविंद जँह
वहीं मक्कान साकेत साजी।
कहै कब्बीर ह्वाँ मिस्त दोजख थके
बेद कीताब काहूत काजी ॥ 18 ॥
जहँ सतगुरु खेलैं ऋतु बसंत।
तहँ अनहद धुनि चहुँ पास बाज ॥
दीपकै बरैं जहँ निराधार।
बिरला जन कोई पाव पार ॥
जहँ कोटि कृश्न जोरे दु हाथ।
जहँ कोटि बिश्नु नावैं सुमाथ ॥
जहँ कोटिन ब्रह्मा पढ़ पुरान
जहँ कोटि महादेव धरैं ध्यान ॥
जहँ कोटि सरस्वती करैं राग।
जहँ कोटि इंद्र गावने लाग ॥
जहँ गण गंधर्व मुनि गनि न जाहिं।
सो तहँवा परगट आपु आहिं ॥
तहँ चोवा चंदन अरु अबीर।
तहँ पुहुप बास भरि अति गँभीर ॥
जहँ सुरति सुरंग सुगंध लीन।
सब यही लोक में बास कीन ॥
मैं अजर दीप पहुँच्यों सुजाइ।
तहँ अजर पुरुष के दरस पाइ ॥
सो कह कबीर हृदया लगाइ।
यह नरक उधारन नाम जाइ ॥ 19 ॥
सदा बसंत होत तेहि ठाऊँ।
संशय रहित अमरपुर गाऊँ ॥
जहँवा रोग सोग नहिं कोई।
सदा आनंद करै सब कोई ॥
सूरज चंद दिवस नहिं राती।
बरन भेद नहिं जाति अजाती ॥
तहँवा जरा मरन नहिं होई।
कर बिनोद क्रीड़ा सब कोई ॥

पुहुप बिमान सदा उँजियारा।
अमृत भोजन करै अहारा॥
काया सुंदर को परवाना।
उदित भए जिमि खोड़स भाना॥
पता एक हंसा उजियारा।
शोभित चिकुर उदय जनु तारा॥
बिमल बास जहँवा पौढ़ाहीं।
जोजन चर घ्रान जो जाहीं॥
स्वेत मनोहर छत्र सिर छाजा।
बूझि न परै रंक अरु राजा॥
नहिं तहँ नरक स्वर्ग की खानी।
अमृत बचन बोलै भल बानी।
अस सुख हमरे घरन महँ कहैं कबीर बुझाय॥
सत्य सब्द को जानि कै अस्थिर बैठे आय॥ 20॥

तू सूरत नैन निहार अंड के पारा है।
तू हिरदे सोच विचार यह देस हमारा है॥
पहले ध्यान गुरन का धारो, सुरत निरत मन पवन चितारो।
सुहेलना धुन नाम उचारो, लहु सतगुरु दीदारा है॥
सतगुरु दरस होय जब भाई, वह दे तुमको नाम चिताई।
सुरत सब्द दोउ भेद बताई, देख संख के पारा है॥
सतगुरु कृपा दृष्टि पहिचाना, अंड सिखर बेहद मैदाना।
सहज दास तहँ रोपा थाना, अग्न दीप सरदारा है॥
सात सुन्न बेहद के माहीं सात संख तिनकी ऊँचाई।
तीन सुन्न लौं काल कहाई, आगे सत्त पसारा है॥
परथम अभय सुन्न कर भाई, कन्या कढ़ यहँ बाहर आई।
जोग संतायन पूछो बाई, दारा वह भरतारा है॥
दूजे सकल सुन्न कर गाई, माया रहित निरंजन राई।
अमर कोट कै नकल बनाई, अँह मध रच्यो पसारा है॥
तीजे हैं मह सुन्न कर गाई, माया रहित निरंजन राई।
जोग सँतायन या अबिनाशी, गल नख छेद निकारा है॥
चौथे सुन्न अजोख कहाई, सुद्ध ब्रह्म के ध्यान समाई।
आद्या याँ बीजा ले आई, देखो दृष्टि पसारा है॥

पंचम सुन्न अकेल कहाई, तहँ अदली बँदिबान रहाई।
जिनका सद्गुरु न्याव चुकाई, गादा अदली सारा है॥
षष्ठे सार सुन्न कहलाई, सार भँडार याहि के माँहीं।
नीचे रचना जाहि रचाई, जाका सकल पसारा है॥
सतवें सत्त सुन्न कहलाई, सत्त भँडार याहि के माँही।
निःतत रचना ताहि रचाई, जो सबहनि ते न्यारा है॥
सत सुन ऊपर सत की नगरी, बाट बिहंगम बाँकी डगरी।
सो पहुँचे चाले बिन पगरी, ऐसा खेल अपारा है॥
पहली चकरि समाध कहाई, निज हंसन सतगुरु मति पाई।
बेद भरम सब दिए उड़ाई, तज निरगुन भए न्यारा है॥
दूजी चकरि अगाज कहाई, जिन सतगुरु संग द्रोह कराई।
पीछे आन गहे सरनाई, सो यहँ आन पधारा है॥
तीजी चकरी मुनि कर नामा, निज मुनियन सदगुरु मम जाजा।
सो मुनियन यहँ आय रहाना, करम भरत तज डारा है॥
चौथी चकरी धुन है भाई, जिन हंसन धुन ध्यान लगाई।
धुन सँग पहुँचे हमरे पाहीं, यह धुन सब्द मँझारा है॥
पंचम चकरी रास जौ भाखी, अलमीना है तहँ मध झाँकी।
लीला कोट अनंत वहाँ की, रास बिलास अपारा है॥
षष्ठम चकरि बिलास कहाई, निज सतगुरु सँग प्रीति निबाही।
छुटते देह जगह यह पाई, फिर नहि भव अवतारा है॥
सतवीं चकरि विनोद कहानो, कोटिन बंस गुरन तहँ जानो।
कलि में बोध किया ज्यों मानों, अंधकार उँजियारा है॥
अठवीं चकरि अनुरोध बखाना, तहाँ जुलहटी ताना ताना।
जा का नाम कबीर बखाना, सो संतन सिर धारा है॥
ऐसी ऐसी सहस करोढी, ऊपर तले रची ज्यों पौड़ी।
गादी अदल रही सिर मोड़ी, सतगुरु बंदि निवारा है॥
अनुरोधी के ऊपर माई, पद निरबान के नीचे ताही।
पाँच संख है याहि ऊँचाई, अद्भुत ठाठ पसारा है॥
सोलह सुतहित दीप रचाई, सत सत रहैं तासु के माहीं।
गादी अदल कबीर यहाँ हीं, जो सबहिन सरदारा है॥
पद निरबान है अनंत अपारा, नूतन सूरति लोक सुधारा।
सत्त पुरुख नूतन तन धारा, सतगुरु संतन सारा है॥

आगे सत्त लोक है भाई, संखन कोस तासू ऊँचाई।
हीरा पन्ना लाल जड़ाई, अद्भुत खेल अपारा है॥
बाग बगीचे खिली फुलवारी, अमृत नहरें हो रहिं जारी।
हंसा खेल करत तहँ भारी, अनहद घुरै अपारा है॥
ता मध अधर सिंघासन गाजै, पुरुख सब्द तहँ अधिक बिराजै।
कोटिन सूर रोम इक लाजै, ऐस पुरुख दीदारा है।
हंसि हंस आरती उतारैं, खोड़स भानु सूर पुनि चारैं।
पग बीना सत शब्द उचारैं, बेधत हिये मझारा है॥
तापर आगम महल एक न्यारा, संखन कोट तासु बिस्तारा है॥
बाग बावडी अमृतधारा, अधरी चलैं फुहारा है॥
मोनी महल और हिरन चौरा, सेत बरन तहँ हंस चकोरा।
सहस सूर छबि हंसन जोरा, ऐसा रूप निहारा है॥
अधर सिंहासन जिंदा साई; अर्वन सूर सोम सम नाहीं।
हंस हिरंबर चँवर ढुलाई, ऐसा अधम अपारा है॥
अधरी ऊपर अधर धराई, संखन संख तासु ऊँचाई।
झिलमिलहट सो लोग कहाई, झिलमिल झिलमिल सारा है॥
बाग बगीचे झिलमिल कारी, रतनन जड़े पात औ डारी।
मोती महल औ रतन अटारी, पुरुष विदेह पधारा है॥
कोटिन भानु हंस को रूपा, धुन है वहँ की अजब अनूपा।
हंसा करत चँवर सिर भूपा, बिन कर चँवर ढुलारा है।
हंसा केवल सुनो मन लाई, एक हंस के जो चित आई।
दूजा हंस समुझ पुनि जाई, विन मुख बैन उचारा है॥
तेहि आगे निःलोक है भाई, पुरुख अनामी अकह कहाई।
जा पहुँचे जानेंगे वाही, कहन सुनत ते न्यारा है।
रूप सरूप कछू वहँ नाहीं, ठौर ठाँव कुछ दीसै नाहीं।
अरज तूल कुछ दृष्टि न आई, कैसे कहूँ सुमारा है॥
जा पर किरपा करिहै साईं गगना मारग पावै ताहीं।
सत्तर परलय मारग माँही, जब पावै दीदारा है॥
यह कबीर मुख कहा न जाई, ना कागद पर अंक चढ़ाई।
मानों गूँगे सम गुड़ खाई, सैननि वैन उचारा है॥ 21 ॥
चुवत अमीरस भरत ताल जहँ सब्द उठै असमानी हो।
सरिता उमड़ सिंधु को सोखै नहिं कछु जात बखानी हो॥

चाँद सुरज तारागण नहिं वहँ नहिं वह रैन बिहानी हो।
बाजे बजें सितार बाँसुरी ररंकार मृदु बानी हो॥
कीट झिलमिली जहँ वह झलकै बिन जल बरसत पानी हो॥
शिव अज विष्णु सुरेस सारदा निज निज मति अनुमानी हो॥
दस अवतार एक तत राजैं असतुति सहज सयानी हो।
कहैं कबीर भेद की बातै बिरला कोई पहिचानी हो॥
कर पहिचान फेर नहिं आवै जम की जुलमी खानी हो॥ 22॥
सखिया वा घर सब से न्यारा जहँ पूरन पुरुख हमारा।
जहँ नहिं सुख दुख साँच झूठ नहिं पाप न पुन्न पसारा॥
नहिं दिन रैन चंद नहिं सूरज बिना जोति उँजियारा।
नहिं तहँ ज्ञान ध्यान नहिं जप तप बेद कितेब न बानी॥
करनी धरनी रहनी गहनी ये सब उहाँ हेरानी॥
धर नहिं अधर न बाहर भीतर पिंड ब्रह्मंड कछु नाहीं।
पाँच तत्व गुन तीन नहीं तहँ साखी सब्द न ताहीं॥
मूल न फूल बेल नहिं बीजा बिना वृच्छ फल सोहै।
ओहं सोहं अरध नहिं स्वासा लेखन को है॥
नहिं निरगुन नहिं सरगुन भाई नहीं सूक्षम अस्थूल।
नहिं अच्छर नहिं अवगत भाई ये सब जग के भूल॥
जहाँ पुरुख तहँवा कछु नाहीं कह कबीर हम जाना।
हमरी सैन लखै जो कोई पावै पद निरबाना॥ 23॥

सुरत सरोवर न्हाइ के मंगल गाइए।
दरपन सब्द निहार तिलक सिर लाइए।
चला हंसा सतलोक बहुत दुख पाइए।
परसि पुरुख के चरन बहुरि नहिं आइए।
अमृत भोजन तहाँ अमी अँचवाइए॥
मुख में सेत तँबूल सब्द लौ लाइए।
पुहुप अनूपम बाँस हंस घर चल जिए॥
अमृत कपड़े ओढ़ि मुकुट सिर दीजिए॥
वह घर बहुत आनंद हंसा चख लीजिए।
वदन मनोहर गात निरख के जीजिए॥
दुति बिन मसि बिन अंक सो पुस्तक बाँचिए॥
बिन करताल बजाय चरन बिन नाचिए।

बिन दीपक उँजियार आगम घर देखिए।
खुल गए सब्द किवाड़ पुरुख सों भेटिए॥
साहब सन्मुख होय भक्ति चित लाइए।
मन मानिक सँग हंस दरस तहँ पाइए॥
कह कबीर यह मंगल भाग न पाइए।
गुरु संगत लौ लाय हंस चल जाइए॥

कर्त्ता-स्थान

संतौ योग अध्यातम सोई।
एकै ब्रह्म सकल घट व्यापै दुतिया और न कोई॥
प्रथम कमल जहँ ज्ञान चारि दल तहँ गणेश को बासा।
रिधि सिधि जाकी शक्ति उपासी जप ते होत प्रकासा॥
षट दल कमल ब्रह्म को बासा सावित्री संग सेवा।
षट सहस्र जहँ आप जपत हैं मिटिगो आवा गवना॥
द्वादस कमल में शिव को बासा गिरिजा शक्ती साराँग।
षट सहस्र जहँ जाप जपत हैं ज्ञान सुरति लै पाराँग॥
खोड़स कमल में जीव को वासा शक्ति अविद्या जानै।
एक सहस जहँ जाप जापत हैं ऐसा भेद बखानै॥
भँवर गुफा जहँ दुइ दल कमला परम हंस कर बासा।
एक सहस जाके जाप जपत हैं करम भरम को नासा॥
सहस कमल में झिलमिल दरसो आपुइ बसत अपारा।
जोति सरूप सकल जग व्यापी अछय पुरुष है प्यारा॥
सुरति कमल पर सतगुरु बोले सहज जाप जप सोई।
छः सै इकइस सहसहिं जपि ले बूझै अजपा कोई॥
यही ज्ञान को कोई बूझै भेद अगोचर भाई।
जो बूझै सो मन को पेखै कह कबीर समझाई॥ 25॥

रस गगन गुफा में अजर झरै।
बिन बाजा झनकार उठे जहँ समुझि परै जब ध्यान धरै॥
बिना ताल जह कवल फुलाने तेहि चढ़ि हंसा केलि करै।
बिना चंदा उजियारी दरसै जहँ तहँ हंसा नजर परै॥
दसवें द्वारे ताड़ी लागी अलख पुरुष जाको ध्यान धरै।
काल कराल निकट नहिं आवै काम क्रोध मद लोभ जरै॥

जुगुन जुगुन की तृषा बुझानी करम भरम अघ व्याधि टरै।
कहैं कबीर सुनो भाई साधो अमर होय कबहूँ न मरै॥ 26॥

मोको कहाँ ढूँढ़ो बंदे मैं तो तेरे पास में।
ना मैं बकरी ना मैं भेड़ी ना मैं छुरी गँड़ास में॥
नहीं खाल में नहीं पोंछ में ना हड्डी ना मास में।
ना मैं देवल ना मैं मसजिद ना काबे कैलास में।
ना तौ कौनो क्रिया कर्म में नहीं जोग बैराग में।
खोजी होय तुरतै मिलिहौं पल भर की तलास में।
मैं तो रहौं सहर के बाहर मेरी पुरी मावस में।
कहैं कबीर सुनो भाई साधो सब साँसों को साँस में॥ 27॥

कर्त्ता-प्राप्ति-साधन

ज्ञान का गेंद कर सुरति का दंड कर
खेल चौगान मैदान माहीं।
जगत का भरमाना छोड़ दे बालके
आया जा भेख भगवंत पाहीं॥
भेख भगवंत की सेस महिमा करै
सेस के सीस पर चरन डारै।
कामदल जीति कै कँवल दल सोधि कै
ब्रह्म को बेधि कै क्रोध भारै॥
पदम आसन करै पवन षरिचै करै
गगन के पहल पर मदन जारै।
कहत कब्बीर कोइ सन्तजन जौहरी
करम को रेख पर मेख मारै॥ 28॥

दो सुर चले सुभाव सेती
नाभी से उलटा आवता है।
बिच इंगला पिंगला तीन नाड़ी
सुषमन से भोजन पावता है॥
पूरक्क करै कुंभक्क करै
रेचक्क करै झरि जावता है।
कायम कबीरा या झूलना जा
दया भूल परे पछितावता है॥ 29॥

मुरशिद नैनों बीच नबी है।
स्याह सपेद तिलों बिच तारा अबिगत अलख रबी है।
आँखी मद्धै पाँखी चमकै पाँखी मद्धे धारा।
तेहि द्वारे दुरबीन लगावे उतरे भौ-जल पारा॥
सुन सहर में बास हमारा तहुँ सरबंगी जावै।
साहब कबिरा सदा के संगी सब्द महल लै आवै॥ 30॥

कर नैनों दीदार महल में प्यारा है।
काम क्रोध मद लोभ बिसारो, सील सँतोख छमा सत धारो।
मद्यमांस मिथ्या तजि डारों हो ज्ञानघोड़ेअसवारभरमसेन्यार है॥
धोती नेती बस्ती पाओ, आसन पदम जुगुत से लाओ।
कुंभक कर रेचक करवाओ पहले मूल सुधार कार्य हो सारा है
मूल कँवल दल चतुर बखानों जाप कलिंग लाल रँग मानो।
देश गनेश तहुँ रोपा थानो, ऋधि सिधि चँवर ढुलारा है॥
स्वाद चक्र षट दल विस्तारो, ब्रह्म सवित्री रूप निहारो।
उलटि नागिनी का सिर मारो, तहाँ शब्द ओंकारा है॥
नाभी अष्ट कँवल दल साजा, सेत सिंहासन विष्णु विराजा।
जाप हिरिंग तासु सुख गाजा, लक्ष्मी शिव आधारा है॥
द्वादश कँवल हृदय के माँहीं, संग गौरि शिव ध्यान लगाई।
सोहं शब्द तहाँ धुन छाई, गन कर जैजैकारा है॥
दो दल कँवल कंठ के माँहीं, तेहि मध बसे अविद्या बाई।
हरि हर ब्रह्मा चवर ढुलाई, शृंग नाम उच्चारा है॥
तापर कज कँवल है भाई, बग भौंरा दुइ रूप लखाई।
निज मन करत तहाँ ठकुराई, सो नैनन पिछवारा है॥
कँवल भेद किया निरवारा, यह सब रचना पिंड मँझारा।
समेंसंग कर सतगुरु सिर धारा, वह सत नाम उचारा है॥
आँख कान मुख बंद कराओ, अनहद झिंगा शब्द सुनाओ।
दोनों तिल इक तार मिलाओ, तब देखो गुलजारा है॥
चंद सूर एकै घर लाओ, सुषमन सेती ध्यान लगाओ।
तिरबेनी के संघ समाओ, भोर उतर चल पारा है॥
घंटा संख सुनो धुन दोई, सहस कँवल दल जगमग होई।
ता मध करता निरखों सोई, बंक नाल घँस पारा है।
डाकिनि साकिनि बहु किलकारे जम किंकर ध्रम दूत हकारे।

सत्त नाम सन भागें सारे, सतगुरु नाम उचारा है॥
गगन मँडल बिच उर्ध मुमु कुइयाँ, गुरुमुख साधू भर भर पीया।
निगरें प्यास मरे बिन कीया, जाके हिय अँधियारा है॥
त्रिकुटि महल में विद्या सारा, घनहर गरजें बजे नगारा।
लाल बरन सूरज उँजियारा, चतुर कँवर मँझार ओंकारा है॥
साध सोई जिन यह गढ़ लीन्हा, नौ दरवाजे परगट चीन्हा।
दसवाँ जाय खोल जिन दीन्हा, जहाँ कुलुफ रहा मारा है॥
आगे सेत सुन्न है भाई, मान सरोवर पैठि अन्हाई।
हंसन मिली हंसा होइ जाई, मिलै जो अमी आहारा है॥
किंगरी साराँ बजै सितारा, अच्छर ब्रह्म सुन्न दरबारा।
द्वादस भानु हंस उजियारा, षटदल कँवल मँझार सब्द ररंकारा है॥
महा सुन्न सिंध विषमी घाटी, बिन सतगुरु पावै नहिं बाटी।
व्याघर सिंध सरप बहु काटी, सहज अचिन्त पसारा है॥
आठ दल कँवल पार ब्रह्म भाई, दहिने द्वादस अचिन्त रहाई।
बाएँ दस दल सहज समाई, यों कँवलन निरबारा है॥
पाँच ब्रह्म पाँचों अंड बीनो, पाँच ब्रह्म निः अच्छर चीने।
चार मुकाम गुप्त तहँ कीना, जा मध बंदीवान पुरुष दरबारा है॥
दो परवत के संघ निहारो, भँवर गुफा में संत पुकारो।
हँसा करते केल उपारो तहाँ गुरन दरबारा है॥
सहस अठासी दीप रचाए, हीरे पन्ने महल जड़ाए।
मुरली बजत अखंड सदाए, तहँ सोहं जनकारा है॥
सोहं हद्द तजीं तब भाई, सत्त लोक की हद पुनि आई।
उठत सुगंध महा अधिकाई, जाकौ वार न पारा है॥
खोड़स भानु हंस को रूपा, बीना सत धुन बजै अनूपा।
हंसा करे चँवर सिर भूपा, सत्त पुरुष दरबारा है॥
कोटिन भानु उदय जो होई, ऐसा पुरुष दीदारा है॥
आगे अलख लोक है भाई, अलख पुरुष को तहँ ठकुराई।
अबरन सूर रोम सम नाँहीं, ऐसा अलख निहारा है॥
तापर अगम महल इक साजा, अगम पुरुष ताही को राजा।
खरबन सूर रोक इक लाजा, ऐसा अगम अपारा है॥
तापर अकह लोक है भाई, पुरुष अनामी तहाँ रहाई।
जो पहुँचा जानेगा वाही, कहन सुनन ते न्यारा है॥

काया भेद किया निरवारा; यह सब रचना पिंड मँझारा।
माया अवगति जाल पसारा, सो कारीगर भारा है॥
आदि माया कीन्ही चतुराई, झूठी बाजी पिंड दिखाई।
अवगति रचन रची अँड माहीं, ताका प्रतिबिंब डारा है॥
सब्द बिहंगम चाल हमारी, यह कबीर सतगुर दइ तारी।
खुले कपाट शब्द झनकारी पिंड अंड के पार सो देस हमारा है॥

कर नैनों दीदार पिंड से न्यापा है।
हिरदे सोच विचार सो अंड मँझारा है॥

चोरी जारी निंदा चारो, मिथ्या तज सतगुरु सिर धारो।
सतसँग कर सत नाम उचारो, सममुख लहु दीदारा है॥
जो जन ऐसी करी कमाई, तिनकी जग फैली रोशनाई।
अष्ट प्रमान जगह सुख पाई, देखा अंड मझारा है॥
सोइ अंड को अवगत राई, अकह अमरपुर नकल बनाई।
सुद्ध ब्रम्ह हद तहँ ठहराई, नाम अनामी धारा है॥
सतवीं सुन्न अंड के माहीं झिलमिलहट की नकल बनाई।
महा काल तहँ आन रहाई, अगम पुरुष उच्चारा है॥
छठवीं सुन्न जो अंड मँझारस, अगम महल की नकल सुधारा।
निरगुन काल तहाँ यह धारा, अलख पुरुष कहु न्यारा है।
पंचम सुन्न अंड के माहीं, पद निर्बान की नकल बनाई।
माया सहित निरंजन राई, सत्त पुरुष दीदारा है॥
चौथी सुन्न अंड के माहीं, पद निर्बान की नकल बनाई।
अविगत कला है सतगुरु आई, सो सहं यह सारा है॥
ताजी सुन्न की सुनो बड़ाई, एक सुन्न के दोय बनाई।
ऊपर महा सुन्न अधिकाई, नीचे सुन्न पसारा है॥
सातवीं सुन्न महाकाल रहाई, तासु कला महा सुन्न समाई।
पारब्रम्ह कर थाप्यो ताही, सो निःअच्छर सारा है॥
सठवीं सुन्न जो निरगुन राई, तासु कला आ सुन्न समाई।
अच्छर ब्रम्ह कहैं पुनि ताहीं, सोई सब्द ररंकारा है॥
पंचम सुन्न निरंजन राई, तासु कला दूजी सुन छाई।
पुरुष प्रकीरति पदबी पाई, सरगुन सुद्ध पसारा है॥
पुरुष प्रकृति दूजी सुन माहीं, तासु कला परिथम सुन आई।
जोत निरंजन नाम धराई, सरगुन थूल पसारा है॥

परिथम सुन्न जो जोत रहाई, ताकी कला अविद्या बाई।
पुत्रन सँग पुत्री उपजाई, सिंध बैराट पसारा है॥
सतवें अकास उतर पुनि आई, ब्रम्हा विष्णु समाधि जगाई।
पुत्रन संग पुत्री परनाई, स्रिग नाम उच्चारा है॥
छठे अकास शिव अवगति भौंरा, गंग गौर रिधि करतीं चौरा।
गिरि कैलास गन करते सोरा, तहँ सोहं सिरमौरा है॥
पंचम अकास में विष्णु विराजे, लक्ष्मी सहित सिंहासन साजे।
हिरिंग बैकुंठ भक्त समाजे, भक्तन कारज सारा है॥
चउथ अकास ब्रम्ह विस्तारा, सावित्रौ संग करत बिहारा।
ब्रम्ह ऋद्धि में ओम पद सारा, यह जग सिरजनहारा है॥
तिसर अकास रहे धर्मराइ, नरक सुरग जिन लीन्ह बनाई।
करमन फल जीवन भुगताई, ऐसा अदल पसारा है॥
टुसर अकास में इंद्र रहाई, देव मुनि बासा तहँ पाई।
रंभा करती निरत सदाई, कलिंग शब्द उच्चारा है॥
प्रथम अकास मृत्यु है लोका, जनम मरन का जहँ नित धोका।
सो हंसा पहुँचे सतलोका, सतगुरु नाम उचारा है॥
चौदह तबक किया निरवारा, अब नीचे का सुनो बिचारा।
सात तबक मैं छः रखबारा, भिन भिन सुनो पसारा है॥
सेस घवल बाराह कहाई, मीन कच्छ और कुरम रहाई।
सो छ रहें सात के माहीं, यह पाताल पसारा है॥ 32॥

राम नाम महिमा

राम नाम ते पिंड ब्रम्हंड सब राम का नाम सुनि भरम मानी।
निरगुन निरंकार के पार परब्रम्ह है तासु को नाम रंकार जानी॥
बिष्णु पूजा करै ध्यान शंकर धरै।
मनहि सुबिरंचि बहु बिबिध बानी।
कहै कबीर कोउ पार पावै नाहीं
राम को नाम है अकह कहानी॥ 33॥

रसना राम गुण रमि रमि पीजै। गुणतीत निर्मूलक लीजै।
निरगुन ब्रम्ह जपो रे भाई। जेहि सुमिरत सुधिबुधि सब पाई॥
बिख तजि राम न जपसि अभागे। का बूड़े लालच के आगे।
ते सब तरे राम रसस्वादी। कह कबीर बूड़े बकवादी॥ 34॥

मन रे जब ते राम कह्यो रे। फिरि कहिबे को कछु न रह्यो रे।
का भो जोग जझ जप दाना। जो तै राम नाम नहिं जाना।
काम क्रोध दोउ मारे। गुरु प्रसाद सब तारे।
कह कबीर भ्रमनाशी। राम मिले अबिनाशी ॥ 35 ॥

राम का नाम संसार में सार है।
राम का नाम अमृत बानी।
राम के नाम ते कोटि पातक टरै
राम का नाम बिस्वास मानी ॥
राम का नाम लै साधु सुमिरन करै
राम का नाम लै भक्ति ठानी।
राम का नाम लै सूर सनमुख लरै
पैठि संग्राम में युद्ध ठानी।
राम का नाम लै नारी सत्ती भई
खेह बनि कंत सँग जरि उड़ानी।
राम का नाम लै तीर्थ सब भरमिया
करत अस्नान झक्कोर पानी ॥
राम नाम लै मूर्ति पूजा करै
राम का नाम लै देत दानी।
राम का नाम लै विप्र भिच्छुक बनै
राम का नाम दुर्लब्भ जानी
राम का नाम चौबेद का मूल है
किगम निच्चोर करतत्व छानी।
राम का नाम षट सासतर मत्थिए
चली षटदरसनों में कहानी ॥
राम का नाम अग्गाध लीला बड़ी
खोजस खोज नहि हार मानी।
राम का गाम लै विष्णु सुमिरन करै
राम का नाम शिवजोग ध्यानी ॥
राम का नाम लै सिद्ध साधक बने
सभु सनकादि नारद गिआनी।
राम का नाम लै दृष्टि लइ रामचंद्र
भए बासिष्ठ गुरु मंत्र दानी ॥

कहाँ लौं कहों अग्गाध लीला रची।
राम का नाम काहू न जानी।
राम का नाम लै कृष्ण गीता कथी
बाँधिया सेत तब मर्म लानी॥
है परम जोति औ गुन निराकार है
तासु को नाम निरंकर मानी।
रूप बिन रेख बिन निगम अस्तुति करै
सत्त की राह अनकथ कहानी॥
बिष्णु सुमिरन करै जोग शिव जेहि धरै
भनै सब ब्रम्ह वेदांत गाया॥
ब्रम्ह सनकादि कोइ पार पावै नहीं
तासु का नाम कह रामज्ञया॥
कहैं कबीर वह शख्श तहकीक कर
राम का नाम जो पृथ्वी लाया॥
नाम अमल उतरै ना भाई।
औ अमल छिन छिन चढ़ि उतरै नाम अमल दिन बढै सवाई॥
देखत चड़े सुनत हिय लागै सुरत किए तन देत घुमाई।
पियत पियाला भए मतवाला पायो नाम मिटी दुचिताई॥
जो जन नाम अमल रस चाखा तर गइगनिका सदन कसाई।
कह कबीर गूँगे गुड़ खाया बिन रसना का करै बड़ाई॥ 37॥

शब्द-महिमा

साधो शब्द साधना कीजै।
जासु शब्द ते प्रगट भए सब सब्द सोई गहि लीजै॥
शब्दहिं गुरु सब्द मुनि सिख भे सब्द सो बिरला बूझै।
साइ सिष्य और गुरु महातम जेहि अंतरगत सूझै॥
शब्दै बेद पुरान कहत है सब्दै सब ठहरावै।
सब्दै सुर मुनि संत कहहै शब्द भेद नहीं पावै॥
शब्दै सुनि सुनि भेख धरत हैं शब्द कहै अनुरागी।
षट दरसन सब शब्द कहत हैं शब्द कहै बैरागी।
शब्द माया जग उतपानी शब्दै केर पसारा॥
कह कबीर जहँ शब्द होत है तबन भे है न्यारा॥ 38॥

साधो शब्द सबन से न्यारा, जानैगा कोई जानन हारा॥
जोगी जती तपी संन्यासी, अंग लगावै छारा।
मूल मंत्र सतगुरु दाया बिन, कैसे उतरै पारा॥
जोग यज्ञ व्रत नेम साधना, कर्म धर्म व्योपारा।
सो तो मुक्ति सबन ते न्यारी, कस छूटै जम द्वारा॥
निगत तेति जाके गुन गावें, शंकर जोग अधारा।
ध्यान धरत जेहि ब्रम्हा विष्णु, सो प्रभु अगम अपारा॥
लगा रहै चरन सतगुरु के चंद चकोर की धारा।
कहैं कबीर सुनो भाई साधो, नख शिख शब्द हमारा॥ 39 ॥

शब्द को खोजि ले शब्द को बूझि ले शब्द ही शब्द तू चलो भाई।
शब्द अकास है शब्द पाताल है शब्द ते पिंड ब्रह्मांड छाई॥
शब्द बयना बस शब्द सरवन बसै शब्द के ख्याल मूरति बनाई।
शब्द ही वेद है शब्द ही नाद है शब्द ही शास्त्र बहु भाँति गाई॥
शब्द ही यंत्र है शब्द ही मंत्र है शब्द ही गुरु सिख को सुनाई।
शब्द ही तत्व है शब्द निःतत्व है शब्द आकार निराकार भाई॥
शब्द ही पुरुख है शब्द ही नारि है शब्द ही तीन देवा थपाई।
शब्द ही दृष्ट अनदृष्ट ओंकार है शब्द ही सकल ब्रह्मांड जाई।
कहैं कबीर तै शब्द को परिख ले शब्द ही आप करतार भाई॥ 40 ॥

माया-प्रपंच

राम तेरी माया दुंद मचावै।
गति मति वाकी समझि परैं नहिं सुर नर मुनिहिं नचावै॥
का सेमर के साख बढ़े ये फूल अनूपम बानी।
केतिक चातक लागि रहे हैं चाखत रुवा उड़ानी।
कहा खजूर बड़ाई तेरी फल कोई नहिं पावै।
ग्रीषम ऋतु जब आइ तुलानी छाया काम न आवै।
अपना चतुर और को सिखवै कामिनि कनक सयानी।
कहै कबीर सुनो ही संतो राम-चरण रति मानी॥ 41 ॥

माया महा ठगिनि हम जानी।
निरगुन फाँस लिए कर डोलै बोलै मधुरी बानी॥
केशव के कमल ह्वै बैठी शिव के भवन भवानी।
पंडाम के रति ह्वै बैठी तीरथ में भइ पानी॥

योगी के योगिनि है बैठी राजा के घर रानी।
काहू के हीरा है काहु के कौड़ी कानी॥
भक्तन के भक्तिनि है बैठी ब्रह्म के ब्रह्मानी।
कहै कबीर सुनो हो संतो यह सब अकथ कहानी॥ 42॥
सुबही मदमाते कोइ न जाय। संगहिं चोर घर मूसन लाग॥
योगी मदमाते योग ध्यान। पंडित मदमाते पढ़ि पुरान।
तपसौ मदमाते तप के भेव। संन्यासी मदमाते करि हमेव॥
मौलना मदमाते तेढ़ि मोसाफ। काजी मदमाते कै निसाफ।
शुकदेव मते ऊधो अकूर। हनुमत मदमाते ले लंगूर॥
संसार मन्यो माया के धार। राजा मदमाते केहि हंकार।
शिव माति रहे हरि चरण सेव। कलि माते नाभा जयदेव॥
वह सत्य सत्य कह सुम्रित वेद। जस रावण मारे घर के भेद।
ऐहि चंचल मन के अधम काम। कह कबीर भज राम नाम॥ 43॥
आँधर गुष्टि सृष्टि भै बैरी। तीनि लोक महँ लागि ठगौरी॥
ब्रह्महि ठग्यो नाम संहारी। देवन सहित ठग्यो त्रिपुरारी॥
राज ठगौरी बिश्नुहिं पुरी। चौदह भुवन कर चौधरी॥
आदि अंत जेहि साहु न जानो। ताके डर तुम काहे मानो।
ऊ उतंग तुम जाति पतंगा। यम घर किहेहु जीव कै संगा।
नीम कीट जस नीभ पियारा। विख को अमृत कहैं गँवारा॥
विष के संग कवन गुण होई। किंचित लाभ मूल गो खोई।
विष अमृत गो एकहिं सानी। जिन जाना तिन विष के मानी।
कहा लए नर सुध बे सूझा। बिन परचै जग मूढ़ न बूझा॥
मति के हीन कौन गुण कहई। लालच लागे आशा रहई।
सुआ अहै मरि जाहुगे, मुए कि बाजी ढोल।
स्वप्न सनेही जग भया, सहि दानी रह बोल॥ 44॥
जरासिंधु शिशुपाल संहारा। सहस अर्जुनै छल सों मारा॥
बड़ छल रावण से गए बीती। लंका रह कंचन की भीती।
दुर्योधन अधिमानहिं गयऊ। पंडव केर परम नहिं पयऊ॥
माया के डिंभ गे सब राजा। उत्तम मध्यम बाज न बाजा॥
छाँच कवै वित धरनि समाना। याकौ जीव परतीत न आना।
कहँ लौं कहौं अचेते गयऊ। चेत अचेत झगर एक भलऊ॥
ई माया जग मोहिनी मीहसि सब जग धाय।

हरिचंद सत के कारने घर घर गयो बिकाय ॥ 45 ॥
या माया रघुनाथ कि बौरी खेलन चली अहेरा हो।
चतुर चिकनिया चुनि चुनि मारै काहु न राखै नेरा हो॥
मौनी बीर निगंबर मारे ध्यान धरै ते जोगी हो।
जंगल में के जंगम मारे माया किनहुँ न भोगी हो।
वेद पढ़ंता पाँड़े मारे पुजा करते स्वामी हो।
अथ बिचारत पंडित मारे बाँध्यो सकल लगामी हो॥
शृंगी ऋषि बन भीतर मारे सिर ब्रह्मा के फोरी।
नाथ मचंदर चले पीठ दै सिंहलहूँ में बोरी हो॥
साकत के घर कर्ता धर्ता हरि-भक्तन की चेरी हो।
कहै कबीर सुनौ संतौ ज्यों आवै त्यों फेरी हो॥ 46 ॥
नागिन ने पैदा किया नागिन डँसि खाया।
कोइ कोई जन भगत भए गुरु सरन तकाया॥
शृंगी ऋषि भगत भए बन माँ बसे जाई।
आगे नागिनि गाँसि के वोही डँसि खाई॥
नेजा धारी शिव बड़े भागे कैलासा।
जोति रूप परगट भई परवत परकासा॥
सुर नर मुनि जोगी जती कोइ वचन न पाया।
नोन तेल ढूढै नहीं कच्चै धरि खाया।
नागिन डरपै संत से उहवाँ नहिं जावै।
कह कबीर गुरु-मंत्र से आपै मारि जावै॥ 47 ॥
बूझहु पंडित कहु बिचारी तुरुष अहै की नारी।
ब्राह्मण के घर ब्राह्मणि होती योगी के घर चेली।
कलमा पढि भई तुरकिनी कवि में रहै अकेली॥
बर नहिं बरै ब्याह नहिं करई पुत्र जन्म होनिहारी।
क्वारे मंडे एक नहिं छाड़े अवहीं आदि कुंवारी॥
रहै न मैके जाय न ससुरे साईं संग न सोवै।
कह कबीर वह युग युग जीवै जाति पाति कुल खोवै॥ 48 ॥
तुम बुझहू पंडित कौन नारि।
कोइ नाहिं बिआहल रह कुमारि॥
येहि सब देवन मिलि हरिहि दीन्ह।
तेहि चारो युग हरि संग लीन्ह॥

यह प्रथमहिं पद्मिनी रूप आय।
है साँपिनि सब जग देखि खाय॥
या बर युवती वे नर नाह।
अति तेज तिया है रैनि ताह॥
कह कबीर सब जग पियारि।
यह अपने बलकवै रहै मारि॥ 49॥

कर पल्लव के बल खेल नारि।
पंडित जो होय सो ले बिचारि॥
कपरा नहिं पहिरे रह अधारि।
निरजीवै सो धन अति पियारि॥
उलटी पलटी बाजै सो तार।
काहुहि मारै काहुहि उबार॥
कह कबीर दासन के दास।
काहुहि सुख दे काहुहि उदास॥ 50॥

संतो यक अचरज भो भाई। कहौं तो को पतिआई॥
एक पुरुख एक है नारी ताकर करहु बिचारा।
एकै अंड सकल चौरासी भर्म भुला संसारा॥
खोजत काहू अंत न पाया ब्रम्हा विष्णु महेसा।
नाग-फाँस लीन्हें घट भीतर मूसि सकल जग खाई।
ज्ञान खड्ग बिन सब जग जूझै पकरि काहु नहिं पाई॥
आपुहि मूल फूल फुलवारी आपुहि चुनि चुनि खाई।
कह कबीर तेई जन उबरे जेहिं गुरु लियो जगाई॥ 51॥

जगत-उत्पत्ति

जीव रूप यक अंतर बासा। अंतर ज्योति कीन परगासा॥
इच्छा रूप नारि अवतरी। तासु नाम गायत्री धरी॥
तेहि नारी के पुत तिन भयऊ। ब्रह्मा विष्णु शंभु नाम धरेऊ॥
तब ब्रह्म पूछत महतारी। को तोर पुरुख काकर तुम नारी॥
तुम हम हम तुम और न कोई। तुम मोर पुरुष हमैं तोर जोई॥
बाप पूत की नारि एक एकै माया विश्राम।
दिख्यो न पूत सपूत अस बापै चीन्है धाय॥ 52॥

अंतर ज्योति शब्द यक नारी। हरि ब्रह्मा ताके त्रिपुरारी॥

बखरी एक विधातै कीन्हा। चौदह ठहर पाटि सो लीन्हा॥
हरि हर ब्रह्मा महँ ता नाऊँ। ते पुनि तीन बसावल गाँऊँ॥
ते पुन रचिनि खंड ब्रह्मंडा। छ दरशन छानबे पखंडा॥
पेटहिं काहु न वेद पढ़ाया। सुनति कराय तुरुक नहि आया॥
नारी गोचित गर्भ प्रसूती। स्वाँग धरे बहुतै करतूती॥
तहिया हम तुम एकै लोहू। एकै प्राण बियायल मोहू॥
एकै जनी जना संसारा। कौन ज्ञान ते भयो निनारा॥
अवगति की गति काहु न जानी। एक जीभ कित कहों बखानी॥
जो मुख होय जीभ दस लाखा। तौ कोइ आइ महंतौ भाखा॥
हहँहिं कबीर पुकारि कैई लेऊ व्यवहार।
राम राम जाने बिना बूड़ि मुआ संसार॥ 53॥

प्रथम आरंभ कौन के भाऊ। दूसर प्रगट कीन सो ठाऊँ॥
प्रगटे ब्रह्म विष्णु शिव शक्ती। प्रथमै भक्ति कीन्ह जीव उक्ती॥
प्रगटि पवन पानी औ छाया। बहु बिस्तर ह्वै प्रगटी माया॥
प्रगटे अंड पिंड ब्रह्मंडा। पृथ्वी प्रगट कीन नव खंडा॥
प्रगटे सिध साधक संन्यासी। ये सब लागि रहे अबिनासी॥
प्रगटे सुर नर मुनि सब झारी। तेऊ खोजि परे सब हारी॥
जीउ सीमें सब प्रगटे वै ठाकुर सब दास।
कबिरा और जानै नहीं राम नाम की आस॥ 54॥

प्रथम एक जो आवै आप। निराकार निरगुन निरजाप॥
नहिं तब भूमि पवन आकासा। नहिं तब पावक नीर निवासा॥
नहिं तब पाँच तत्व गुन तीना। नहिं तब सृष्टी माया कीना॥
नहिं तब आदि अंत मध तारा। नहिं तब अंध धुंध उँजियारा॥
नहिं तब ब्रह्मा विष्णु महेसा। नहिं तब सूरज चाँद गनेसा॥
नहिं तब मच्छ कच्छ बाराहा। नहिं तब भादों फागुन माहा॥
नहिं तब कंसकृष्ण बलिबावन। नहिं तब रघुपति नहिं तब रावन॥
नहिं तब सरगुन सकल पसारा। नहिं तब धारे दस अवतारा॥
नहिं तब सरसुति जमुना गंगा। नहिं तब सागर समुँद तरंगा॥
नहिं तब तीरथ ब्रत जप पूजा। नहिं तब देव दैत अरु दूजा॥
नहिं तब पाप पुन्न गुरु सीखा। नहिं तब पढ़ना गुनना सीखा॥
नहिं तब विद्या वेद पुराना। नहिं तब भए कतेब कुराना॥
कहैं कबीर बिचारि कैं तब कुछ किरतिम नाहिं।

परम पुरुख तहँ आपही अगम अगोचर माहिं ॥ 55 ॥
करता एक अगम है आप। बाके कोई माय न बाप॥
करता के नहिं बंधु औ नारी। सदा अखंडित अगम अपारी।
करता कछु खावै नहिं पावै। करता कबहूँ मरै न जावै॥
करता के कुछ रूप न रेखा। करता के कुछ बरन न भेखा।
जाके जात गोत कछु नाहीं। महिमा बरनि न जाय मो पाहीं।
रूप अरूप नहीं तेहि नाऊँ। बर्न अबनै नहीं तेहि ठाऊँ॥
कहै कबीर बिचारि कै जाके बर्न न गाँब।
निराकार औ निर्गुना है पूरन सब ठाँव ॥ 56 ॥
करता किरतिम बाजी लाई। औंकार ते सृष्टि उपाई।
पाँच तत्त तीनों गुन साजा। ताते सब किरतिम उपराजा॥
किरतिम धरती औह अकास। किरतिम चंद मुर परकास।
किरतिम पाँच तत्त गुन तीनों। किरतिम सृष्टि जुमाया कीनों॥
किरतिम आदि अंत मध तारा। किरतिम अंध कूपज उँजियारा।
किरतिम सरगुन सकल पसारा। किरतिम कहिए बस औतारा॥
किरतिम कंस और बलि बावन। किरतिम रघुपति किरतिम रावन।
किरतिम कच्छ मच्छ बाराह। किरतिम भादो फागुन माहा॥
किरतिम सहर समुद्र तरंगा। किरतिम सरसुति जमुना गंगा।
किरतिम इसमृत वेद पुराना। किरतिम काजि कतेब कुराना॥
किरतिम जोग जो पावत पूजा। किरतिम देवी देव जो दूजा।
किरतिम पाप पुन्न गुरु सीखा। किरतिम पढ़ना गुनना सीखा॥
कहै कबीर बिचारि कै कृतिम न करता होय।
यह सब बाजी कृतिम है साँच सुनो सब कोय ॥ 57 ॥
करता एक और सब बाजी। ना कोई पीर मसायख काजी।
बाजी ब्रह्मा विष्णु महेसा। बाजी इंदर चंद गनेसा॥
बाजी जल थल सकल जहाना। बाजी जान जमीं असमाना।
बाजी बरनों इसमृति बेदा। बाजीगर का लखै न भैदा॥
बाजी सिध साधक गुरु सीखा। जहाँ तहाँ यह बाजी दीखा।
बाजी जोग जज्ञ व्रत पूजा। बाजी देवी देवल दूजा॥
बाजी तीरथ ब्रत आचारा। बाजी जोग जज्ञ व्यवहारा॥
बाजी जल थल सकल किवाई। बाजी सों बाजी लिपटाई।
बाजी का यह सकल पसारा। बाजी माहिं रहै संसारा॥

यह कबीर सब बाजी माहीं। बाजीयर चोन्हूँ नाहीं॥ 58॥

संतो यह मन है बड़ जालिम।

जासौं मन सों काम परो है तिसही है है मालूम।
मन कारण की इनकी छाया तेहि छावा में अटके॥
निरगुन सरगुन मन की बाजी खरे सयाने भटके।
मनही चौदह लोक बनाया पाँच तत्व गुण कीन्हे॥
तीन लोक जीबन बस कीन्हे परै न काहू चीन्हे।
जो कोउ कम हम मन को मारा जाके रूप न रेखा॥
छिन छिन में कितनी रँग लावै जे सपनेहूँ नहि देखा।
रासातल बकइस ब्रह्मंडा सव पर अदल चलावै॥
षट रस में भोगा मन राजा सो कैसे के पावै।
सबके ऊपर नाम निरच्छर तहँ लै मन को राखै॥
तब मन कि गति जानि परै यह सत कबीर मुख भाखै॥ 59॥
पंडित सोधि कहहु समुझाई जाते आवागमन नसाई।
अर्थ धर्म औ काम मोक्ष फल कौन दिशा बस भाई॥
उत्तर दक्खिन पूरब पश्चिम सरग पतालहिं माहे।
बिन गोपाल ठौर नहिं कतहूँ नरक जात धौं काहे॥
अनजाने को नरक सरग है हरि जाने को नाहीं।
जेहि डर को सब लोग डरत है सों डर हमरे नाहीं॥
पाप पुन्न को संका नाहीं नरक सरग नहिं जाहीं।
कहै कबीर सुनो हो संतो जहँ पद तहाँ समाहीं॥ 60॥

चलो सखी बैकंड विष्णु माया जहाँ।
चारिउ मुझि निदान परम पद ले तहाँ॥
आगे शून्य स्वरूप अलख नहिं लसि परै।
तत्व निरंजन जान भरम जनि चित धरै॥
आगे है भगवंत निरच्छर नाँव है।
तौन मिटावै कोटि बनावै ठाँव है॥
आगे सिंधु बलंद महा गहिरो जहाँ।
को नैया ले जाय उतारै कौ तहाँ॥
कर अजया की नाव तो धूरति उतारिहै।
लेइहौं अज्जर नाउ तो हंस उबारिहै॥
पार उतर पुरुषोत्तम परख्यो जान है।

तहुँबा धाम अखंड तो पद निर्बान है॥
तहँ नहिं चाहत मुक्ति तो पद डारे फिरै।
सुनत सनेही हंस निरँतर उच्चरै॥
बारह मास बसंत अमरलीला जहाँ।
कहैं कबीर बिचर अटल ह्वै रह तहाँ॥ 61 ॥
सत्त सुकृत सत नाम जगत जानै नहीं।
बिना प्रेम परतीत कहा मानै नहीं।
जिव अनंत संसार न चीन्हत पीव की।
कितना कह समझाय चौरासिक जीवको॥
आगे धाम अखंड सी पद निरबान है।
भूख नींद ना वहाँ निःअच्छर नाम है॥
कहैं कबीर पुकारि सुना मनभावना।
हसा चल सत लोक बहुरि नहि आबना॥ 62 ॥
हँसा लोक हसारे आइहौ, ताते अमृत फल तुम पाइहौ॥
लोक हमारा अगम दूर है, पार न पावै कोई।
अति आधीन होय जो कोई, ताको देउँ लखाई॥
मिरत लोक से हंसा आए, पुरुप दीप चलि जाई।
अंबु दीप में सुमिरन करिहौ, तव वह लोक दिखाई॥
माटी का पिंड छूट जायगा, औं यह सकल बिकारा।
ज्यों जल माही रहत है पुरइन, ऐसे हंस हमारा।
लोक हमारे अइहौं हंसा, तब सुख पाइहौ भाई।
सुखसागर असनान करोगे, अजर अमर ह्वै जाई॥
कहैं कबीर ध्रमदासा, हंसन करी बधाई।
सेत सिंहासन बैठठ दैहों, जुग जुग राज कराई॥ 63 ॥

सतगुरु महिमा और लक्षण

चल सतगुरु की हाट ज्ञान बुध लाइए।
कर साहब सों हेत परम पव पाइए॥
सतगुरु सब कछु दीन देन कछु नहिं रह्यो।
हमहि अभागिन नारि छोरि सुख दुख लह्यो॥
गई पिया के महल हिया अँग ना रची।
रह्यो कपट हिय छाय मान लज्जा भरी॥

जहाँ गेल सिलहिली चढ़ौ गिरि गिरि परौं।
उठहुँ सम्हारि सम्हारि चरण आगे धरौं॥
पिया मिलन की चाह कौन तेरे लाज है।
अरध मिली किन जाय भला दिन आज है॥
भला बना संजोग प्रेम का चोलना।
तन मन अरपौं सीस साहब हँस बोलना॥
जो गुरु रूठे होंय तुरत मनाइए।
हुइन दीन अधीन चूकि बकसाइए॥
जो गुरु होंय दयालु दया दिल हेरिहैं।
कोटि करम कटि जायँ पलक छिन फेरिहैं॥
कह कबीर समुझाय समुझ हिरदै धरो।
जुगन लुगन कर राज कुमति अस परिहरो॥ 64॥

भाई कोइ सतगुरु संत कहावै, नैनन अलख लखावै।
डोलत डिगै न बोलत बिसरै जब उपदेस दृढ़ावै॥
प्रान पूज्य किरिया ते न्यारा सहज समाधि सिखावै।
द्वार न रूँधै पवन न रोकै नहिं अनहद अरुझा॥
यह मन जाय जहाँ लग जबहीं परमातम दरसावै।
करम करै निहकरम रहै जो ऐसौ जुगुत लखावै॥
सद बिलास त्रास नहिं मन में भोग में जोग जगावै।
धरती त्यागि अकास हुँ त्यागै अधर मँड़इया छावै॥
सुन्न सिखर के सार शिमा पर आसन अचल जमावै।
भीतर रहा सो बाहर देखै दूजा दृष्टि न आवै॥
कहत कबीर बसा है हंसा आवागमन मिटावै॥ 65॥

साधो सो सतगुरु मोहिं भावै।
सत्त नाम का भर भर प्याला आप पिवे मोहिं प्यावै॥
मेले जाय न महँत कहावै पूजा भेंट न लावै।
परदा दूर करै आँखिन का निज सरसन दिखलावै॥
जाके दरसन साहब दरसैं अनहद शब्द सुनावै।
माया के सुख दुख कर जानै सँग न सुपन चलावै॥
निसि दिन सत-संगति में राचै शब्द में सुरत समावै।
कह कबीर ताको भय नाही निरभय पद परसावै॥ 66॥

दसो दिसा कर मेटी धोखा। सो कँड़हार बैठ ही चोखा॥

दसो दिसा कर लेखा जानैं। सो कँड़हार आरती ठानै ॥
इस इंद्री कै पारख रावै। सो कँड़हार आरती गावै ॥
जो नाह जानै एतिक साजै। चौका युक्ति करै केहि काजै ॥
हिंसा कारन करहीं गरुआई। बिगरै ज्ञान जो पंथ पराई ॥
पद साखी अरु ग्रंथ दृढ़ावै। बिन पारख उत्तम घर पावै ॥
शब्द साखि सिखि पारस करही। होय भूत पुनि नरकहिं परही ॥
बिना भेद कँड़हार कहावै। आगिल जन्म स्वान को पावै ॥
पद साखी नहिं करहि बिचारा। भूँकि भूँकि जस मर सियारा ॥
पद साखी है भेद हमारा। जो बूझै सो उतरै पारा ॥
जब लग पूरा गुरु न पावै। तब लग भव जल फिरि फिरि आवै ॥
पूरा गुरु जो होय लखावै। शब्द निरखि परगट दिखलावै ॥
एक बार जिय परचौ पावै। भवजल तरै बार नहिं लावै ॥

शब्द भेद जो जानही सो पूरा कँड़हार।
हक कबीर जमच्छ है सोहं शब्दहिं पार ॥ 67 ॥

साँचे सतगुरु की बलिहारी। जिन यह कुंजी कुफुल उघरी ॥
नख सिख साहब है भरपूरा। सो साहब क्यों कहिए दूरा ॥
सतगूरु दया अभी रस भीजै। तन मन धन सब अर्पन कीजै ॥
कहत कबीर संत सुखदाई। सुखसावर असथिर घर पाई ॥ 68 ॥

सन्त लक्षण

हरिजन हंस दशा लिए डोलै। निर्मल नाम चुनी चुनि बोलै ॥
मुक्ताहल लिए चोंच लुलावैं। मौन रहैं कै हरि-गून गावैं ॥
मान सरोवर तट के बासी। राम-चरण चित अंत उदासी ॥
काग कुबुद्धि निकट नहि आवै। प्रति दिन हंसा दरसन पावै ॥
नीर छीर को करै निबेरा। कहै कबीर सोई जन मेरा ॥ 69 ॥

सील सँतोख ते सब्द जा मुख बसे, संतजन जौहरी साँच गानी।
बदन बिकसित रहै ख्याल आनंद में, अधर में मधुर मुसकात बानी।
साँच डोलै नहीं झूठ बोलै नहीं, सुरत में सुमित सोइ श्रेष्ठ ज्ञानी।
कहत हौं ज्ञान पुक्कारि के सबन सों, देत उपदेश दिल दर्द जानी।
ज्ञान को पूर है रहनि को सूर है, दया की भक्ति दिल माहिं ठानी।
ओर ते छोर लौं एक रस रहत है, ऐस जन जगत में बिरले प्रानी।
ठग्ग बट-पार संसार में भरि रहे, हंस की चाल कहँ काग जानी।

चपलता चतुर हैं बने बहु चीकने, बात में ठीक पै कपट ठानी।
कहा तिनसों कहों दया जिनके नहीं, घात बहुतै करैं बकुल ध्यानी।
दुर्मती जीव की दुबिध छूटै नहीं, जन्म जन्मात्र पड़ नर्क खानी।
काग कुबुद्धि सुबुद्धि पावै कहाँ, कठिन कट्ठोर बिकराल बानी।
अगिन के पुंज हैं सीतलता तन नहीं, अमृत और विष दोउ एक सानी।
कहा साखी कहे सुमति जाकी नहीं, साँच की चाल बिन धूर धानी।
सुकृति और सत्त की चाल साँची सही, काग बक अधम की कौन खानी।
कहै कब्बीर कोउ सुधर जन जौहरी, सदा सब धान पय नीर छानी॥ 70 ॥

है साधू संसार में कँवला जल माहीं।
सदा सरबदा संग रहैं परसत जत नाहीं।
जल केरी ज्यों कूकही जल माहिं रहानी।
पंख पानी बेधै नहीं कछु असर न जानी।
मीन तरै जल ऊपरै जल लगै न भारा।
आड़ अटक मानैं नहीं पैरे जल धारा॥
जैसे सीप समुद्र में चित देत अकासा।
कुंभ कला ह्वै खेलही तह साहेब दासा॥
जुगति जमूरा पारकै सरपे लपटाना।
बिख वाके बेधे नहीं गुरु गम समाना॥
दूध भात घृत भोजना बहु पाक मिठाई।
जिभ्या लेस लगैं नहीं उनके रोसनाई॥
बानी में बिखधर बसैं कोइ पकरि न पावै।
कह कबीर गुरु मंत्र से सहजै चलि आवै॥ 71 ॥

दरस दिवाना बाबरा अलमस्त फकीरा।
एक अकेला ह्वै रहा असमत का धीरा॥
हिरदे में महबूब है हर दम का प्यारा।
पीएगा कोइ जौहरी गुरु-मुख मतवाला॥
पियत पियाला प्रेम का सुधरे सब साथी।
आठ पहर झूमत रहै जस मैगल हाथी॥
बंधन काटे मोह के बैठा निरसका।
वाके नजर न आवता क्या राजा रंक॥
धरती तो आसन किया तंबू असमाना।
चोला पहिरा खाक का रह पाक समाना॥

सेवक को सतगुरु मिले कछु रहि न तबाही।
कह कबीर निज घर चलो जहँ काल न जाही ॥ 72 ॥
जेहि कुल भगत भाग बड़ होई।
अबरन बरन न गनिय रंक धनि विमल बास निज सोई ॥
बाम्हन छत्री वैस सूद्र सब भगत समान न कोई।
धन वह गाँप ठाँव असथाना है पुनीत सँग लोई ॥
होत पुनीत जपै सतनामा आपु तरै तारै कुल दोई।
जैसे पुरइन रह जल भीतर कह कबीर जग में जन सोई ॥ 73 ॥

वेदान्तवाद

साधो सतगुरु अलख लखाया आप आप दरसाया।
बीज मध्य ज्यों बृच्छा दरसै बृच्छा मद्धे छाया।
परमातम में आतम तैसे आतम मद्धे माया ॥
ज्यों नभ में सुन्न देखिए सुन्न अंड आकारा।
निह अच्छर ते अच्छर तैसे अच्छर छर विस्तारा ॥
ज्यों रवि मद्धे किरन देखिए किरन मध्य परकासा ॥
परमातम में जीव ब्रह्म इमि जीव मध्य तिमि स्वाँसा।
स्वाँसा मद्धे शब्द देखिए अर्थ शब्द के माहीं।
ब्रह्म ते जीव जीव ते मन इमि न्यारा मिला सदाहीं ॥
आपहि बीज वृच्छ अंकूरा आप फुल फल छाया।
आपहि सूर किरिन परकासा आप ब्रह्म जिव माया ॥
अंडाकार सुन्न नभ आपै स्वाँस शब्द अरथाया।
निह अच्छर अच्छर छर आपै मन जिव ब्रह्म समाया ॥ 74 ॥
आतम में परमातम दरसै परमातम में झाँई।
झाँई में परिछाँई नरसै लखै कबीरा साँई ॥
पानी बिच मीन पियासी, मोहिं सुन सुन आवत हाँसी।
आतम ज्ञान बिना सब सूना, क्या मथुरा क्या कासी ॥
घर में वस्तु नहिं सूझै, बाहर खोजत जासी।
मृग का नाभि माहिं कस्तूरी, बन बन खोजत जासी ॥
कहैं कबीर सुनो भाई साधो सहज लिलै अबिनासी ॥ 75 ॥
चंदा झलकै येहि घट माँहीं। अंधी आँखिन सूझै नाहीं ॥
येहि घट चंदा येहि घट सूर। येहि घट गाजै अनहद तूर ॥

येहि घट बाजै तबल निसान। बहिरा शब्द सुनै नहिं कान॥
जब लग मेरी मेरी करै। तब लग काज न एको सरै॥
जब मेरी ममता मरि जाय। तब प्रभु काज सँवारे आय।
जब लग सिंह रहै बन माहिं। तब लग वह बन फूले नाहिं॥
उलटा स्यार सिंह को खाय। उकठा बन फूलै हरिआय॥
ज्ञान के कारन करम कमाय। होय ज्ञान सब करम नसाय॥
फल कारन फूलै बन राय। फल लागे पर फूल सुखाय॥
मिग पास कस्तूरी बास। आप न खोजै खोजै घास॥
पारै पिंड मीन लै खाई। कहै कबीर लोग बौराई॥ 76॥

अवधू अंध कूप अँधियारा।

या घट भीतर सात समुंदर याहि में नद्दी नारा।
या घट भीतर काशि द्वारिका याहि में ठकुरद्वारा॥
या घट भीतर चंद सूर है याहि में नौ लख तारा।
कहैं कबीर सुनो भाई साधो याहि में सत करतारा॥ 77॥

साधो एक आपु जग माहीं।

दूजा करम भरम है किरतिम ज्यों दरपन में छाहीं।
जल तरंग जिमि जलते उपलै फिर जल माहिं रहाई॥
काया झाँईं पाँच तत्त की बिनसे कहाँ समाइ।
या बिधि सदा देहगति सबकी या बिधि मनहिं बिचारो।
आया होय न्याव करि न्यारो परम तत्व निरवारो॥
सहजै रहै समाय सहज में ना कहुँ आया न जावै।
धरै न ध्यान करै नहिं जप तप राम रहीम न पावै॥
तीरथ बरत सकल परित्यागै सुन्न डोर नहिं लावैं।
यह धोखा जब समुझि परैं तब पूजैं काह पुजावैं।
जोग जुगत में भरम न छूटैं जब लग आप न सूझैं॥
कह कबीर सो सतगुरु पूरा जो कोइ समुझैं बूझैं॥ 78॥

साधो सहजैं काया सोधो।

करता आप आप में करता लख मन को परमोधो॥
जैंसे बट का बीज ताहि मैं पत्र फूल फल छाया।
काया मद्धै बुँद बिराजैं बुंदैं मद्धे काया॥
अग्नि पवन पानी पिरथी नभ ता बिन मेला नाहीं।
काजी पंडित करो निबेरा काके माहिं न साँई॥

साँचे नाम अगम की आसा है बाही में साँचा।
करता बीज लिए है खेतै त्रिगुन तीन तत पाँचा॥
जल भरि कुंभ जले बिच धरिया बाहर भीतर सोई।
उनको नाम कहन को नाँही दूजा धोखा होई।
कठिन पंथ सतगुरु को मिलता खोजत खोजत पाया।
इक लग खोज मिटी जब दुबिधा न कहुँ गया न आया॥
कहैं कबीर सुनो भइ साधो सत्त शब्द निज सारा।
आपा मद्धे आपै बोलै आपै सिरजनहारा॥ 79॥

दरियाव की लहर दरियाव है जी दरियाव औ लहर भिन्न कोयम।
उठे तो नीर है बैठता नीर है कहो किस तरह दूसरा होयम॥
उसी नाम को फेर के लहर धारो लहर के कहे क्या नीर खोयम।
जक्तही फेर सबजक्त हैं ब्रह्म में ज्ञान करि देख कब्बीर गोयम॥ 80॥

मन तू मानत क्यों न मना रे।
कौन कहन को कौन सुनन को दूजा कौन जना रे॥
दरपन में प्रतिबिंब जो भासे आप चहूँ दिसि सोई।
दुबिधा मिटै एक जब होवै तौ लख पावै कोई॥
जैसे जल ते हेम बनत है हेम घूम जल होई॥
तैसे या तत बाहू तत सों फिर यह अरु वह सोई।
जो समझै तो खरी कहन है ना है समझै तो खोटी।
कह कबीर दोऊ पख त्यागै ताकी मति है मोटी॥ 81॥

नाम मैं धरमी नाहिं अध रमी ना मैं जती न कामी हो।
ना मैं कहता ना मैं सुनता ना मैं सेवक स्वामी हो॥
ना मैं बंधा ना मैं मुक्ता ना निरबंथ सरबंगी हो।
का काहू से न्यारा हुआ न काहू को संगी हो॥
ना हम नरक लोक को जाते ना हम सरग सिधारे हो।
सब ही कर्म हमारा कीया हम कर्म्मन ते न्यारे हो॥
या मत को कोइ बिरला बूझै सो सतगुरु हो बैठे हो।
मत कबीर काहू को थापे मत काहू को मेटे हो॥ 82॥

फहम करु फहम करु फहम करु मान यह फहम बिनु फिकिर नहिं मिटै तेरी। सकल उँजियारा दीदार दील बीच है जौक औ शौक सब मौज तेरी॥ बोलता मस्त मस्ताने महबूब है इना सा अदल कहु कौन केरी। एक ही नूर दरियाव वह देखिए फैल वह रहा सब सृष्टि में री। आप ही गन्नी गरीब है आप ही आप गन्नीम हो आप घेरी। आप ही

चोर पुनि साहु है आप ही ज्ञान कथि आप ही आप सुने री। आप ही हरी हरिनाकुसा आप ही आप नरसिंह हो आप गेरी, आप ही रावना आप रघुनाथा जी आप को आप ही आप दले री। आप बलि होइकै दान बसुधा किया आप हो वावना आप छले री। आप ही कृष्ण है कंस है आप ही आप को आप आपहि हते री। आप ही जक्त भगवंत है आप ही और नहिं दूसरा अर्ज सुने री ॥ 83 ॥

मुक्त होवैं छुटैं सेती तब कीन मरैं तिसैं कौन मारैं।
अहकार तजे भय रहित होवैं तब कौन तरे तसे कौन तारैं ॥
मरना जीना है ताहि को जी जो आपु को आपु बिसारि डारैं।
चैतन्य हौवें उठि जागि देखे दया देखि कैं जोति कबीर धारैं ॥ 84 ॥

यह तो एक तो एक हुबाब है जी साकिन दरियाव के बीच सदा।
हुब्बाब तो ऐन दरियाव है जी देखो नहिं वह से मौज जुदा।
हुब्बाब तो है उठनेहि में जी है बैंठने मतलब्ब खुदा।
हीबाब दरियाव कबीर है जो दुजा नाम बोलैं सो बुदबुदा ॥ 85 ॥

घट-घट में रटना लागि रही परगट हुआ अलेख है जी।
कहुँ चोर हुआ कहुँ साह हुआ कहुँ बाम्हन है कहुँ सेख है जी।
बहुरंगी प्यारा सब से न्यारा सब ही में एक भेख है जी।
कब्बीर मिला मुरशिद उसमें हस तुम नाहीं वह एक है जी ॥ 86 ॥

असमानका आसरा छोड़ प्यारे उलटि देखो घट अपना जी।
तुम आप में आप तहकीक करो तुम छोड़ो मन की कल्पना जी ॥
बिन देखे जो निज नाम जपे सो कहिए रैन का सपना जी।
कबीर दौदार परगट देखा तब जाप कौन का जपना जी ॥ 87 ॥

अपनपो आप ही बिसरो।

जैसे सोनहा काँच मँदिर में भरमत भूँकि मरो।
ज्यों केहरि बपु निरखि कूप जल प्रतिमा देखि परो।
ऐसेसि मदगज फटिक शिला पर दसननि आनि अरो।
मरकट मुठी स्वाद ना बिसरै घर घर नटत फिरो।
कह कबीर ललनी के सुवना तोहि कौने पकरो ॥ 88 ॥

साम्यवाद

आपुहिं करता भेद करतारा। बहु बिधि बासन गढ़ैं कुम्हारा ॥
बिधना सबै कीन यक ठाऊँ। अनिक जनग कै बनक बनाऊँ ॥
जठर अग्नि महँ दिय परजाली। तामें आप भए भतिपाली ॥

बहुत जतत कै बाहर आया। अब शिव शक्ति नाम धराया॥
घर को सुत जो होय अयाना। ताके संग न जाय सयाना॥
साँची बात कहौं मैं अपनी। भया दिबाना और कि सपनी॥
गुप्त प्रगट है एकै मुद्रदा। काको कहिए ब्राह्मन शुद्रा॥
मूठ गरब भूलै मति कोई। हिंदू तुरुक झूठ कुल दोई॥
जिन यह चित्र बनाइया साँची सूरत ढारि।
कह कबीर ते जन भले जे तेहि लेहि बिचारि॥ 89॥
जो तोहि कर्ता बर्ण बिचारा। जन्मत तीन बंड अनुसारा॥
जन्मत शूद्र भए पुनि शूद्रा, कृत्रिम जनेऊ घालि जगदुद्रा॥
जो तुम बाम्हन बाम्हनि जाए। और राह तुम काहे न आए॥
जो तू तुरुक तुरुकिनी जाया। पेटै का हे न सुनति कराया॥
कारी पीरी दूहौ गाई। ताकर दूध देहु बिलगाई॥
छाँडु कपट नर अधिक सयानी। कह कबीर भजु सारंगपानी॥ 90॥
दुइ जगदीश कहाँ ते आए कहुँ कौने भरमाया॥
अल्ला राम करिम केशव हरि हजरत नाम धराया॥
गहना एक कनक ते गहना तामें भाव न दूजा।
कहन सुनन को दुइ कर थाते एक नेवाज एक पूजा॥
वही महादेव वही मुहम्मद ब्रह्मा आदम कहिए।
कोइ हिंदू कोइ तुरुक कहावैं एक जमीं पर रहिए॥
वेद किताब पढ़े वे कुतवा वे मौलाना वे पाँड़े।
बिगत बिगत कैं नाम धरायो एक माटी के भाँड़े॥
कह कबीर ते दोनों भूलें रामहिं किनहु न पाया।
वे खसिया वे गाय कटावैं वादैं जन्म गँवाया॥ 91॥
ऐसा भरम बिगुरचन भारी।
बेद किताब दीन औ दोजख को पुरुखा का नारी॥
माटी के घर साज बनाया नादे बिंदु समाना।
घट बिनसे क्या नाम धरहुगे अहमक खोज भुलाना॥
एकैं हाड़ त्वचा मल मूत्रा रुधिर गुदा एक मुद्रा।
एक बिंदु ते सृष्टि रच्यो है को ब्राह्मण को शुद्रा॥
रजगण ब्रह्म तमोगुण शंकर सतोगुणी हरि सोई।
कहै कबीर राम रमि रहिया हिंदू तुरुक न कोई॥ 92॥

भक्ति-उद्रेक

ओढ़न मेरो राम नाम मैं रामहिं को बनिजारा हो।
राम नाम को करौं बनिज मैं हरि मोरा हटवारा हो॥
सहस नाम को करौं पसारा दिन दिन होत सवाई हो।
कान तराजू सेर तिनपौवा डहकिन ढोल बजाई हो॥
सेर पसेरी पूरा कर ले पासँव कतहुँ न जाई हो।
कहै कबीर सुनो हो संतों जोरि चले जहँड़ाई हो॥ 93 ॥

तोको पीव मिलैंगे घूँघट को पट खोल रे।
घट घट मैं वह साँईं रमता कटुक बचन मत बोल रे॥
धन जोबन के गरब न कीजै झूठा पँचरँग चोल रे।
सुन्न महल में दियना बारि ले आसा सों मत डोल रे॥
जाग जुगुत सों रंग महल में पिय पायो अनमोल रे।
कहैं कबीर अनंद भयो है बाजत अनहद ढोल रे॥ 94 ॥

पायो सतनाम गरै कै हरवा।
साँकर खटोलना रहनि हमारी दुबरे पाँच कँहरवा।
ताली कुंजी हमें गुरु दीन्ही जब चाहौं तब खोलौं किवरवा॥
प्रेम प्रीति की चुनरी हमारी जब चाहौं तब नाचौं सहरवा।
कहैं कबीर सुनो भाई साधो बहुर न ऐवै एही नगरवा॥ 95 ॥

मिलना कठिन है, कैसे मिलौंगी पिय जाय।
समुझि सोच पग धरौं जतन से बार बार डिग जाय॥
ऊँची गेल राह रपटीली पाँव नहीं ठहराय।
लोक-लाज कुल की मरजादा देखत मन सकुचाय॥
नैहर बास बसा पिहर में लाज तजी नहिं जाय।
अधर भूमि जहँ महल पिया का हम पै चढ़ो न जाय॥
धन भई बारी पुरुख भए भोला सुरत झकोरा खाय।
दूतीं सतगुरु मिले बीच में दीन्हो भेद बताय॥
साहब कबिरा पिया सों भेंटयो सीतल कंठ लगाय॥ 96 ॥

दुलहिन गावो मंगलचार। हमरे घर आए राम भतार।
तन रति कर मैं मन रति करिहौं पाँचो तत्व बराती।
रामदेव मोहिं ब्याहन आए मैं जोबन मदमाती।
सरिर सरोवर वेदी करिहौं ब्रह्मा वेद उचारा।
रामदेव सँग भाँवर लैहों धन धन भाग हमारा॥

सुर तैंतीसो कौतुक आए मुनिवर सहस अठासी।
कह कबीर मोंहि ब्याहि चले हैं पुरुष एक अबिनासी ॥ 97 ॥

हरि मोर पीव मैं राम की बहुरिया।
राम मोर बड़ा मैं तन की लहुरिया॥
हरि मोर रहँटा मैं रतन पिउरिया।
हरि को नाम लै कातल बहुरिया॥
छ मास ताग बरस दिन कुकुरी।
लोग बोले भल कातल बपुरा।
कहै कबीर सूत भल काला॥
रहँटा न होय सुक्ति कर दाता॥ 98 ॥

साँई के सँग सासुर आई।
संग न सूती स्वाद न जानीं जोबन गो सपने की नाई।
जना चारि मिलि लगन सोचाई जना पाँव मिलि मंडप छाई॥
सखा सवेली मंगल गावैं दुख रुख माथे हरदि चढ़ाई।
नाना रूप परी मन भाँवरि गाँठी जोरि भई पति आई॥
अरघ देइ देइ चली सुवासिनि चौकहि राँड़ भई सँग साई।
भयो बियाह चली बिन दूलह बाट जान समधी समुझाई।
कहै कबीर हम गौने जैबे तरब कंत ले तूर बजाई॥ 99 ॥

विरह-निवेदन

बालम आओ हमारे गेह रे। तुम बिन दुखिया देह रे।
सब कोई कहै तुमारी नारी मोको यह संदेह रे॥
एकमेक ह्वै सेज न सोवै तब लग कैसे नेह रे॥
अन्न न भावे नींद न आवे गृह बन धरे न धीरे।
ज्यों कामी को कामिनि प्यारी ज्यों प्यासे को नीर रे॥
है कोइ ऐसा पर-उपकारी पिय से कहै सुनाय रे।
अब तो बेहाल कबीर भए हैं बिन देखे जिउ जाय रे॥ 100 ॥

सतगुरु हा महाराज, मोपैं साईं रँग डारा।
शब्द की चोट लगी मेरे मन में बेध गया तन सारा॥
औषध मल कछू नहिं लागे क्या करे बैद बिचारा।
सुर नर मुनि जन पीर औलिया कोइ न पावै पारा॥
साहब कबिर सर्व रँग रँगिया सब रँग से रँग न्यारा॥ 101 ॥

कैसे दिन कटि है जतन जतन बताए जाइयो।
एहि पार गंगा वोही पार जमुना
बिचवाँ मँड़इया हमका छवाए जाइयो॥
अँचरा फारि के कागद बनाइन
अपनी सुरतिया हियरे लिखाए जइयो।
कहत कबीर सुनो भाइ साधो।
बहियाँ पकरि के रहिया बताए जइयो॥ 102॥

प्रीत लगी तुअ नाम की पल बिसरै नाहीं।
नजर करो अब मेहरकी मोंहिं मिलो गुसाईं
बिरह सतावैं मोहिं को जिव तड़पैं मेरा।
तुम देखन को चाव है प्रभु मिलो सबेरा॥
नैंन तरसे दरस को पल पलक न लागैं।
दरद बंद दीवार का निस बासर जागै॥
जो अब प्रीतम मिलैं करूँ निमिख न न्यारा।
अब कबीर गुरु पाइया मिलो प्रान पियारा॥ 103॥

हू बारी दुख फेरि पियारे। करवट दे मोंहि को मारे।
करवत भला च करवट तेरी। लाग गरे सुन बिनती मेरी॥
हम तुम बीच भया नहिं कोई। तुमहिं सो कंत नारि हम सोई॥
कहत कबीर सुनो नर लोई। अब तुम्हरी परतीत न होई॥ 104॥

शब्द की चोट लगी तन में। घर नहिं चैन चैन नहिं वन में॥
ढूँढत फिरों पीव नहीं पावौं। औषध मूल खाय गुजरावौं॥
तुम से बैद न हम से रोगी। बिन दिदार क्यों जिए बियोगी॥
एकैं रँग रँगी सब नारी। ना जानों को पिय की प्यारी॥
कह कबीर कोइ गुरुमुख पावै। बिन नैंनन दीदार दिखावैं॥ 105॥

चली मैं खोज में पिय की। मिटी नहिं सौच यह जिय की॥
रहैं निंत पास ही मेरे। न पाऊँ यार को हेरे॥
बिकल चहुँ ओर को आऊँ। तबहुँ नहिं कंत को पाऊँ॥
धरो केहि भाँति से धीरा। गयो गिर हाथ से हीरा॥
कटी जब नैन की झाँईं। लख्यो तब गगन में साँईं॥
कबीरा शब्द कहि भासा। नयन में यार को बासा॥ 106॥

अबिनासी दुल्हा कब मिलिहौं, भक्त के रछपाल।
जल उपजी जल ही सों नेहा, रटत पियास पियास।

मैं ठाढ़ी बिरहिन मग जोऊँ, प्रियतम तुमरी आस॥
छोड़े गेह नेह लगि तुम सों, भइ चरनन लवलीन।
तालाबेलि होत घट भीतर, जैसे जल बिनु मीन॥
दिवस रैनु भूख नहि निद्रा, घर अँगना न सुहाय।
सेजरिया बैरनि भइ हम को, जगत रैनि बिहाय॥
हम तो तुमर दासी सजना, तुम हमरे भरतार।
दीनदयाल दया करि आओ, समरथ सिरजनहार॥
कै हम प्रान तजत हैं प्यारे, कै अपना कर लेव।
दास कबीर बिरह अति बाढ़ेउ, हमकै दरसन देव॥ 107॥

सुन सतगुरु की तान नींद नहिं आती।
बिरहा मैं सूरत गई पछाड़े खाती॥
तेरे घर में हुआ अँधेर भरम की राती।
नहिं भई पिया से भेंट रही पछताती॥
सिख नैन सैन सो खोज ढूँढ़ ले लाती।
मेरे पिया मिले सुख चैन नाम गुन गाती॥
तेरि आवागमन की त्रास सबै मिट जाती।
छबि देखत भई है निहाल काल मुरझाती॥
सखि मान सरोवर चलो हंस जहँ पाती।
यह कहैं कबीर बिचार सीप मिलि स्वाती॥ 108॥

तलफै बिन बालम मोर जिया।
दिन नहिं चैन रात नहिं निंदिया तलफ तलफ के भोर किया॥
तन मन मोर रहँठ अस डोलै सून सेज पर जनम छिया।
नैन थकित भए पंथ न सूझै साँई बेदरदी सुध न लिया॥
कहत कबीर सुनो भाई साधो हरो पीर दुख जोर किया॥ 109॥

पिया मिलन की आस रहौं कब लौं खरी।
ऊँचे नहिं चढ़ि जाय मने लज्जा भरी॥
पाँव नहीं ठहराय चहूँ गिर गिर परूँ।
फिरि फिरि चढ़हुँ सँम्हारि चरन आगे धरूँ॥
अंग अंग थहराय तो बहू बिधि डरि रहूँ।
करम कपट मग घेरि तो भ्रम में परि रहूँ॥
बारी निपट अनारि तो झीनी गैल है।
अटपट चाल तुम्हार मिलन कस होइ है॥

छोरो कुमति बिकार सुमति गहि लीजिए।
सतगुरु शब्द सम्हारि चरन चित दीजिए॥
अंतर पट दे खोल सब्द उर लाव री।
दिल बीच दास कबीर मिलैं तोहि बावरी॥ 110॥

गृह-वैराग्य

अवधू भूले को घर लावै, सो जन हमको भावै।
घर में जोग भोग घर ही में, घर तजिबन नहिं जावै॥
बन के गए कलपना उपजै, तब धों कहाँ समावै।
घर में मुक्ति मुक्ति घर ही में, जो गुरु अलख लखावै॥
सहज सुन्न में रहै समाना, सहज समाधि लगावै।
उनमुनि रहै ब्रह्म को चीन्है, परम तत्त को ध्यावै॥
सुरति निरत सो मेला करि कैं, अनहद नाद बजावैं।
घर में बस्तु बस्तु में घर है, घर ही वस्तु मिलावैं॥
कहैं कबीर सुनो हो अवधू ज्यों का त्यों ठहरावैं॥ 111॥

दूर वे दूर वे दूर वे दूरमति
दूर की बात तोहि बहुत भावैं।
अहै हज्जूर हाजीर साहब धनी
दूसरा कौन कहु काहि गावैं॥
छोड़ दे कल्पना दूर का धावना
राज तजि खाक मुख काहि लावैं॥
पेड़ के गहे ते डार पल्लव मिले
डार के गहे नहिं पेड़ पावैं॥
डार औ पेड़ औ फूल फल प्रगट है
मिले जब गुरु इतनो लखावैं॥
सँपति सुख साहबी छोड़ जोगी भए
सून्य की आस बनखंड जावैं॥
कहहिं कबीर बनखंड में क्या मिलैं
दिलहि को खोज दीदार पावैं॥ 112॥

अनप्रापत वस्तु को कहा तजे, प्रापत को तजै सो त्यागी है।
सु-असील तुरंग कहा फेरे, अफतर सो बागी है॥
जगभव का गावना क्या गावै, अनुभव गावै सो रागी है।
बन गेह की बासना नास करे, कब्बीर सोई वैरागी है॥ 113॥

कर्मगति

करमगति टारे नाहिं टरी।
मुनि बसिष्ठ से पंडित ज्ञानी सोध के लगन धरी॥
सीता हरन मरन दसरथ को बन में बिपति परी।
कहँ वह फंद कहाँ वह पारधि कहँ वह मिरग चरी॥
सीया को हरी लैगा रावन सुबरन लंक जरी।
नीच हाथ हरिचंद बिकाने बलि पाताल धरी॥
कोठि गाय नित पुन्न करत नृप गिरिगिट जोन परी।
पाँडव जिनके आपु सारथी तिनपर बिपति परी॥
दुरजोधन को गरब घटायो जदुकुल नास करी।
राहु केतु औ भानु चंद्रमा बिधी सँजोग परी॥
कहत कबीर सुनो भाई साधो होनी हो के रही॥ 114॥

अपने करम न मेटो जाई।
कर्म के लिखा मिटे धौ कैसे जो युग कोटि सिराई॥
गुरु वसिष्ठ मिलि लगन सोधाई सूर्य मंत्र एक दीन्हा।
जो सीता रघुनाथ बिआही पल एक संच न कीन्हा॥
नारद मुनि को बदन छपायो कीन्हों कपि से रूपा।
सिसुपालहुँ की भुजा उपारी आपुन बौध सरूपा॥
तीन लोक के करता कहिए बालि बध्यो बरिआई।
एक समय ऐसी बनि आई उनहूँ अवसर पाई॥
पारवती को बाँझ न कहिए ईस न कहिय भिखारी।
कह कबीर करता की बातें करम की बात निआरी॥ 115॥

मोहमहिमा

बुढ़िया हँसि कह मैं नितहिं बारी।
मोहिं ऐसी तरुन कहु कौन नारि॥
ये दाँत गए मोर पान खात।
औ केस गयल मोर गंग नहात।
औ नयन गयल मोर कजल देत।
औ वैस गयल पर पुरुष लेत॥
औ जान पुरुखवा मोर अहार।
मैं अनजाने को कर सिगार॥

कह कबीर बुढ़ि आनँद गाय।
नित पूत भतारहिं बैठि खाय॥ 116॥

मोर मनुख है अति सुजान। धंधा कुटि कुटि कर बिहान॥
उठि बड़े भोर आँगन बुहार। ले बड़ी खाँच गोबरहि डार॥
बासी भात मनुख ले खाय। बड़ घैला लै पानी जाय॥
अपने सैया बाँधी पाट। लै रे बेचौं हाटै हाट।
कह कबीर ये हरि के काज। जोइया के ढिंगर कौन काज॥ 117॥

डर लागै हाँसी आवे अजब जमाना आया रे॥
धन दौलत ले माल खजाना बेस्या नाच नचाया रे॥
मुट्ठी अन्न साध कोइ माँगै कहैं नाज नहिं आया रे।
कथा होय तहँ स्रोता सोवैं वक्ता मूड़ पचाया रे॥
होय जहाँ कहिं स्वांग तमासा तनिक न नींद सताया रे।
भंग तमाखू सुलफा गाँजा सूखा खूब उड़ाया रे।
गुरु चरनामृत नेम न धारे, मधुवा चाखन आया रे।
उलटी चलन चली दुनियाँ में, तातें जिय घबराया रे।
कहत कबीर सुनो भाइ साधो, फिर पाछे पछताया रे॥ 118॥

ऐसी दुनिया भई दीवानी, भक्ति भाव नहिं बूझै जी।
कोई आवे तो बेटा माँगे, यही गुसाईं दीजै जी॥
कोई आवै दुख का मारा, हम पर किरपा की जै जी।
कोई आवै तो दौलत माँगै, भेंट रुपैया लीजै जी॥
कोई करावै ब्याह सगाई, सुनत गुसाईं रीझै जी।
साँचे का कोइ गाहक नाहीं, झूठे जगत पतीजै जी॥
कहै कबीर सुनो भाई साधो, अंधौ को क्या कीजै जी॥ 119॥

या जग अंडा, मैं केहि समुझावों।
इक दुइ होय उन्हें समझावों, सब ही भुलाना पेट के अन्धा॥
पानी के घोड़ा पवन असवरवा, ढरकि परै जस ओस के बुंदा।
गहिरी नदिया अगम बहै धरवा, खेवनहारा पड़िगा फंदा॥
घर की वस्तु निकट नहिं आवत, दियना बारिके ढूढ़त अंधा।
लागी आग सकल बन जरिगा, बिन गुर ज्ञान भटकिगा बंदा॥
कहै कबीर सुनो भाई साधो, इक दिन जाय लँगोटी झार बंदा॥ 120॥

चली है कुलबोरनी गंगा नहाय।
सतुवा कराइन बहुरी भुँजाइन घूँघट ओटे भसकन जाय॥

गठरी बाँधिनि मोटरी बाँधिन, खसम के मूँड़े दिहिन धराय।
बिछुवा पहिरिन औंठा पहिरिन, लात खसम के मारिन जाय॥
गंग न्हाइन जमुना न्हाइन, नौ मन मैल हैं लिहिन चढ़ाय।
पाँच पच्चीस के धक्का खाइन घरहुँ की पूँजी आई गँवाय॥
कह कबीर हेत करुगुरु सौं नहिं तोर मुकती जाय नसाय॥ 121 ॥

उद्‌बोधन

पंडित बाद बदौ सो झूठा।
राम कहे जगत गति पावै खाँड़ कहे मुख मीठा॥
पावक कहे पाँव जो दाहै जल कहे तृखा बुझाई।
भोजन कहे भूख जो भागै तो दुनिया तरि जाई॥
नर के संग सुवा हरिबोलैं, हरि प्रताप नहिं जानै।
जो कबहूँ जाय जंगल को तौ हरि सुरति न आनै॥
बिनु देखे बिनु अरस परस बिनुनाम लिए का होई।
धन के कहे धनिक जो होतो निरधन रहत न कोई॥
साँची प्रीति विषय माया सों हरि भगतन की हाँवी।
यह कबीर एक राम भजे बिन बाँधे जमपुर जासी॥ 122 ॥
पंडित देखा मन मौं जानी।
कहु धौं छूत कहाँ ते उपजी तबहिं छूत तुम मानी।
नारद बिंदु रुधिर एक संगै घटही में घट सज्जै।
अष्ट कमल को पुहुमी आई कहँ यह छूत उपज्जै।
लख चौरासी बहुत बासना सो सब सरि भो माटी।
एकै पाट सकल बैठारे सींचि लेत धौं काटी॥
छूतहि जेवन छूतहि अचवन छूतहि जग उपजाया।
कह कबीर ते छूत बिबर्जित जाके संग न माया॥ 123 ॥
पंडित देखो हृदय बिचारा। कौन पुरुष को नारी॥
सहज समाना घट घट बोलै वाको चरित अनूपा।
वाको नाम कहा कहि लीजै ना ओहि बरन न रूपा॥
तैं मैं काह करे नर बौरे क्या तेरा क्या मेरा।
राम खोदाय शक्ति शिव एकै कहुबौं काहि निबेरा॥
बेद पुरान कुराह कितेबा नाना भाँति बखानी।
हिंदू तुरुक जैन औ जोगी एकल काहु न जानी॥

छ दरसन में जो परवाना तासु नाम मनमाना।
यह कबीर हम हीं हैं बोरे ई सब खलक सयाना॥ 124॥
माया मोहहिं मोहित कीन्हा। ताते ज्ञान रतन हरि लीन्हा॥
जीवन ऐसो सपना जैसो जीवन सपन समाना।
शब्द गुरू उपदेश दियो, तैं छाड़यो परम निधाना॥
जोतिहिं देख पतंग हूलसै, पसु नहिं पेखै आगी।
काम क्रोध नर मुगुध परे हैं, कनक कामिसी लागी।
सय्यद शेख किताब नीरखै, पंडित शास्त्र बिचारै।
सतगुरु के उपदेश बिना, तुम जानि कै जीवहिं मारै॥
करो विचार बिकार परिहरो, तरन तारनै सोई।
कह कबीर भगवत भजन करु द्वितीया और न कोई॥ 125॥
आपन आस किए बहुतेरा। काहु न मर्म पाव हरि केरा॥
इंद्री कहा करै बिश्राम। सो कहँ गए जो कहते राम॥
सो कह गए होत अज्ञान। होय मृतक ओहि पदहिं समान॥
रामानंद रामरस छाके। कह कबीर हम कहि थाके॥ 126॥
कहो हो अंबर कासौं लागा। चेतनहारे चेतु सुभागा॥
अंबर मध्ये दीसै तारा। एक चेतै दूजे चेतवनतारा॥
जेहि खोजै सो उहवाँ नाहीं। सोतो आहि अमर पद माहीं॥
कह कबीर पद बूझै सोई। मुख हृदया जाकर एक होई॥ 127॥
बाबू ऐसो है संसार तिहारो, है यह कलि व्यवहारा।
को अब अनख सहै प्रति दिनको नाहिंन रहन हमारा॥
सुमृत सुभाव सबै कोइ जानै हृदया तत्त न बूझै॥
निरजिव आगे सरजिव थापै लोचन कछुव न सूझै॥
तजि अमृत बिख काहें अचवो गाँठि बाँधो खोटा।
चोरन को दित पाट सिंहासन साहुहिं कीन्हु ओटा॥
कह कबीर झूठो मिलि झूठा ठगही ठग व्यवहारा।
तीन लोक भरपूर रह्यो है नाही है पतियारा॥ 128॥

नैनन आगे ख्याल घनेरा।

अरध उरध बिच लगन लगी है क्या संध्या रैन सबेरा।
जेहि कारन जग भरमत डोलैं सो साहब घट लिया बसेरा॥
पूरि रह्यो असमान धरनि में जित देखो तित साहब मेरा।
तुसबी एक दिया मेरे साहब कह कबीर दिलही बिच फेरा॥ 129॥

जागु रे जिव जागु रे अब क्या सोवै जिय जागु रे।
चोरन को डर बहुत रहत है उठि उठि पहिरे लागु रे॥
ररौ खेलि ममो करि भीतर ज्ञान रतन करि जागु रे।
ऐसे जो अजरायल मारै मस्तक आवै भागु रे॥
ऐसी जागनि जो कोइ जागै तो हरि देह सोहागु रे।
कह कबीर जागोई चहिए क्या गिरही बैरागु रे॥ 130॥

उपदेश और चेतावनी

बोलना कासौं बोलिए भाई। बोलत ही सब तत्व नसाई॥
बोलत बोलत बाढु बिकारा। सो बोलिए जो परे बिचारा॥
मिले जो संत बचन दुइ कहिए। मिले असंत मौन ह्वै रहिए॥
पंडित सों बोलिय हितकारी। मूरख सों रहिए झख मारी॥
कह कबीर आधा घट डोलै। पूरा होय बिचार लैं बोलै॥ 131॥
मरिहौ रे तन का ले करि हौ। प्रान छुटे बाहर लै धरिहौ॥
काय बिगुरचन अनबन बाटी। कोइ जारै कोइ गाड़ै माटी॥
जारै हिंदु तुरुक लै गाड़ै। ई परपंच दुनो घर छाँड़ै॥
कर्म फाँस जग जाल पसारा। ज्यों धीमर मछरी गहि मारा॥
राम बिना नर ह्वै हो कैसा। बाट माँझ गोबरौरा जैसा॥
कह कबीर पाछे पछतैहो। या घर सों जब वा घर जैहो॥ 132॥
चलत का टेढ़े टेढ़े टेढ़े।
दसो द्वार नरक में बूड़े दुरगंधों के बेड़े॥
फूटै नैन हृदय नहिं सूझै मति एकौ नहिं जानी।
काम क्रोध तृष्णा के मारे बूड़ि मुए बिनु पानी॥
जारे देह भसम ह्वै जाई गाड़े माटी खाई।
सूकर स्वान काग के भोजन तन की यहै बड़ाई॥
चेति न देखु मुगुध नर बौरे तोते काल न दूरी।
कोटिन जतन करै बहुतेरे तन की अवस्था धूरी॥
बालू के घरवा में बैठे चेतत नाहिं अयाना।
कह कबीर एक राम भजे बिन बूड़े बहुत सयाना॥ 133॥
फिरहु का फूले फूले फूले
जो दस मास उरध मुख झूले सो दिन काहें भूले।
ज्यों माखी स्वादै लहि बिहरै सोचि सोचि धन कीन्हा।

त्यौं ही पीछे लेहु लेहु करि भूत रहनि कछु दीन्हा॥
देहरी लौं वर नार संग है आगे संग सहेला।
मृतक थान संग दियो खटोला फिरि पुनि हंस अकेला॥
जारे देह भसम ह्वै जाई गाड़े माटी खाई।
काँके कुंभ उदक ज्यों भरिया तन की इहै बड़ाई॥
राम न रमसि मोह में माते परयो काल बस कूवा।
कह कबीर नर आप बँधायो ज्यों नलिनी भ्रम सूबा॥ 134॥
अल्लह राम जीव तेरी नाईं। जन पर मेहर करहु तुम साईं॥
क्या मूँड़ो भीमहिं सिर नाए क्या जल देह नहाए।
खून करै मसकीन कहावै गुन को रहैं छिपाए।
क्या भो उज्जू मज्जन कीने क्या मसजिद सिर नाए।
हृदये कपट नेवाज गुजारै का भो मक्का जाए।
हिंदू एकादशि चौबिस रोजा मुसलिम तीस बनाए।
बारह मास कहो क्यों टारो ये केहि माहँ समाए॥
पूरब दिसि में हरि को बासा पच्छिम अलह मुकामा॥
दिल में खोज दिले में देखो यहै करीमा रामा॥
जो खोदाय मसजिद में बसतु है और मुलुक केहि केरा।
तीरथ मूरत राम निवासी दुइ महँ किनहुँ न हेरा॥
बेद किताब कीन कीन झूठा झूठा जो न बिचारै।
सब घट मजाहिं एक करि लेखै भै दूजा करि मारै॥
जेते औरत मर्द उपाने सो सब रूप तुम्हारा।
कबिर पौंगड़ा अलह राम का सो गुरु पीर हमारा॥ 135॥
भँवर उड़े बक बैठे आय। रैनि गई दिवसौ चलि जाय॥
हल हल काँपे बाला जीव। ना जानै का करि है पीव॥
काँचे बासन टिकै न पानी। उड़िगे हंस काय कुम्हिलानी।
काग उड़ावत भुजा पिरानी। कह कबीर यह कथा सिरानी॥ 136॥
राम नाम का सेबहु बीरा दूर नहीं दुरआसा हो।
और देव का पूजहू बौरे ई सब झूठी आसा हो॥
ऊपर के उजरे कह भौ बौरे भीतर अजहूँ कारो हो।
तन के वृद्ध कहा भौ बौरे ई मन अजहूँ बारो हो॥
मुख के दाँत गए का बौरे अंदर दाँत लोहे के हो।
फिर फिर चना चबाउ विषय के काम क्रोध मद लोभ हो।

तन की सक्ति सकल घट गयऊ मनहिं दिलासा दूनी हो।
कहे कबीर सुनो हो संतो सकल सयानप ऊनी हो॥ 137॥
राम नाम बिनु राम नाम बिनु मिथ्या जन्म गंवाई हों।
सेमर सेइ सुवा जो जहुँड़े ऊन परे पछिताई हो॥
जैसे महिष गाँठि अरथै दे घरहुँ कि अकिल गँवाई हों।
स्वादे उदर भरत धौं कैसे ओसै प्याश न जाई हो॥
द्रव्यक हीन कौन पुरुषारथ मनहीं माहिं तबाई हो।
गाँठी रतन भरम नहिं जाने हु पारख लीन्हीं छोरी हो॥
कह कबीर एहि अवसर बीते रतन न मिले बहोरी हो॥ 138॥
जौ तैं रसना राम न कहि है। उपजत बिनसत भरमत रहि है॥
जस देखी तरुवर की छाया। प्रान गए कहु काकी माया॥
जीवत कछु न किए परमाना। मुए कर्म कहु काकर जाना॥
अंत काल सुख कोउ न सोवै। राजा रंक दोऊ मिल रोवै॥
हंस सरोबर कमल सरीरा। राम रसायन पिवै कबीरा॥ 139॥
सोच समझ अभिमानी, चादर भई है पुरानी।
टुकड़े टुकड़े जोड़ि जुगत सौं, सी के अँग लपटानी॥
कर डारी मैली पापन सौं, लोभ मोह में सानी।
ना एहि लाग्यो ज्ञान कै साबुन, ना धोई मल पानी॥
सारी उमिर ओढ़तै बीती, भली बुरी नहिं जानी।
संका मान जान जिय अपने, यह है चीज बिरानी॥
कह कबीर धरि राखु जतन से, फेर हाथ नहीं आनी॥ 140॥

बहुर नहिं आवना या देस।

जो जो गए बहुर नहिं आए, पठवत नाहिं सँदेस।
सुर नर मुनि औ पीर औलिया देवी देव गनेस।
धरि धरि जनम सबै भरमे हैं ब्रह्मा विष्णु महेस॥
जोगी जगम और सन्यासी दीगंबर दरवेस।
चुंडित मुंडित पंडित लोई सरग रसातल सेस॥
ज्ञानी गुनी चतुर औ कविता राजा रंक नरेस।
कोइ रहीम कोइ राम बखानै कोइ कहै आदेस॥
नाना भेख बनाया सबै मिलि ढूँढि फिरे चहुँ देस।
कहैं कबीर अंत ना पैहो बिन सतगुरु उपदेस॥ 141॥

वा दिन की कछु सुध कर मन माँ।
जा दिन लै चलु लै चलु होई, ता दिन संग चलै नहिं कोई।
तात मात सुत नारी रोई, माटी के संग दियो समोई।
सो माटी काटेगी तन माँ।
उलफत नेहा कुलफत नारी। किसकी बीबी किसकी बाँदी॥
किसका सोना किसकी चाँदी। जा दिन जम ले चलिहैं बाँदी॥
डेरा जाय परै वहि बन माँ।
टाँडा तुमने लादा भारी। बनिज किया पूरा ब्योपारी।
जूआ खेला पूँजा हारी। अब चलने की भई तयारी॥
जा कोइ गुरु से नेह लगाई। बहुत भाँति सोई सुख पाई।
माटी में काया मिलि जाई। यह कबीरा आगे गोहराई॥
साँच नाम साहेब को संग माँ॥ 142॥
ना जानें तेरा साहेब कैसा।
महजिद भीतर मुल्ला पुकारै क्या साहेब तेरा बहिरा है।
चिउँटी के पगनेवर बाजै सो भी साहब सुनता है॥
पंडित होय के आसन मारै लंबी माला जपता है॥
अंतर तेरे कपट कतरनी सो भी साहब लखता है॥
ऊँचा नीचा महल बनाया गहरी नेव जमाता है॥
चलने का मनसूबा नाहीं रहने को मन करता है॥
कौड़ी कौड़ी माया जोड़ी गाड़ि जमीं में धरता है।
जेहि लहना है सो लै जै है पापी बहि बहि मरता है॥
सतवंती को गजी मिलै नहिं वेश्या पहिरे खासा है॥
जेहि घर साधू भीख न पावै भँडुवा खात बतासा है॥
हीरा पाय परख नहिं जानै कौड़ी परखन करता है।
कहत कबीर सुनो भाइ साधो हरि जैसे को तैसा है॥ 143॥
मुखड़ा क्या देखै दरपन में, तेरे दया धरम नहिं तन में।
आम की डार कोइलया बोलै सुवना बोलै बन में॥
घरवारी तो घर में राजी फक्कड़ राजी बन में।
ऐंठी धोती पाग लपेटी तेल चुआ जुलफन में॥
गली गली की सखी रिझाईं दाग लगाया तन में।
पाथर की इक नाव बनाई उतरा चाहै छन में।
कहत कबीर सुनो भाई साधो वे क्या चढ़िहैं रन में॥ 144॥

मोरे जियरा वड़ा अँदेसवा, मुसाफिर जैहौ कौनी ओर।
मोह का सहर कहर नर नारी दुइ फाटक घन घोर॥
कुमती नायक फाटक रोकै, परिहौ कठिन झँझोर।
संसय नदी अगाड़ी बहती, विषम धार जल जोर॥
क्या मनुवाँ तू गाफिल सोवै, इहाँ मोर और तोर।
निसि दिन प्रीति करो साहब से, नाहिन कठिन कठोर॥
काम दिवाना क्रोध है राजा, बसै पचीसो चोर।
सत्त पुरुख इक बसै पच्छिम दिसि, तासों करो निहोर॥
आवै दरद राह तोहि लावै तब पैहो निज ओर॥
उलटि पाछिलो पैड़ा पकड़ो पसरा मना बटोर॥
कहैं कबीर सुनो भाई साधो तब पैहो निज ठोर॥ 145॥
पीले प्याला हो मतवाला प्याला नाम अमी रस का रे॥
बालापन सब खेल गँवाया तरुन भया नारी बस का रे।
बिरध भया कफ बाय ने घेरा खाट पड़ा न जाय खस का रे॥
नाभि कमल बिच है कस्तूरी जैसे मिरग फिरै बन का रे।
बिन सतगुरु इतना दुख पाया वैद मिला नहीं इस तन का रे॥
माता पिता बंधु सुत तिरिया संग नहीं कोई जाय सका रे।
जब लग जीवे गुरु गुन गाले धन जोवन है दिन दस का रे॥
चौरासी जो उबरा चाहै छोड़ कामिनी का चसका रे।
कहै कबीर सुनो भाई साधो नख सिख पूर रहा बिसका रे॥ 146॥

नाम सुमिर, पछतायगा।

पापी जियरा लोभ करत है आज काल उठि जायगा॥
लालच लागी जनम गँवाया काया भरम भुलायगा।
धन जोबन का गरब न कीजै कागद ज्यों गलि जायगा॥
जब जम आइ केस गहि पटकै ता दिन कछु न बसायगा।
सुमिरन भजन दया नहि कीन्ही तो मुख चाटा खायगा॥
धरम राय जब लेख माँगे क्या मुख लेके जायगा।
कहत कबीर सुनो भाई साधो साध संग तरि जायगा॥ 147॥
मेरा तेरा मनुआँ कैसे इक होइ रे।
मैं कहता हौं आँखिन देखी, तू कागद की लेखी।
मैं कहता सुरझावन हारी, तू राख्यो अरुझाई रे॥
मैं कहता तू जागत रहियो तू रहता है सोइ रे।

मैं कहता निरमोही रहियो तू जाता है मोहि रे॥
जुगन जुगन समझावत हारा कहा न मानत कोइ रे।
तू तो रंडी फिरै बिहंडी सब धन डारे खोइ रे॥
सतगुरु धारा निरमल बाहै वामें काया धोइ रे।
कहत कबीर सुनो भाई साधो तबही वैसा होइ रे॥ 148 ॥

समझ देख मन मीत पियरवा आसिक होकर सोना क्या रे।
रूखा सूखा गम का टुकड़ा फीका और सलोना क्या रे॥
पाया हो तो दे ले प्यारे पाय पाय फिर खोना क्या रे।
जिन आँखिन में नींद घनेरी तकिया और बिछौना क्या रे।
कहै कबीर सुनो भाई साधो सीस दिया तब रोना क्या रे॥ 149 ॥

जाके नाम न आवत हिए।
काह भए नर कासि बसे से का गंगा जल पिए।
काह भए नर जटा बढ़ाए का गुदरी के लिए॥
काह भयो कंठी के बाँधे काह तिलक के दिए॥
कहत कबीर सुनो भाई साधो नाहक ऐसे जिए॥ 150 ॥

गुरु से कर मेल गँवारा। का सोचत बारंबारा॥
जब पार उतरना चाहिए। तउ केवट से मिल रहिए॥
जब उतरि जाय भव पारा। तब छूटे यह संसारा॥
जब दरसन देखा चाहिए। तब दरपन माँजत रहिए॥
जब दरपन लागत काई। तब दरसन कहँ ते पाई॥
जब गढ़ पर बजी बधाई। तब देखि तमासे जाई॥
जब गढ़ बिच होत सकेला। तब हंसा चलत अकेला॥
कहे कबीर देख मन करनी। वाके अंतर बीच कतरनी॥
कतरनी कै गाँठ न छूटै। तब पकरि पकरि जग लूटै॥ 151 ॥

चल चल रे भौंरा कँवल पासा।
तेरी भौरी बोलै अति उदासा॥
वह करत चोज बारही बार।
तन बन फूल्यो कस डार डार॥
है लियो बनस्पति केर भोग।
कुछ सुख न भयो तन बढयो रोग॥
दिवस चार के सुरंग फूल।
तेहि लखि भारा रह्यो भूल॥

बनस्पति जब लागै आग।
तब भौंरा कहँ जैहौ भाग॥
पुहुप पुराने गए सूख।
लगी भँवर को अधिक भूख॥
उड़ न सकत बल गयौ छूट।
तब भौंरा रोवै सास कूट॥
चहुँ दिसि चितवे मुँह पराय।
ले चल भौंरी सिर चढ़ाय॥
कहैं कबीर ये मन के भाव।
नाम बिना सब जम के दाँव॥ 152॥

भजु मन जीवन नाम सबेरा।
सुंदर देह देख निज भूछो झपट लेत जस बाज बटेरा।
यह देही को गरब न कीजै उड़ पंछी जस लेत बसेरा॥
या नगरी में रहन न पैहो कोइ रह जाग न दूख घनेरा।
कहैं कबीर सुनो भाई साधो मानुख जनम न पैहों फेरा॥ 153॥

ऐसी नगरिया में केहि बिध रहना।
नित उठ कलंक लगावै सहना॥
एकै कुआँ पाँच पनिहारी।
एकै लेजुर भरै नौ नारी॥
कट गया कुआँ बिनस गई बारी।
बिलग भई पाँचो पनिहारी॥
कहैं कबीर नाम बिनु बेरा।
उठ गया हाकिम लुट गया डेरा॥ 154॥

का नर सोवत मोह निसा में जागत नाहि कूच नियराना।
पहिल नगारा सेत के समये दूजे बैन सुनत नहिं काना।
तीजे नैन दृष्टि नहिं सूझै चौथे आन गिरा परवाना।
मात पिता कहना नहिं मानै बिप्रन सौं कीन्हा अभिमाना॥
धरम की नाव चढ़न नहि जानै अब जमराज ने भेद बखाना।
होत पुकार नगर कसबे में रैयत लोग सबै अकुलाना॥
पूरन ब्रह्म की होत तयारी अंत भवन बिच प्रान लुकाना।
प्रेम नगर में हाट लगतु है जहँ रँगरेजवा है सत बाना॥
कह कबीर कोई काम न ऐहै माटी के देहिया माटी मिल जान॥ 155॥

रे दिल गाफिल गफलत मत कर एक दिन जम आवेगा।
सौदा करने या जग आया, पूँजी लाया मूल गँवाया॥
प्रेम-नगर का अंत न पाया, ज्यों आया त्यों जावैगा।
सुन मेरे साजन सुन मेरे मीता, या जीवन में क्या क्या कीता।
सिर पाहन का बोझा लीता, आगे कौन छुड़ावैगा।
परलि पार मेरा मीता खड़िया, उस मिलने का ध्यान न धरिया।
टूटी नाव ऊपर जा बैठा, गाफिल गोता खावैगा।
दास कबीर कहैं समुझाई, अंतकाल तेरो कौन सहाई॥
चला अकेला संग न कोई, कीया अपना पावैगा॥ 156॥
सुमिरो सिरजनहार, मनुख तन पाय के।
काहे रहो अचेत कहा यह अवसर पैहो।
फिर नहिं मानुख जनम बहुरि पीछे पछतैहो॥
लख चौरासी जीव जन्तु में मानुख परम अनूप।
सो तन पाय न चेतहू कहा रंक का भूप॥
गरभ बास में रह्यो कह्यो मैं भजिहौं तोहीं।
निसि दिन सुमिरौं नाम कष्ट से काढ़ौ मोहीं॥ 157॥
इक मन इक चित है रहों रहों नाम लव लाय।
पलक न तुमैं बिसारिहौं यह तन रहै कि जाय॥
इतना कियो करार तबै प्रभु बाहर कीना।
बिसर गयो वह ठाँव भयो माया आधीना॥
भूली बात उदर की यहाँ तो मत भइ आन।
बारह बरस ऐसही बीते डोलत फिरत अजान॥
बिखया पवन समान तबै ज्वानी मदमाते।
चलत निहारै छाँह तमक के बोलै बातें॥
चोवा चंदन लाइ के पहिरे बसन बनाय।
गलियों में डोलत फिरै पर तिय लख मुसुकाय॥
गा तरुनापा बीत बुढ़ापा आइ तुलाना।
कंपन लागै सीस चलत दोउ पाँव पिराना॥
नैन नासिका चूवन लागे करन सुनै नहिं बात।
कंट माहि कफ घेरि लिया है बिसर गये सब नात॥
मात पिता सुत नारि कहौ काके सँग लागी।
तन मन भजि लो नाम काम सब होयँ सुभागी॥

नहिं तो काल गरासिहै परिहौ जम के जार।
बिन सतगुरु नहिं बाँचिहो हिरदय करहु बिचार॥
सुफल होय यह देह नेह सतगुरु से कीजै।
मुक्ती मारग यही संत चरनन चित दीजै॥
नाम जपो निरभय रहो अंग न व्यापै पीर।
जरा मरन बहु संसय मेटै गावैं दास कबीर॥
तोरी गठरी में लागे चोर, बटोहिया का रे सोवै।
पाँच पचीस तीन हैं चोरवा, यह सब कीन्हा सोर॥
जाग सबेरा बाट अनेरा, फिर नहिं लागै जोर।
भव सागर एक नदी बहत है, बिन उतरे जीव बोर॥
कहैं कबीर सुनो भई साधो, जागत कीजै भोर॥ 158॥

का सोवो सुमिरन की बेरिया।
जिन सिरजा तिन की सुधि नाहीं,
झकत फिरो झकझलनि झलरिया।
गुरु उपदेस संदेस कहत हैं,
भजन करो चढ़ि गगन अटरिया।
नित उठि पाँच पचिस कै झगरा,
ब्याकुल मोरी सुरति सुँदरिया।
कहत कबीर सुनो भाई साधो,
भजन बिना तोरी सूनी नगरिया॥ 159॥

बागों ना जा रे तेरे काया में गुलजार। करनी क्यारी बोइ के रहनी करु रखवार। दुरमति काग उड़ाइ के देखै अजब बहार। मन माली परबोधिए करि संजम की बार। दया पौद सूखै नहीं छमा सींच जल ढार। गुल और चमन के बीच में फूला अजब गुलाब। मुक्ति कली सतमाल की पहिरूँ गूँथि गलहार। अष्ट कमल से ऊपजै लीला अगम अपार। कह कबीर चित चेत के आवागमन निवार॥ 160॥

सुमिरन बिन गोता खाओगे।
मुट्ठी बाँधि गर्भ से आए हाथ पसारे जाओगे।
जैसे मोती फरत ओस के बेर भए झर जाओगे॥
जैसे हाट लगावै हटवा सौदा बिन पछताओगे।
कहैं कबीर सुनो भाई साधो सौदा लेकर जाओगे॥ 161॥

अरे मन समझ के लादु लदनियाँ
काहे क टटुवा काहे क पाखर काहे क भरी गौनियाँ।

मन कै टटुवा सुरति कै पाखर भर पुन पाप गौनियाँ॥
घर के लोग जगाती लागे छीन लेय करधनियाँ।
सौदा करु तो यहि करु भाई आगे हाट न बनियाँ॥
पानी पी तो यहीं पी भाई आगे देस निपनियाँ।
कहैं कबीर सुनो भई साधो सत्त नाम का बनियाँ॥ 162॥

दिवाने मन भजन बिना दुख पैहो।
पहिले जनम भूत का पैहो सात जनम पछितैहो।
काँटा पर के पानी पैहो प्यासन ही मरि जैहो॥
दूजा जनम सुवा का पैहो बाग बसेरा लइहो।
टूटै पंख बाज मँड़राने अधफड़ प्रान गँइवहो॥
बाजीगर के बानर होइहौ लड़किन नाच नचैहो।
ऊँच नीच से हाथ पसरिहौ माँगे भीख न पैहो॥
तेली के घर बैला होइहो आँखिन ढाँप ढपैहो।
कोस पचास घरै में चलिहौ बाहर होन न पैहो॥
पँचवाँ जनम ऊँट कै पैहो बिन तौले बोझ लदैहो।
बैठे से तो उठै न पैहो घुरच घुरच मरि जैहो॥
धोबी घरके गदहा हाइहौ कटी घास न पैहो।
लादी लादि आपु चढ़ि बैठे लै घाटे पहुँचैहो॥
पच्छी माँ तो कौवा होइहो करर करर गुहरैहौ।
उड़ि के जाइ बैठि मैले थल गहिरे चोंच लगैहौ॥
सत्त नाम की टेर न करिहौ मन ही मन पछितैहौ।
कहैं कबीर सुनो भाई साधो नरक निसाही पैहो॥ 163॥

साधो यह तन ठाठ तँबूरे का।
ऐंचत तार मरोरत खूँटी निकसत राग हजूरे का।
टूटे तार बिखर गई खूँटी हो गया धूरम धूरे का॥
या देही का गरब न कीजै उड़ि गया हंस तँबूरे का।
कहत कबीर सुनो भाई साधो अगम पंथ कोइ सूरे का॥ 164॥
गगन घटा घहरानी, साधो गगन घटा घहरानी।
पूरब दिसि से उठी बदरिया रिमझिम बरसत पानी।
आपन आपन मेंड़ सम्हारो बह्यो जात यह पानी॥
मन के बैल तुरत हरवाहा जोत खेत निरबानी।
दुविधा दूब छोल करु बाहर बोव नाम की घानी॥

जोग जुगुत करि करु रखवारी चरन जाय मृगधानी।
बाली झार कूट घर लावै सोई कुसल किसानी॥
पाँच सखी मिल कीन रसोइया एक से एक सयानी।
दूनों धार बराबर परसे जेवैं मुनि अरु ज्ञानी॥
कहत कबीर सुनो भाई साधो यह पद है निरबानी।
जो या पद को परिचै पावे ताको नाम विज्ञानी॥ 165॥

सकुच और शिक्षा

नैहर में दाग लगाय आई चुनरी। ऊ रँगरेजवा कै मरम न जानै नहिं मिले धोबिया कवन करै उजरी। तन कै कूँड़ी ज्ञान कै सउंदन साबुन महँग बिकाय या नगरी। पहिर ओढ़ि के चली ससुरिया गौवाँ के लोग कहें बड़ी फुहरी। कहत कबीर सुनो भाई साधो बिन सतगुरु कबहूँ न सुधरी॥ 166॥

मोरी चुनरी में परि गयो दाग पिया।
पाँच तत्त कै बनी चुनरिया सोरह सै बँद लागे जिया।
यह चुनरी मोरे मैके ते आई ससुरे में मनुआ खोय दिया॥
मलि मलि धोई दाग न छूटै ज्ञान को साबुन लाय पिया।
कहत कबीर दाग तब छुटिहै जब साहब अपनाय लिया॥ 167॥

पिया ऊँची रे अटरिया, तोरी देखन चली।
ऊँची अटरिया जरद किनरिया लगा नाम की डोरिया।
चाँद सुरज सम दियना बरतु हैं ता बिच भूली डगरिया॥
पाँच पचीस तीन घर बनिया मनुआँ है चौधरिया।
मुंशी है कोतवाल ज्ञान को चहुँ दिसि लगी बजरिया॥
आठ मरातिव दस दरवाजा नौ में लगी किवरिया।
खिरकि बैठ गोरी चितवन लागी उपराँ झाँप झोपरिया॥
कहत कबीर सुनो भाई साधो गुरु चरनन बलिहरिया।
साध संत मिलि सौदा करिहैं झीखैं मुरुख अनरिया॥ 168॥

रतन जतन करु प्रेम कै तत धरु सतगुरु इमरित नाम जुगत कै राखव रे। बाबा घर रहलौं बबुई कहौलों सैयाँ घर चतुर सयान चेतब घरवा आपन रे। खेलत रहलौं मैं सुपला मउनिया औचक आए लेनिहार चलब केसिया झार रे। यह तो अंधेरी रात मुसल चौरबा थाली सैयाँ के बान कुबान सुतैलैं गोड़वा तान रे। चुन चुन कलिया में सेजिया बिछौलौं बिना रे पुरुखवा कै नारि झँखैले दिनवाँ रात रे। ताल झुराय गैलैं फूल कुम्हिलाय गैलें हसा उड़त अकेल कोई नहिं देखल रे। अब का झंखेलू नारि हिए बैठलू मन मारि एहि बाटे

मोतिया हेराइल रे। दास कबीर इहै गावैं निरगुनवाँ अब की उहवाँ जाब तो फिर नहिं आउब रे ॥ 169 ॥

का लै जैबो ससुर घर ऐबो।
गाँव के लोग जब पूछन लगिहैं तब हम कारे बतैबो ॥
खोल घुँघट जब देखन लगिहैं तब हम बहुत लजैबो।
कहत कबीर सुनो भाई साधो फिर सासुर नहिं पैवौ ॥ 170 ॥
साँईं मोर बसत अगम पुरवाँ जहँ गमन हमार।
आठ कुआँ नव बावड़ी सोरह पनिहार ॥
भरल घयलवा ढरकि गए रे धन ठाढ़ी मन मार।
छोट मोट डँड़िया चँदन कै हो, छोट चार कहार।
जाय उतरिहैं वाही देसवाँ हो, जहँ कोइ न हमार।
ऊँची महलिया साहब कै हो लगी बिखमी बजार।
पाप पुन्न दोउ बनियाँ हो, हीरा लाल अपार।
कह कबीर सुन साइयाँ मोर याहिय देस ॥
जो गये सो बहुरे ना, को कहत सँदेस ॥ 171 ॥

कौन रँगरेजवा रँगै मोर चुँदरी। पाँच तत्त कै बनी चुँदरिया चुँदरी पहिरि के लगै बड़ी सुँदरी। टेकुआ तागा करम के धागा गरेबिच हरवा हाथ बिच मुँदरी। सोरहो सिगार बतीसो अभरन पिय पिय रटत पिया सँग घुमरी। कहत कबीर सुनो भाई साधो बिन सतसंग कवन विधि सुधरी ॥ 172 ॥

ये अँखियाँ अलिसानी, पिय हो सेज चलो।
खंभा पकरि पतंग अस डोलै बोलै मधुरी बानी।
फूलन सेज बिछाइ जो राख्यो पिया बिना कुम्हलानी ॥
धीरे पाँव धरो पलँगा पर जागत ननद जिठानी।
कह कबीर सुनो भाई साधो लोक लाज बिछलानी ॥ 173 ॥
जागु पियारी अब का सोवै। रैन गई दिन काहे को सोवै ॥
जिन जागा तिन मानिक पाया। तै बौरी सब सीय गँवाया ॥
पिय तेरे चतुर तू मूरख नारी। कबहुँ न पिय की सेज संवारी।
तै बौरी बौरापन कीन्हो। भर जोबन पिय अपन न चीन्हो ॥
जाग देख पिय सेज न तेरे। तोहि छाँड़ि उठ गए सबेरे ॥
कह कबीर सोई वुन जागे। शब्द बान उर अंतर लागे ॥ 174 ॥
आयो दिन गौने कै हो मन होत हुलास।
पाँच भीट कै पोखरा हो जामे दस द्वार ॥

पाँच सखी बैरिन भई हो, बस उतरब पार।
छोट मोट डोलिया चँदन कै हो लागे चार कहार।
डोलिया उतारैं बीच बनवाँ हो, जहँ कोइ न हमार।
पइयाँ तोरी लागों कहरवा हो, डोली घर छिन बार॥
मिल लेवँ सखिया सहेलर हो, मिलों कुल परिवार।
साहब कबीर गावें निरगुन हो, साधो करि लो विचार।
नरम नरम सौदा करि ली हो, आगे हाट न बजार॥ 175॥

खेल ले नैहरवाँ दिन चारि।

पहिली पठौनी तीन जन आए नौवा बाम्हन बारि॥
बाबुल जी मैं पैयाँ तोरी लागों अब की गवन दे टारि।
दुसरी पठानी आपै आए लेके डोलिया कहार॥
धरि बहियाँ डोलिया बैठारिन कोउ न लागै गोहार।
ले डोलिया जाइ बन उतारिन कोंह नहिं संगी हमार॥
कहैं कबीर सुनो भाई साधो इक घर है दस द्वार॥ 176॥
डँड़िया फँदाय धन चालु रे, मिलि लेहु सहेली।
दिना चारि को संग है फिर अंत अकेली॥
दिन दस नहर खेलिए सासुर निज भरना।
बहियाँ पकरि पिया ले चले तब उजुर न करना॥
इक अँधियारी कोठरी, दूजे दिया न बाती।
दे उतारि तेही घराँ जहँ सग न साथी॥
इक अँधियारा कुइयाँ दूजे लेजुर टूटी।
नैन हमारे अस ढुर, मानों गागर फूटी॥
दास कबीरा यों कहै, जग नाहिन रहना।
संगी हमारे चलि गए हमहूँ को चलना॥ 177॥

करो जतन सखी साँईं मिलन की।

गुड़िया गुड़वा सूप सुपेलिया, तज दे बुध लरिकैयाँ खेलन की॥
देवता पित्तर भुइयाँ भवानी, यह मारग चौरासी चलन की।
ऊँचा महल अजब रँग रँगला साँईं सेज वहाँ लागी फुलन की॥
तन मन धन सब अरपन कर वहाँ सुरत सम्हारु परु पैयाँ सजन की।
कह कबीर निरभय होय हंसाकुंजी बतादेऊँ ताला खुलन की॥ 178॥

मिथ्याचार

दर की बात कहौ दरबेसा। बादशाह है कौने भेसा॥
कहाँ कूच कहँ करे मुकामा। कौन सुरति को करौं सलामा॥
मैं मोहिं पूछों मुसलमान। लाल जरद का ताना वाना॥
काजी काज करो तुम कैसा। घर घर जबै करावो वैसा॥
बकरी मुरगी किन फुरमाया। किसके हुकुम तुम छुरी चलाया॥
दरद जानै पीर कहावै। बैंता पढ़ि पढ़ि जग समुझावै॥
कह कबीर एक सय्यद कहावै। आप सरीखा जग कबुलावै॥
दिन भर रोजा धरत हौ रात हनत हो गाय।
यह तो खून वह बंदगी क्योंकर खुसी खोदाय॥ 179॥

ऐसा जोग न देखा भाई। भूला फिरे लिए गफिलाई॥
महादेव का पन्थ चलाबै। ऐसो बड़ौ महत कहावै॥
हाट बाट में लावै तारी। कच्चे सिद्धन माया प्यारी॥
कब दत्तै मावासी तोरी। कब शुकदेव तोपची जोरी॥
कब नारद्ध बंदूक चलाया। ब्यास देव कब बंब बजाया॥
करहिं लड़ाई मति के मंदा। ई हैं अतिथि कि तरकस बंदा॥
भए विरक्त लोभ मन ठाना। सोना पहिरि लजाव बाना॥
घोरा घोरी कीन्ह बटोरा। गाँव पाय जस चले करोरा॥
तिय सुंदरी न सोहाई सनकादिक के साथ।
कबहुँक दाग लगावई कारी हाँडी हाथ॥ 180॥

सोग बधावा सम करि जाना। ताकी बात इंद्र नहिं जाना॥
जटा तोरि पहिराव सेली। योग युक्ति कै गरम दुहेली॥
आसन उड़ए कौन बड़ाई। जैसे काग चील्ह मँड़राई॥
जैसी भिस्त तैसी है नारी। राज पाट सब गिनै उजारी॥
जैसे नरक तस चंदन माना। जस बाउर तस रहै सयाना॥
लपसी लोंग गनै एक सारा। खाँड़े परिहरि फाँकै छारा॥
एहि बिचार ते बहि गयो बुद्धि बल चित्त।
दुइ मिलि एकै ह्वै रह्यो काहि बताऊँ हित्त॥ 181॥

संतो देखऊ जग बौराना।
साँच कहो तो मारन धावे झूठे जग पतियाना।
नेमी देखे धरमी देखे प्रात करहिं असनाना॥

आतम मारि पखानहिं पूजैं उनमें कछू न ज्ञाना।
बहुतक देखे पीर औलिया पढ़ै किताब कुराना॥
कै मुरीद तदबीर बतावै उनमें उहै गिआना॥
आसन मारि डिंभ धरि बैठे मन में बहुत गुमाना।
पीतर पाथर पूजन लागे तीरथ गरब भुलाना॥
माला पहिरे टोपी दीन्हें छाप तिलक अनुमाना।
साखी सबदै गावत भूले आतम खबरि न जाना॥
कह हिंदू मोहि राम पियारा तुरुक कहै रहिमाना।
आपस में दोउ लरि लरि मूए-रम न काहू जाना॥
घर घर मंत्र जे देत फिरत है महिमा के अभिमाना।
गुरुवा सहित शिष्य सब बूड़े अंतकाल पछताना॥
कहत कबीर सुनो हो संतो ई सब भरम भुलाना।
केतिक कहैं कहा नहिं मानै आपहिं आप समाना॥ 182॥

संतो राह दोऊ हम डीठा।
हिंदू तुरुक हटा नहि माने स्वाद सबन को मीठा॥
हिंदू बरत एकादसि साधे दूध सिंघाड़ा सेती।
अन को त्यागै मन नहिं हटकै पारन करै सगोती॥
रोजा तुरुक नमाज गुजारै बिसमिल बाँग पुकारै।
उनको भिस्त कहाँ ते होइ है साँझै मुरगा मारै॥
हिंदू दया मेहर को तुरुकन दोनों घट सों त्यागी।
वै हलाल वै झटका मारैं आगि दुनों घर लागी॥
हिंदू तुरुक की एक राह है सतगुरु इहै बताई।
कहहि कबीर सुनो हो संतो राम न कहेउ खोदाई॥ 183॥

राम गाइ औरन समुझावै हरि जाने बिन बिकल फिरै।
जा मुख बेद गायत्री उचरै जासु बचन संसार तरै॥
जाके पाँव जगत उठि लागैं सो ब्राह्मन जिउ बद्ध करै।
अपने ऊँच नीच घर भोजन घृणित करम करि उदर भरै।
ग्रहण अमावस ढुकि ढुकि मगै कर दीपक लै कूप परै।
एकादसी ब्रतौ नहिं जानै भूत प्रेत हठि हृदय धरै।
तजि कपूर गाँठी बिख बाँधे ज्ञान गमाए मुग्ध फिरै।
छीजै साधु चोर प्रतिपालै संत जनन की कूट करै।
कह कबीर जिह्वा के लंपट एहि विधि प्रानी नरक परै॥ 184॥

राम न रमसि कौन दँड लागा। मरि जैहै का करहि अभागा ॥
कोइ तीरथ कोइ मुंडित केसा। पाखंड भरम मंत्र उपदेसा ॥
बिद्या वेद पढ़ि करै हकारा। अंतकाल मुख फाँके छारा।
दुखित सुखित सब कुटूब जेवइबे। मरन बेर अक्सार दुख पहबे ॥
कइ कबीर यह कलि है खोटो। जो रह कर वा निसकल टोटो ॥ 185 ॥

हरि बिनु भरम बिगुर बिनु गंदा।
जहँ जहँ गए अपनपौ खोए तेहि फंदे बहु फंदा।
योगी कहै योग है नीको दुतिया और न भाई।
चुंडित मुंडित मौन जटा धरि तिनहुँ कहाँ सिध पाई।
ज्ञानी गुनी सूर कवि दाता वे जो कहहिं बड़ हमहीं।
जहँ से उपजे तहँहि समाने छूटि गए सब तबहीं।
बाएँ दहिने तजो बिकारै निजु कै हरि पद गहिए।
कह कबीर गूँगे गुड़ खाया पूछै सों का कहिए ॥ 186 ॥

जस माँस नर का तस माँस पशु का रुधिर रुधिर एक सारा जी।
पशु का माँस भखै सब कोई नरहिं न भखैं सियारा जी।
ब्रह्म कुलाल मेदिनी भरिया उपजि विनस कित गइया जी।
माँस मछरिया जो पै खावैं जो खेतन में बोइया जी।
माटी को करि देवी देवा जीव काठि कटि देइया जी।
जो तेरा है साँचा देबा खेत चरत किन लेइया जी ॥
कहत कबीर सुनो हो संतो राम नाम नित लैया जी।
जो कुछ किय जिह्वा के स्वारथ बदल परारा दैया जी ॥ 187 ॥

भूला बे अहमक नादाना तुम हरदम रामहिं ना जाना।
बरबस आनि कै गाय पछारा गला काटि जिउ आप लिया ॥
जीता जिउ मुरदा करि डारै तिसको कहत हलाल किया।
जाहि माँस को पाक कहत हैं ताकी उत्पति सुनु भाई।
रज बीरज सो माँस उपानी माँस न पाक जो तुम खाई ॥
अपनो दोख कहत नहीं अहमक कहत हमारे बड़न किया।
उन का खून तुम्हारी गरदन जिन तुम को उपदेश दिया ॥
स्याही गई सफैदी आई दिल सफेद अजहूँ न हुआ।
राजा नेबाज बाँग क्या कीजै हुजरे भीतर बैठ मुआ ॥
पंडित वेद पुरान पड़े औ मौलाना पढ़ें कुराना।
कह कबीर वे नरक गए जिन हरदम रामहिं ना जाना ॥ 188 ॥

आओ वे मुझे हरि को नाम। और सकल तजु कौने काम॥
कहँ तब आदम कहँ तब हौआ। कहँ तब पीर पैगंबर हूआ॥
कहँ तब जमीं कहाँ असमाना। कहँ तब बेद किताब पुराना॥
जिन दुनिया में रची मसीद। झूठा रोजा झूठी ईद॥
साँच एक अल्ला को नाम। ताको नय नय करो सलाम।
कहुधौं भिस्त कहाँ ते आई। किसके हेतु तुम छुरी चलाई॥
करता किरतिम बाजी लाई। हिंदु तुरुक दुई राह चलाई॥
कहँ तब दिबस कहाँ तब राती। कहँ तब किरतिम की उतपाती॥
नहिं वाके जाति नाहीं वाके पाँती। कह कबीर वाके दिवस न राती॥ 189॥
आसन पवन किए दृढ़ रहु रे। मन को मैल छाड़ि दे बौरे॥
क्या शृंगी मूड़ा चमकाय। क्या बिभूति सब अंग लगाय॥
क्या हिंदू क्या मुसलमान। जाको साबित रहै इमान॥
क्या जो पढ़िया वेद पुरान सो ब्राह्मण बूझे ब्रह्म ज्ञान॥
कह कबीर कछु आन न कीजै। राम नाम जपि लोहा लीजै॥ 190॥
एक नाँगे क्या बाँधे चाम। जो नहिं चीन्हैं आतम राम।
नाँगे फिरे योग जो होई। बन की मृगा मुकुत गो कोई॥
मूंड मुड़ाए जो सिधि होई मूंड़ी भेड़ मुक्त किन होई॥
बिद राखे जो खेलहिं भाई। खुसरै कौन परम गति पाई॥
पढ़े गुने उपजै हैकारा। अध धर बूड़े वार न पारा॥
कहे कबीर सुनो रे भाई। राम नाम बिन किन सिधि पाई॥ 191॥
अस चरित देख मन भ्रमै मोर। ताते निस दिन गुन रमों तीर।
एक पढ़हिं पाठ एक भ्रम उदास। एक नगम निरंतर रह निवास॥
एक जोग जुगुत तन हानि खीन। एक राम नाम सँग रहत लीन॥
एक होंहि दीन एक देहि दान। एक कलपि कलपि कै हों हरान।
एक तंत्र मंत्र औखधी बान। एक सकल सिद्धि राखैं अपान।
एक तीरथ ब्रत करि काया जीति। एक राम नाम सों करत प्रीति॥
एक धूम घोटि तन होहिं श्याम। तेरी मुक्ति नहीं बिन राम नाम॥
सतगुरु शब्द तोहि कह पुकार। अब मूल गहो अनुभव विचार॥
मैं जरा मरण ते भयउँ थीर। भै राम कृपा यह कह कबीर॥192॥
संतो राम नाम जो पावैं। तौ वे बहुरि न भय जल आवैं॥
जंगम तो सिद्धि को धावै। निसिवासर सिव ध्यान लगावैं॥
शिव शिव करत गये शिव द्वारा। राम रहे उनहुँ ते न्यारा॥

जंग में जीव कबौं नहिं मारैं। पढ़ैं गुनैं नहिं नाम उचारै॥
कायहि को थापैं करतारा। राम रहैं उनहूँ ते न्यारा॥
पंडित चारो वेद बखानैं। पढ़ैं गुनैं कछु भेद न जानैं॥
संध्या तरपन नेम अचारा। रास रहै उनहूँ ते न्यारा॥
सिद्ध एक जो दूध अधारा। काम क्रोध नहिं तजै बिकारा॥
खोजत फिरै राज को द्वारा। राम रहै उनहूँ ते न्यारा॥
बैरागी बहु देख बेख बनावैं। करम धरम की जुगुत लगावैं॥
घंट वजाय करैं झनकारा। राम रहै उनहूँ ते न्यारा॥
जोगी एक जोग चित धरही। उलटे पवन साधना करही॥
जोग जुगुत लै मन में धारा। राम रहै उनहूँ ते न्यारा॥
तपसी एक जो तन दहई। बस्ती त्यागि जंगल में रहई॥
कंद मूल फल करे अहारा। राम रहै उनहूँ ते न्यारा॥
मौनी एक जो मौन रहावैं। और गाँव में धुनी लगावैं॥
दध पूत दै चले लवारा। राम रहै उनहूँ ते न्यारा॥
यती एक बहु जुगत बनावैं। पेट कारने लटा बढ़ावैं॥
निसि वासर जो कर हंकारा। राम रहै उनहूँ ते न्यारा॥
पक्कर लै जिउ जबह कराही। मुख ते सबतर खुदा कहाही॥
लै कुतका कहैं दंभ मदारा। राम रहै उनहूँ ते न्यारा॥
कहै कबीर सुनो टकसारा। सार शब्द हम प्रकट पुकारा॥
जो नहिं मानहिं कहा हमारा। राम रहै उनहूँ ते न्यारा॥

सुनता नहीं धुन की खबर, अनहद्द बाजा बाजता।
रसमंद मंदिर गाजता, बाहर सुने तो क्या हुआ॥
गाँजा अफीम औ पोस्ता, भाँग औ शराबें पीवता।
इक प्रेमरस चाखा नहीं, अमली हुआ तो क्या हुवा॥
कासी गया और द्वारिका, तीरथ सकल भरमत फिरै।
गाँठी न खोली कपट की, तीरथ गया तो क्या हुआ॥
पोथी किताबें बाँचता, औरों को नित समझावता।
त्रिकुटी महल खोजै नहीं, बक बक मरा तो क्या हुआ॥
काजी किताबें खोजता, करता नसीहत और को।
मरहम नहीं उस हाल से, काजी हुआ तो क्या हुआ॥
सतरंज चापड़ गंजिफा, इक नर्द है बदरंग की।
बाजी न लाई प्रेम की, खेला जुआ तो क्या हुआ॥

जोगी दिगंबर से बड़ा, कपड़ा रँगे रँग लाल से।
वाकिफ नहीं उस रंग से, कपड़ा रँगे से क्या हुआ॥
मंदिर झरोखे रावटी, गुल चमन में रहते सदा।
कहते कबीरा हैं सही, घट घट में साहब रम रहा॥ 194॥

जिनके नाम न है हिये।
क्या होवै गलमाल डाले कहा सुमिरिनी लिए॥
क्या होवै पुस्तक के बाँचै कहा संख-धुनि किए।
क्या होबै कासी में बस कै क्या गंगाजल पिए॥
होवैं कहा वरत के राखे कहा तिलक सिर दिए।
कहैं कबीर सुनो भाई साधो जाता है जम लिए॥ 195॥

अरे इन दोउन राह न पाई।
हिंदू अपनी करै बड़ाई गागर छुवन न देई॥
बेस्या के पायन तर सोवैं यह देखो हिंदुआई।
मुसलमान के पीर औलिया मुरगा मुरगी खाई॥
खाला केरी बेटी ब्याहैं घरहि में करैं सगाई।
बाहर से इक मुर्दा लाए धोय धाय चढ़बाई॥
सब सखियाँ मिलि जेवन बैठीं घर भर करत बड़ाई।
हिंदुअन की हिंदुआई देखी तुरकन की तुरकाई॥
कहैं कबीर सुनो भाई साधो कौन राह है जाई॥ 196॥

अवधू भजन भेद है न्यारा।
क्या गाए क्या लिखि बतलाए क्या भरमें संसारा।
क्या संध्या तरपन के कीन्हें जो नहिं तत्त बिचारा॥
मूड़ मुँड़ाए जटा रखाए क्या तन लाए छारा।
क्या पूजा पाहन की कीन्हे फल किए अहारा॥
बिन परचै साहब होइ बैंठे करै विषय व्योपारा।
ज्ञान ध्यान का मरम न जाने बाद कहै हंकारा॥
अगम अथाह महा अति गहिरो बीजन खेत निबारा।
महा सो ध्यान मगन है बैठे काट करम की छारा॥
जिनके सदा अहार अतर में केवल तत्त विचारा।
कहत कबीर सुनो हो गोरख तरै सहित परिबारा॥197॥

मन न रँगाए रँगाए जोगी कपरा।
आसन मारि मँदिर में बैठे नाम छाँड़ि पूजन लगै पथरा।

कनवा फड़ाय जोगी जटवा बढौलै दाढ़ी बढ़ाय जोगी होइ गैलैबकरा ॥
जंगल जाय जोगी धुनियाँरमौलै कालजराय जोगी बनि गैले हिजरा।
मथवा मुँड़ाय जोगी कपड़ा रँगौलै गीता बाँच के होइ गैलें लबरा।
कहत कबीर सुनो भाई साधो जम दरवजवाँ बाँधल जैबे पकरो ॥198॥

साधौ भजन भेद है न्यारा

का माला मुद्रा के पहिरे चंदन घँसे लिलारा।
मूँड़ मुँड़ाए जटा रखाए अंग लगाए छारा॥
का पानी पाहन के पूजे कंदमूल फरहारा॥
कहा नेम तीरथ व्रत कीन्हे जो नहिं तत्त विचारा॥
का गाए का पढ़ि दिखलाए का भरमे संसारा।
का संध्या तरपन के कीन्हे का षट करम अचारा॥
जैसे बधिक ओट टाटी के हाथ लिए बिख चारा।
यौं बक-ध्यान धरै घट भीतर अपने अंग बिकारा॥
दै परचै स्वामी होइ बैठें करैं विषय व्यवहारा।
ज्ञान ध्यान को मरम न जानैं बाद करैं निःकारा॥
फूँके कान कुमति अपने से बोझ लिए सिर भारा।
बिन सतगुरु गुरु केतिक बहिगे लोभ लहर की धारा॥
गहिर गँभीर पार नहिं पावै खंढ अखंड से न्यारा।
दृष्टि अपार चलन को सहजै कटै भरम कै जारा॥
निर्मल दृष्टि आत्मा जाकी साहब नाम अधारा।
कहत कबीर बही जन आवै तैं मैं तजै बिकारा॥ 199 ॥

भेख लो देख के कोई भूलो मती भेख पहिरे कोई सिद्ध नाहीं।
काम औ क्रोध मद लोभ नाहीं सने सील औ साँच संतोख नाहीं॥
क केभेख ते काज सीझै नहीं कपट पट के भेख नहिं राम राजी।
कहत कबीर इक साँच करनी विना काल की चोट सिर खायगा जी॥ 200 ॥

संसार-असारता

बिनसै नाग गरुड़ गलि जाई। बिनसै कपटीं औ सतभाई॥
बिनसै पाप पुन्न जिन कीन्हा। बिनसैं गुन निर्गुन जिन चीन्हा॥
बिनसै अग्नि पबन अरु पानी। बिनसै सृष्टि जहाँ लौं गानी॥
बिश्नुलोक बिनसै छिन माँही। हो देखा परलय की छाँहीं॥
मच्छ रूप माया भई यमरा खेल अहेर।
हरि हर ब्रह्म न ऊबरे सुर नर मुनि केहि केर॥ 201 ॥

गए राम औ गे लछमना। संग न गै सीता अस धना।
जात कौरबन लाग न बारा। गए भोज जिन साजल धारा॥
गे पाँडव कुंती सी रानी। गे सहदेव सुमति जिन ठानी॥
सरब सोन कै लंक उठाई। चलत बार कछु संग न लाई॥
कुरिया जासु अंतरिछ छाई। चलत बार कछु संग न लाई॥
मूरख मानुख अधिक संजोवै अपना मुबल और लगि रोवै॥
ई न जान अपनौ मरि जैबै। टका दस बिढ़ैं और लै खैवै॥

अपनी अपनी करि गए लगी न केहु के साथ।
अपने करि गयो रावना अपनी दशरथ नाथ॥ 202॥

मानुख जन्म चुके जम माँझीं। एहि तन केर बहुत हैं साँझी॥
तात जनति कह हमरो बाला। स्वारथ लागि कीन्ह प्रतिपाला।
कामिनि कहै मोर पिय आही। बाधिनि रूप गरासै चाही॥
पुत्र कलत्र रहैं लव लाए। जंबुक नाईं रहि मुँह बाए॥
काक गीध दोउ मरन बिचारैं। स्यार स्वान दोउ पंथ निहारैं॥
धरती कहै मोहिं मिलि जाई। पवन कहै मैं लेब उड़ाई॥
अग्नि कहै मैं ई तन जारों। स्वान कहैं मैं जरत उबारों॥
जेहि घर को घर कहै गँवारे। सो बैरी है गले तुम्हारे॥
सो तन तुम आपन कै जानी। विषय स्वरूप भूलि अज्ञानी॥

इतने तन के साँझियाँ जनमों भर दुख पाय।
चेतन नाहीं बावरे मोर मोर गोहराय॥ 203॥

भूला लोग कहैं घर मेरा।
जा घरवा में फूला डोलै सो घर नाहीं तेरा॥
हाथी घोड़ा बैल बाहना संग्रह कियो घनेरा॥
बस्ती में से दियो खदेरा जंगल कियो बसेरा॥
गाँठी बाँधी खरच न पठयो बहुरि कियो नहिं फेरा॥
बीबी वाहर हरम महल में बीच मियाँ का डेरा॥
नौ मन सूत अरुझि नहीं सूझैं जनम जनम अरुझेरा।
कहत कबीर सुनो हो संतो यह पद करो निबेरा॥ 204॥

जो देखा सो दुखिया देखा तनु धरि सुखी न देखा।
उदय अस्त की बात कहत हौं ताकर करहु बिबेखा॥
बाटे बाटे सब कोइ दुखिया क्या गिरही बैरागी।
शुक्राचार्य दुख ही के कारन गरभै माया त्यागी॥

जोगी दुखिया जंगम दुखिया तापस को दुख दूना।
आशा तृष्णा सब घट व्यापै कोई महल नहिं सूना॥
साँच कहो तो सब जग खीझै झूठ कह्यो नहिं जाई।
कह कबीर तेई भे दुखिया जिन यह राह चलाई॥ 205॥

अब कहँ चले अकेले मीता। उठि किन करहु घरहु की चिंता॥
खीर खाँड घृत पिंड सँवारा। सो तन लै बाहर करि डारा।
जेहि सिर रचि रचि बाँध्यो पागा
सो फिर रतन बिदारहिं कागा
हाड़ जरै जस लकड़ी झूरी। केस जरै जस तृन कै कूरी॥
आवत संग न जात की साथी। काह भयो दल साजे हाथी॥
माया को रस लेइ न पाया। अंतर जम बिलार ह्वै धाया॥
कह कबीर नर अजहुँ न जागा।
यम को मोगरा धम सिर लागा॥ 206॥

राम नाम भजु राम नाम भजु चेति देखु मन माँही हो।
बच्छ करोर जोरि धन गाड़े चले डोलावत बाँही हो॥
दाऊ दादा औ परपाजा उह गाड़े भुइँ भाड़े हो।
अँधरे भए हियौ की फूटी तिन काहै सज छाँड़े हो॥
ई संसार असार को धंधा अंत काल कोइ नाहीं हो।
उपजत बिनसत बार न लागैं ज्यों बादर की छाँहीं हो॥
नाता मोता कुल कुटुंब सब तिन की कबनि बड़ाई हो।
कह कबीर एक राम भजे बिन बूड़ी सब चतुराई हो॥ 207॥

ऐसन देह निरापन बौरे मुए छुवै नहिं कोई हो।
डंडक डोरवा तोर ले आइन जो कटिक धन होई हो॥
ऊरध स्वासा उपजत त्रासा हँकराइन परिवारा हो।
जो कोई आवै वेग चलावै पल एक रहन न हारा हो॥
चंदन चूर चतुर सब लेपैं गल गजमुकता हारा हो।
चोंचन गोध मुए तन लूटँ जंबुक ओदर फारा हो॥
कहत कबीर सुनो हो संतो ज्ञान-हीन मनि हीना हो।
एक एक दिन यह गति सबही की कहा राव का दीना हो॥ 208॥

फूला फूला फिरे जगत में रे मन कैसा नाता रे।
माता कहै यह पुत्र हमारा बहिन कहै बिर मेरा।
कहै भाइ यह भुजा हमारी नारि कहै नर मेरा॥

पेट पकरि कै माता रोबै बाँह पकरि कै भाई।
लपटि झपटि कै तिरिया रोवै हंस अकेला जाई॥
जब लग जीवै माता रोवै बहिन रोवै दस मासा।
तेरह दिन तक तिरिया रोवै फेर करै घर वासा॥
चार गजी चरगजी मँगाया चढ़ा काठ की घोरी।
चारों कोने आग लगाया फूँक दिया जस होरी॥
हाड़ जरै जस लाकड़ी केस जरै जस घासा।
सोना ऐसी काया जरि गइ कोई न आया पासा॥
घर की तिरिया रोवन लागी ढूँढ़ फिरी चहुँ पासा।
कहत कबीर सुनो भाई साधो छाँड़ो जग की आसा॥ 209॥

रहना नहि देस बिराना है।

यह संसार कागद की पुड़िया बूँद पड़े घुल जाना है।
यह संसार काँट की बाड़ी उलझ पुलझ मरि जाना है॥
यह संसार झाड़ का झाँखर आग लगे वरि जाना है।
कहत कबीर सुनो भाई साधो सतगुरु नाम ठिकाना है॥ 210॥

जियरा जावगे हम जानी।

पाँच तत्त को बनो पींजरा जामें बस्तु बिरानी।
आवत जावत कोई न देखो डूबि गयो बिन पानी॥
राजा जैहैं रानी जैहैं औ जैहैं अभिमानी।
जोग करंते जोगी जइहैं कथा सुनंते ज्ञानी॥
पाप पुन्न की हाट लगी है धरम दंड दरबानी।
पाँच सखी मिलि देखन आई एक से एक सयानी।
चंदो जइहैं सुरजौं जइहैं पवनो पानी।
कह कबीर इक भक्त न जैहैं जिनकी मति ठहरानी॥ 211॥
मन तू क्यों भूला रे भाई! सुध बुध तेरी कहाँ हेराई।
जैसे पंछी रैन बसेरा बसै बिरिछ पर आई॥
भोर भए सब आपु आपु को जहाँ तहाँ उड़ि जाई।
सुपने में तोहि राज मिल्यो है हाकिम हुकुम दोहाई॥
जागि परो तव लाव न लसकर पलक खुले सुधि पाई।
मात पिता बंधू सुत तिरिया ना कोइ सगो सगाई॥
यह तो सब स्वारथ के संगी झूठी लोक बड़ाई।
सागर माँही लहर उठत है गनिता गनी न जाई॥

कहत कबीर सुनो भाई साधो दरिया लहर समाई ॥ 212 ॥
मानत नहिं मन मोरा साधो, मानत नहिं मन मोरा रे।
बार बार मैं कहि समुझावौं जग में जीवन थोरा रे॥
या काया को गरब न कीजै क्या साँवर क्या गोरा रे।
बिना भक्ति तन काम न आवै कोटि सुगंध चभोरा रे॥
या माया लख के मत भूलो क्या हाथी क्या घोरा रे।
जोरि जोरि धन बहुत बिगूचे लाखन कोटि करोरा रे॥
दुबिधा दुर मति औ चतुराई जनम गया न बौरा रे।
अजहूँ आनि मिला सत संगति सतगुरु मान निहोरा रे॥
खेत उठाई परत भुई गिरि गिरि ज्यों बालक बिन कोरा रे।
कहत कबीर चरन चित राखो ज्यों सूई बिच डोरा रे॥ 213 ॥
खल सब रैन का सपना। समझ मन कोइ नहिं अपना॥
कठिन यह मोह की धारा। बहा सब जात संसारा॥
घड़ा जो नीर का फूटा। पत्ता जो डार से टूटा।
अइस नर जाति जिंदगानी। अबहुँ लग चेत अभिमानी।
भुलो मत देख तन गोरा। जगत में लीवना थोरा॥
तजो मद लोभ चतुराई। रहो निहसंक जग माँहीं॥
निकस जब प्रान जावैंगे। कोई नहिं काम आवैंगे॥
सजन परिवार सुत दारा। उसी दिन होयँगे न्यारा॥
अइस नर जान मन देहा। लगा ले नाम से नेहा॥
कटै जम-माल की फाँसी। कहैं कब्बीर अबिनासी॥ 214 ॥
का माँगों कछु थिर न रहाइ। देखत नैन चलो सब जाई॥
इक लख पूत सवा लख नाती। तेहि रावन घर दिया न बाती।
लंका सी कोट समुद्र सी खाई। तेहि रावन की खबरि न पाई॥
सोने कै महल रूपै कै छाजा। छोड़ि चले नगरी के राजा॥
कोइ कर महल कोइ कर टाटी। उड़ि जाय हंस पड़ी रह माटी॥
आबत संग न जात सँगाती। कहा भए दल बाँधे हाथी॥
कहै कबीर अंत की बारी। हाथ झारि ज्यों चला जुआरी॥ 215 ॥

अन्तिम दृश्य

सुगवा पिंजरवा छोरि भागा।
इस पिंजरे में दस दरवाजा दस दरवाजे किवरवा लागा॥

अँखियन सेती नीर बहन लाग्यो अब कस नाहिं तू बोलत अभागा॥
कहत कबीर सुनो भाई साधो उड़िगा हंस टूटि गयो तागा॥ 216॥

कौन ठगवा नगरिया लूटल हो।
चंदन काठ कै बनत खटोलना तापर दुलहिन सूतल हो॥
उठो सखी मोर माँग सँवारो दुल्हा मोसे रूठल हो।
आए जमराज पलँग चढ़ि बैठे नैनन आँसू टूटल हो॥
चारि जने मिलि खाट उठाइन चहुँ दिसि धू धू ऊठल हो।
कहत कबीर सुनो भाई साधो जग से नाता टूटल हो॥ 217॥

हम काँ ओढ़ावे चदरिया, चलती बिरियाँ।
प्रान राम जब निकसन लागे उलट गई दोउ नैन पुतरिया॥
भीतर से जब बाहर लाए छूट गई सब महल अटरिया॥
चार जने मिलि खाट उठाइन रोवत ले चले डगर डगरिया॥
कहत कबीर सुनो भाई साधो संग चली वह सूखी लकरिया॥ 218॥

अहंभाव

रमैया की दुलहिन लूटा बजार।
सुरपुर लूट नागपुर लूटा तीन लोक मचा हाहाकार॥
ब्रह्मा लूटे महादेव लूटे नारद मुनि की परी पिछार।
सिंगी की मिंगी करि डारी पारासर कै उदर बिदार।
कनफूँका चिदकासी लूटे लूटे जोगेसर करत बिचार।
हम तो बचिगे साहब दया से सब्द डोर गहि उतरे पार॥
कहत कबीर सुनो भाई साधो इस ठगनी से रहो हुसियार॥ 219॥
जब हम रहल रहा नहिं कोई। हमर माँह रहल सब कोई।
कहहु सो राम कौन तोर सेवा। सो समुझाय कहो मोहिं देवा॥
फुर फुर कहो मारु सब कोई। झूठे झूठा संगति होई॥
आँधर कहै सबै हम देखा। तहँ दिठियार पैठि मुँह पेखा॥
एहि बिधि कहौं मानु सब कोई। जस मुख तस जो हृदया होई॥
कहत कबीर हंस मुकुताई। हमरे कहले छूटिहौ भाई॥ 220॥
हम न मरैं मरिहैं संसारा। हमको मिला जिआवन-वारा॥
अब ना मरों मोर मन माना। सोंइ मुवा जिन राम न जाना।
साकत मरैं संत जन जीवैं। भरि भरि राम रसायन पीवैं॥
हरि मरिहैं तो हमहूँ मरिहैं। हरि न मरैं हम काहे को मरिहैं।
कह कबीर मन मनहिं मिलावा। अमर भए सुख सागर पावा॥ 221॥

जहँवा से आयो अमर वह देसवा।
पानी न पौन न धरति अकसवा॥
चाँद न सूर न रैन दिवसवा।
बाम्हन छत्रिन सूद्र बयसवा॥
मुगल पठान अरु सैयद सेखवा।
आदि जोति नहिं गौर गनेसवा॥
ब्रह्मा विष्णु महेस न सेसवा।
जोगिन जंगम मुनि दरबेसवा॥
आदि न अंत न काल-कलेसवा।
दास कबीर ले आए सँदेसवा॥
सार शब्द नहिं चलु वोहि देसवा॥ 222॥

झीनी झीनी झीनी चदरिया।
काहे कै ताना काहे कै भरनी कौन तार से बीनी चदरिया॥
इंगला पिंगला ताना भरनी सुषमन तार से बीनी चदरिया।
आठ कँवल दल चरखा डोले पाँच तत्त गुन तीनी चदरिया।
साँई को सियत भास दस लागे ठोक ठोक के बीनी चदरिया॥
सो चादर सुर नर मुनि ओढ़े ओढ़ के मैली कीनी चदरिया।
दास कबीर जतन से ओढ़ी ज्यों की त्यों धर दीनी चदरिया॥ 223॥

तोर हीरा हेंराइल बा कचरे में।
कोइ पूरब कोइ पच्छिम ढूँढ़े कोई ढूँढ़े पानी पथरे में।
सुर नर मुनि अरु पीर औलिया सब भूलल बाड़ैं नखरे में।
साहब कबीर हीरा यह परखैं बाँध लिहलै लँगोटी के अँचरे में॥ 224॥

धुँधमई का मेला नाहीं नहीं गुरु नहिं चेला।
सकल पसारा जेहि दिन माँहीं जेहि दिन पुरुख अकेला।
गोरख हम सब के बैरागी। हमरी सुरति नाम से लागी।
ब्रह्मा नहिं जब टोपी दीन्हा, विश्नु नहीं जब टीका॥
शिब सक्ती के जनमौं नाँहीं, जबैं जोग हम सीखा।
सतुजुग में हम पहिरिं पाँवरी त्रेता झोरी झंडा॥
द्वापर में हम अड़बँद पहिरा कलउ फिरौं नव खंडा।
कासी में हम प्रगट भए हैं, रामानंद चेताए॥
समरथ को परवाना लाए, हंस उबारन आए।
सहजै सहजै मेला होइगा, जागी भक्ति उतंगा।
कहैं कबीर सुनो हो गोरख चलो शब्द के संगा॥ 225॥

पढ़ि पढ़ि पंडित करि चतुराई।
निज मुक्ती मोहिं कहहु बुझाई॥
कहँ बस पुरुख कबन सो गाऊँ।
सो मोहि पंडित सुनावहु गाऊँ॥
चार वेद ब्रह्मा निज ठाना।
मुक्ति क मर्म उनहुँ नहि जाना॥
दान पुन्न उन बहुत बखाना।
अपने मरन की खबर न जाना॥
एक नाम है अगम गंभीरा।
तहँवा असथिर दास कबीरा॥ 226॥

षोड़शोपचार सात्विक पूजा

अगर चँदन घसि चौक पुरावा सत्त सुकृत मन भावा।
भर झारि चरणामृत कीन्हा हंसन को बतरावा॥
पूरन मौज और रखवारा सतगुरु शब्द लखावा।
लौंग लायची नरियर आरति धोती कलस लेसावा॥
स्वेत सिंहासन अगम अपारा सो अति वर ठहराया।
छाँड़े लोक अमृत की काया जग में जोलह कहाया॥
चौरासी की बंदि छोड़ाया निर अक्छर बतलाया।
साधु सबै मिलि आरति गावैं सुकृत भोग लगाया।
कहैं कबीर सब्द टकसारा जम सों जीव छोड़ाया॥ 227॥

पूरनमासी आदि जो मंगल गाइए।
सत गुरु के पद परसि परम पद पाइए॥
प्रथमैं मंदिर झराइ के चँदन लिआइए।
नूतन वस्त्र अनेक चँदोव तनाइए॥
तब पूरन गुरु हेतु आसन्न बिछाइए।
गुरु चरन परछालि तहाँ बइठाइए॥
गज मोतिन की चौक सु तहाँ पुराइए।
तापर नरियर धोति मिठाइ धराइए॥
केरा और कपूर बहुत बिध लाइए।
अष्ट सुगंध सुपारी पान मँगाइए॥
पल्लव कलस सँवारि सुज्योति बराइए।

झाल मृदंग बजाइ कै मंगल गाइए॥
साधु संग लै आरति तबहि उतारिए।
आरति करि पुनि नरियर तबहिं भराइए॥
पुरुख को भोग लगाइ सखा मिलि खाइए।
युग युग छुआ बुझाइ तो पाइ अघाइए॥
परम अनंदित होइ तो गुरुहिं मनाइए।
कह कबीर सतभाय सो लोक सिधाइए॥ 228॥

कबीर साहब की जन्म-मरण तिथि का विवरणपत्र

संख्या	पुस्तक का नाम	विक्रम संवत्		ईस्वी सन्		विशेष
		जन्म	मरण	जन्म	मरण	
1.	कबीर कसौटी	1455	1575	1398	1518	
2.	भक्ति सुधा विंदु स्वाद	1451	1552	1394	1495	डाक्टर हंटर ने जन्म सन् 1380 ई. (विक्रम संवत् 1434) लिखा है, और विलसन साहब ने मृत्यु सन् 1448 ई. (विक्रम संवत् 1405) में बतलाई है। भक्तिसुधाविंदुस्वाद पृ. 414, 840।
3.	कबीर ऐण्ड दो कबीर पंथ	1497	1575	1440	1518	
4.	संप्रदाय	1205	1505	1149	1448	कबीरपंथी कबीर साहब की उम्र तीन सौ बरस की बतलाते हैं। उल्मा आखिरी सन् को कबूल करते हैं– संप्रदाय पृष्ठ 60।

❑